Creating the Welfare State in the United States
Social Security Act of 1935 and the New Deal

アメリカ型福祉国家の形成
1935年社会保障法とニューディール

佐藤 千登勢 著
Chitose SATO

筑波大学出版会

Creating the Welfare State in the United States
Social Security Act of 1935 and the New Deal

by Chitose SATO

University of Tsukuba Press, Tsukuba, Japan
Copylight © 2013 by Chitose SATO

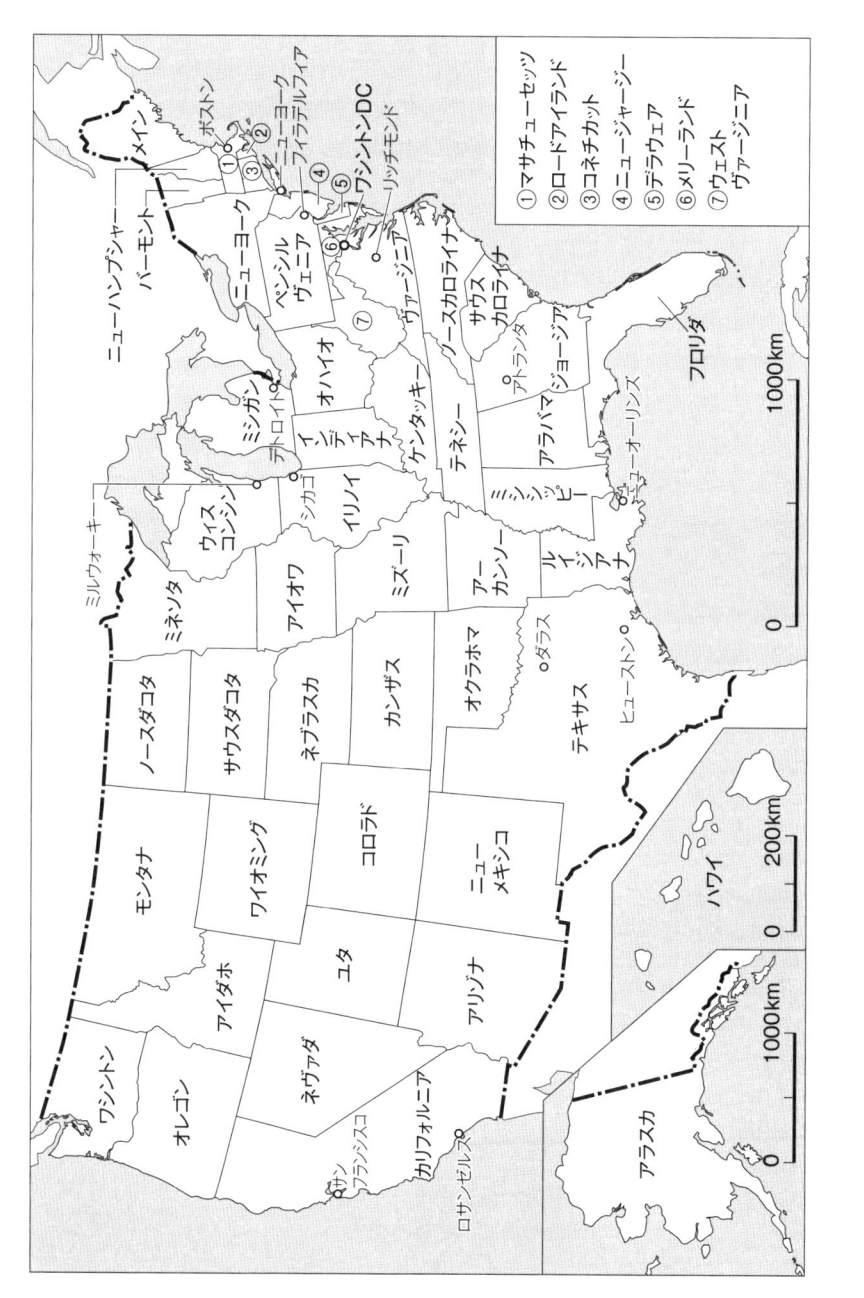

関 連 年 表

年月日	事　　項
1905	アメリカ労働立法協会が設立される
1911	ウィスコンシン州労働災害補償法が成立する
1921	シェパード＝タウナー法が成立する
1927.1	エプスタインがアメリカ老齢保障協会を設立する
1927	医療費委員会が設立される
1929.1	ローズヴェルトがニューヨーク州知事に就任する
1929.10	大恐慌が始まる
1930	ニューヨーク州議会で老齢扶助法が成立する
1930.12	アメリカ労働立法協会が「失業基金のためのアメリカン・プラン」を発表する
1931.1	フィリップ・ラフォレットがウィスコンシン州知事に就任する
1931	ゼネラル・エレクトリックのスウォープがスウォープ・プランを発表する
	イーストマン・コダックのフォルソムがロチェスター・プランを設立する
1932.1	ウィスコンシン州失業補償法が成立する
1932.11	アメリカ労働連盟が年次大会で失業保険制度の設立に賛成する
1933.3	ローズヴェルトが大統領に就任する
1933.5	連邦緊急救済局が設立される
	アメリカ老齢保障協会がアメリカ社会保障協会へと名称を変更する
1933.6	ヴァージニア緊急救済局が設立される
1934.2	ワグナー＝ルイス法案が連邦議会へ提出される
	ディル＝コナリー法案が連邦議会へ提出される
1934.6.8	ローズヴェルトが特別教書で「三つの保障」に言及する
1934.6.29	大統領命令第6757号によって経済保障委員会が設立される
1934.8.13	経済保障委員会が第1回会合を開く
1934.11.14	経済保障に関する全国協議会が開催される
1935.1.15	経済保障委員会が最終報告書をローズヴェルトへ提出する
	社会保障法案が連邦議会へ提出される
1935.1.17	ローズヴェルトが連邦議会へ教書を送り社会保障法案の早期可決を求める
1935.4.19	社会保障法案が下院で可決される
1935.6.19	社会保障法案が上院で可決される
1935.8.14	社会保障法が成立する
1936.12	ヴァージニア州失業補償法が成立する
1938.3	ヴァージニア州公的扶助法が成立する
1939	社会保障法が改正される

略 称 一 覧

略語	英　　　語	日　本　語
AAA	Agricultural Adjustment Administration	農業調整局
AALL	American Association for Labor Legislation	アメリカ労働立法協会
AAOAS	American Association for Old Age Security	アメリカ老齢保障協会
AASS	American Association for Social Security	アメリカ社会保障協会
AFL	American Federation of Labor	アメリカ労働連盟
AMA	American Medical Association	アメリカ医師会
CCMC	Committee on the Cost of Medical Care	医療費委員会
CES	Committee on Economic Security	経済保障委員会
CWA	Civil Works Administration	民間事業局
FERA	Federal Emergency Relief Administration	連邦緊急救済局
MAB	Medical Advisory Board	医療諮問委員会
NLRB	National Labor Relations Board	全国労働関係局
NRA	National Recovery Administration	全国復興局
NWP	National Women's Party	全国女性党
PHS	Public Health Service	合衆国公衆衛生サービス
PWA	Public Works Administration	公共事業局
RFC	Reconstruction Finance Corporation	復興金融公社
SSB	Social Security Board	社会保障局
VCL	Virginia Consumers' League	ヴァージニア消費者連盟
VERA	Virginia Emergency Relief Administration	ヴァージニア緊急救済局
VMA	Virginia Manufacturers' Association	ヴァージニア製造業者協会
WMA	Wisconsin Manufacturers' Association	ウィスコンシン製造業者協会
WPA	Works Progress Administration	雇用促進局
WSFL	Wisconsin State Federation of Labor	ウィスコンシン州労働連盟

目　次

地　　図
関連年表
略称一覧

序　　論
1. 1935年社会保障法とニューディール …………………………………… 1
2. 先行研究 ……………………………………………………………………… 5
3. 本書の視角と構成 ………………………………………………………… 9
   (1) 労働立法としての1935年社会保障法とニューディール
   (2) ニューディール以前の政策との連続性と断続性
   (3) オルターナティブの封じ込め
   (4) 連邦主義と州権論

第1章　1935年社会保障法の制定
　　　　　―経済保障委員会による立案とニューディール―
はじめに ……………………………………………………………………… 19
1. ローズヴェルト大統領の構想 ………………………………………… 20
2. 経済保障委員会による立案 …………………………………………… 27
   (1) 専門委員会の活動
   (2) 諮問会議の活動
3. 経済保障委員会の最終報告書 ………………………………………… 36
4. 連邦議会での審議 ………………………………………………………… 37
   (1) 失業保険
   (2) 老齢年金保険
   (3) 公的扶助

おわりに ……………………………………………………………………… 46

第2章　1932年ウィスコンシン州失業補償法とニューディール
　　　　―ウィスコンシン派の思想とラフォレット知事による州政治を中心に―

はじめに ……………………………………………………………………… 57
1. 失業補償法案の作成と通常会期 ………………………………………… 60
   (1) ウィスコンシン派の思想とラフォレット知事
   (2) アメリカ労働立法協会のアメリカン・プラン
2. 暫定委員会での議論と実業界の反応 …………………………………… 67
   (1) 企業による自主プランの設立
   (2) 立法への反対意見
3. 特別会期での審議と付帯条件付きでの立法 …………………………… 73
おわりに ……………………………………………………………………… 80

第3章　母親年金から児童扶助へ
　　　　―1935年社会保障法とジェンダーに関する一考察―

はじめに ……………………………………………………………………… 89
1. 1920年代の母親年金制度 ………………………………………………… 91
2. 社会保障法案における児童扶助 ………………………………………… 94
3. 連邦議会での審議 ………………………………………………………… 97
   (1) 最高給付額の設定
   (2)「最低限の生活」に関する規定
   (3) 管轄省庁の問題
おわりに ……………………………………………………………………… 102

第4章　エイブラハム・エプスタインと1935年社会保障法の制定
　　　　―オルターナティブの封じ込めについて―

はじめに ……………………………………………………………………… 109
1. エプスタインの経歴とアメリカ老齢保障協会の設立 ………………… 111
   (1) エプスタインの経歴

(2) アメリカ老齢保障協会の基本方針と初期の活動内容
　　(3) アメリカ老齢保障協会とニューヨーク州老齢扶助法
　2. アメリカ労働立法協会，経済保障委員会との対立 ………………… 117
　　(1) アメリカ老齢保障協会の名称変更とアメリカ労働立法協会との軋轢
　　(2) 失業保険をめぐるウィスコンシン派との対立
　　(3) 経済保障委員会との対立
　3. 社会保障法案に対するエプスタインの批判 ………………………… 122
　　(1) 包括的な社会保障法案への反対
　　(2) 社会保険と政府拠出
　　(3) 拠出制老齢年金保険
　おわりに ……………………………………………………………………… 127

第5章　1935年社会保障法と健康保険をめぐる議論
　　　　　　――エドガー・サイデンストリッカーと
　　　　　　　　イジドール・S・フォークの構想を中心に――

　はじめに ……………………………………………………………………… 135
　1. サイデンストリッカーとフォークの構想 …………………………… 137
　2. 医療諮問委員会の設立 ………………………………………………… 141
　3. 医療諮問委員会での議論 ……………………………………………… 144
　4. 最終報告書とアメリカ医師会の対応 ………………………………… 147
　おわりに ……………………………………………………………………… 152

第6章　直接救済・社会保険・公的扶助をめぐる相剋
　　　　　　――1935年社会保障法のヴァージニア州への導入――

　はじめに ……………………………………………………………………… 159
　1. バードマシーンと社会福祉 …………………………………………… 160
　2. ヴァージニア緊急救済局と救済事業――直接救済の拒絶 ………… 164
　3. ヴァージニア州失業補償法の制定――社会保険の受容 …………… 168
　4. ヴァージニア州公的扶助法の制定――公的扶助の歪曲 …………… 171
　おわりに ……………………………………………………………………… 177

結　語 ………………………………………………………………… 183
あとがき ……………………………………………………………… 197
資料1　経済保障委員会の最終報告書（抜粋）………………… 201
資料2　1935年社会保障法（Public Law 74-271）の概要 …… 203
参　考　文　献 ……………………………………………………… 211
索　　　引 …………………………………………………………… 229

INTRODUCTION

序　論

1. 1935年社会保障法とニューディール

　1935年8月14日，フランクリン・D・ローズヴェルト（Franklin D. Roosevelt）大統領は，連邦議会を通過した社会保障法案に署名した．1935年社会保障法は，アメリカで初の全国的な社会保障制度を設立した連邦法であり，2種類の社会保険——老齢年金保険と失業保険——と3種類の公的扶助——老齢扶助，児童扶助，視覚障害者扶助——の導入と公衆衛生の拡充について定めたものであった．同法の制定に際し行った演説の中でローズヴェルトは，社会保障制度の設立により3,000万人を経済的困窮から救い，「平均的な国民とその家族」が失業や老齢のために貧困に陥るのを防ぐことができるようになると述べた．またローズヴェルトは，こうした制度の設立は，景気を安定させ大恐慌の再来を防ぐことにもつながり，同法は，健全なアメリカ経済を回復するための「礎石」となる法律であると主張した[1]．

　1935年社会保障法は，アメリカの国民が日々の生活の中で遭遇する様々な困難に対して，連邦政府が経済的な保障を与える仕組みを作り出した．同法の制定以前のアメリカでは，国民の福祉や労働者の保護は原則的に州・地方政府が担う領域とされ，連邦政府の役割は大きく制限されていた．だが，1929年10月に大恐慌が始まり，職を失い経済的に困窮する人々の数が急増すると，これまで州・地方政府が実施してきた社会福祉プログラムや民間の慈善事業の多くは破綻した．連邦政府はこうした緊急事態に対処するために，直接救済と呼ばれる現金を失業者へ給付したり，公共事業を通じて雇用を提供するようになった．しかし，大恐慌の開始から5年以上が経過した1934年末でも失業率は依然として20％を超え，全人口の15％に相当する約1,900万人が政府から何らかの形の救済を受けており，こうした政策が根本的な問題の解決には至ってい

ないことが明らかになった．

　このような状況下で，連邦政府が国民の日常生活に関わる領域にまで踏み込み，経済的な保障を与えることが求められるようになり，ローズヴェルトの主導の下で1935年8月に社会保障法が成立したのであった．社会保障法は，連邦政府が国民の福祉に対し社会的な責任を有することを明確にし，同法の制定により，アメリカは福祉国家としての第一歩を踏み出すことになった．

　1935年社会保障法に関しては，1929年に始まった大恐慌がいまだ収束しない中で，わずか半年余りの準備期間で立案され，連邦議会で圧倒的な賛成を得て成立した点が，これまで多くの研究者の関心を集めてきた．ニューディールの諸政策の中でも，同法はいわゆる第二次ニューディールの改革立法の白眉としてあげられ，ローズヴェルトの指導力が優れていたことを端的に示す政策として高く評価されてきた．

　例えば，アーサー・M・シュレジンガー・ジュニア（Arthur M. Schlesinger, Jr.）は，ニューディールを，ローズヴェルトという偉大な指導者の下でリベラルな改革が進んだ時期として捉え，「アメリカ史における分水嶺」として，その革新性を称えた．ローズヴェルト政権は，利潤を追求する大企業が支配する体制に反感を持ち，それに抗議する大衆の支持を基盤としたものであり，ローズヴェルトはこうした大衆に代わって大企業の経済活動を規制し，国民を広く利するような改革を実行したとシュレジンガーは見ていた．社会保障法についても，合衆国憲法が定めている「一般福祉の増進」に実質的な意味を与え，「過去に抑制されていたものとの決別」を鮮明にし，「人生における危機や変化から国民を守る義務を連邦政府に与えた」と評価している[2]．

　また，ウィリアム・E・ルクテンバーグ（William E. Leuchtenburg）は，ニューディールによって景気が回復することはなく，失業問題の解決も第二次世界大戦の勃発を待たなければならなかったことから，ニューディールは「不完全な革命」であったとしている．しかし19世紀的な個人主義の社会が完全に消滅し，20世紀的な社会への移行が完成を見たのがニューディールであり，なかでも社会保障法は国民の「社会権」への政府の責任を明確にし，「アメリカ史における新たな陸標」となった画期的な法律だとしている[3]．

　こうした解釈は，リベラルなアメリカ史研究者を中心に長い間，広く受け入

1. 1935年社会保障法とニューディール　3

1935年8月14日，社会保障法案に署名するフランクリン・D・ローズヴェルト大統領

1　ジェレ・クーパー下院議員
2　クロード・フラー下院議員
3　ロバート・ドートン下院議員
4　フランク・バック下院議員
5　ジョン・ボーン・ジュニア下院議員
6　ロバート・ワグナー上院議員
7　アルバン・バークレー上院議員
8　不明
9　ロバート・ラフォレット・ジュニア上院議員
10　ジョン・ディンゲル下院議員
11　オーガスティン・ロナーガン上院議員
12　フランシス・パーキンズ労働長官
13　フランク・クラウザー下院議員
14　ウィリアム・H・キング上院議員
15　ディビッド・J・ルイス下院議員
16　バイロン・パットン・ハリソン上院議員
17　ジョゼフ・ガフィー上院議員
18　エドワード・コスティーガン上院議員
19　サミュエル・B・ヒル下院議員
20　フレッド・ヴィンソン下院議員
21　フランクリン・D・ローズヴェルト大統領

出典：Social Security Online, http://www.ssa.gov/history/fdrsign.html

れられてきた．しかしこれらの研究でも1935年社会保障法が「様々な限界を持つ」ことは一応言及されており，手放しでその革新性が称賛されているわけでは必ずしもない．特に同法によって設立された社会保障制度が，ヨーロッパ諸国など他の先進資本主義国が当時，すでに確立していた制度と比較しても，かなりの後れをとっていたことは，上述のような先行研究でも指摘されている．

1935年社会保障法に内在する限界とは，具体的には次のような点である．まず，同法は社会保険と公的扶助，公衆衛生事業の寄せ集めであり，統一性を欠くという構造上の問題がある．また，二つの社会保険は，労使が支払う給与税を財源とし，給付額が厳密に所得にリンクされており，民間の保険原理に大きく依拠している．ヨーロッパ諸国の社会保険のように政府が拠出することはなく，給付額が低く抑えられ，したがって所得再分配の機能は小さい．

　加えて，社会保険の対象となる職種も限定され，農民や家事労働者，非正規雇用に従事する者などは加入することができなかった．そのため当初は，全就業者の約半数が制度の対象外となり，きわめて普遍性が低く，基幹産業に正規雇用で従事する人々のための「労働者保険」としての性格が強い社会保険となった．さらに，疾病が失業や経済的困窮の重要な原因であるにもかかわらず，同法の下で健康保険は導入されなかった．

　また，三つの公的扶助については，受給資格や給付に関して全国的な基準が設けられず，それぞれのプログラムの具体的な内容については，その多くが各州の判断に任されることになり，地域的な格差が生み出された．公的扶助を受けることができるのは，経済的に困窮している高齢者，母子家庭の子供，視覚障害者であり，低所得者全般を対象としたプログラムは設けられなかった．さらに，公的扶助の規定には，「健康で品位ある生活を営むに足る額の扶助を保障する」ことを明記した条項がないため，法的な観点からは社会権を保障しているとは言い難い[4]．

　本書の目的は，1935年社会保障法とそれが作り出した社会保障制度に内在するこれらの問題が，いかなる歴史的な状況の下で生み出されたのかを明らかにすることにある．本書は，ローズヴェルトが抱いていた社会保障に関する構想がどのようなものであり，ニューディール政策の中でいかなる位置付けを与えられていたのか，またそれがニューディール以前の社会保障をめぐる議論や政策といかに関連しながら，ひとつの法として成立するに至ったのかという問題を検討していく．上述のようなニューディール史研究では，1935年社会保障法の限界を，自助主義や個人主義といったアメリカ的なイデオロギーの根強さや，アメリカの政治システムの特殊性や司法上の制約から説明することが多い．しかし本書は，そうした要因にとどまらず，大恐慌の克服を目指したニュー

ディール政策の一環として社会保障法が制定されたことの歴史的な意義を検討することによって，同法がその後のアメリカの福祉国家としての歩みをいかに制約したのかという問題を考えていきたい．

2. 先 行 研 究

1935年社会保障法に内在する問題は，いかなる要因によってもたらされたのであろうか．この問いに答える試みは，1960年代に歴史研究の新しい潮流として台頭したニューレフト史学によってまず始められた．ニューレフト史学を代表するウィリアム・アップルマン・ウィリアムズ（William Appleman Williams）やガブリエル・コルコ（Gabriel Kolko）らは，ニューディールのリベラリズムが実業界のイデオロギーと親和的であり，大企業の経済活動に有利に働く形で政府の介入が行われたことを強調した．彼らは，ニューディールはあらゆる階層の国民の合意に基づくものではなく，大企業に不利な政策を回避し，企業資本主義を擁護したと論じ，ニューディールの革新性に疑問を投げかけた[5]．

社会保障法に代表されるニューディールの社会改革をニューレフトの立場から再解釈したバートン・J・バーンスタイン（Barton J. Bernstein）は，「ニューディールのリベラルな諸改革はアメリカの体制を変えてはいない．むしろこれらの諸改革は，企業を脅かすような政策の一部を時折引込めることによって，企業資本主義を温存し保護したのである．別にとりたてて言うほどにはアメリカ社会における力の再配分は行われておらず，ただ組織化された他のグループの存在を限定的に認めただけで，組織化されていない人々の存在を認めることはめったになかった」と述べている[6]．またコルコも，1935年社会保障法によって設立された制度は，「行政府と議会に蔓延していた保守主義が継続していたこと」を示すものにほかならなかったと断じている[7]．

このようなニューレフト史学による批判は，ニューディールの革新性を高く評価してきた伝統的な史学に真っ向から挑戦するものとして，当初，大きな関心を集めた．しかし，概してニューレフト史学は，ニューディールの保守性を指摘するにとどまり，いかにしてニューディールが新しい改革を打ち出しなが

ら，古い秩序を維持することができたのか，またなぜ古い秩序を維持しながら，社会的弱者や労働者階級の熱烈な支持を獲得することができたのかといった問いには答えておらず，こうした点に関してさらなる研究の深化が求められた．

　これらの問題を解き明かすために，歴史学や社会学の研究者によって援用されるようになったのが，ニューレフト史学の影響を受けながら発展したコーポリット・リベラリズム論であった．コーポリット・リベラリズムという概念は，大企業体制のヘゲモニーを確立していく手段としてのリベラリズムという意味で用いられ，ニューディールの政策決定において，資本家がいかにリベラリズムを盾に利害を反映させていったのか，その過程や力学を検討する試みがなされるようになった[8]．

　コーポリット・リベラリズム論をもとに，1935年社会保障法について論じた研究としては，社会学者のG・ウィリアム・ドムホフ (G. William Domhoff) のものが先駆的である．ドムホフは，1920年代までに自社で企業年金や失業補償プログラムを導入し，いわゆる福祉資本主義 (welfare capitalism) を実践していたリベラルな企業経営者が連邦政府の諮問機関に参加し，社会保障法案の作成に大きな影響を及ぼしたことに着目した．ドムホフは，商務省の実業諮問協議会の失業保険小委員会で中心的な役割を果たしたゼネラル・エレクトリックのジェラルド・J・スウォープ (Gerald J. Swope) やスタンダード石油のウォルター・C・ティーグル (Walter C. Teagle)，イーストマン・コダックのマリオン・B・フォルソム (Marion B. Folsom) らを取り上げ，彼らが「穏健なパワーエリート」として政権に働きかけ，すでに自社で導入していた企業年金や失業補償プログラムと整合性を持ち，自由な企業活動を阻害しないような形の社会保障制度を設立させたと論じた[9]．

　しかしその後，社会保障法の制定には確かにコーポリット・リベラリズム論に合致するような側面があることを認めつつも，実業界のリーダーが自らの利益に適うよう，実際どこまで政策決定に影響力を及ぼすことができたのかという点に疑問が投げかけられるようになった．大企業のリベラルな資本家は福祉資本主義の経験があったとしても，長期的に企業活動を安定化させるような形で，連邦レベルで改革的な立法を実現させることをどこまで意識していたのだろうか．また意識していたとしても，果たして政策決定に影響を及ぼすような

手段を実際どれだけ持ち得たのだろうかという問題が研究者の間で論じられるようになった．

　なかでも1980年代以降，コーポリット・リベラリズム論が，政策決定過程を単純化しすぎているという批判から，歴史社会学の分野においてニューディールの再検討を行う研究がなされるようになった．特に社会保障法については，ジル・クァダグノ（Jill Quadagno）の研究が最も注目された．クァダグノは，ドムホフが言うようにリベラルな企業経営者の中には，社会保障法の立案に大きな影響力を及ぼした者も確かにいたが，同時に社会保障制度の設立に伴う新たな税負担に異議を唱え，同法の制定に反対した経営者も少なくなかったことを指摘した．これらの経営者は，地域の経営者団体を通じて立法への反対を表明するとともに，地元選出の議員に圧力をかけ，法案の通過を阻止しようとした．また，社会保障制度が設立されると，安価な黒人の労働力の供給が減ることを懸念した南部諸州選出の議員が，連邦議会での審議において州の裁量性を増す方向に法案を修正したため，最終的に法案は著しく保守的なものに歪められてしまったとクァダグノは論じた．

　ただクァダグノも，大企業のリベラルな資本家の影響力を一定程度認めており，その点においては，ドムホフの解釈を真っ向から否定しているわけではない．しかしクァダグノは，リベラルな資本家以外の多様な利益集団に目を向けるとともに，法案の成立に向けて諸利害の調整にあたった連邦政府の機能を重視しており，そうした意味において，コーポリット・リベラリズム論を越えた新たな視角を提示した[10]．

　しかしその後，クァダグノの研究に対しても，リベラルな大企業の資本家の影響力を依然として過大評価しているという批判がなされるようになった．なかでもセーダ・スコチポル（Theda Skocpol）らは，国家のシステムと経済のシステムは異なる原則やダイナミクスに基づいて機能していると論じ，コーポリット・リベラリズム論的な解釈とそれを全面的に否定していないクァダグノの研究に見直しを迫った．

　そうした一連の研究の中でスコチポルらが特に重視したのが，国家の自律性であった．スコチポルらは，様々な社会集団の要求が政策決定の場に提示され，国家（官僚や政党）がそれを選択的に受容し，実現可能な政策を決定していく

というモデルを作り，1935年社会保障法をケース・スタディとして取り上げた．そのような分析を通じてスコチポルは，最終的に決定される政策は，「国家構造と社会関係の結節点」[11]に位置するものであり，国家が政策を決定するプロセスにおいて，経済的な利害や階級関係がどのような作用を及ぼしたのかという問題も，それらがいかに国家構造に組み込まれていたのかという観点から検討しなければならないと論じた．

　こうしたクァダグノとスコチポルによって繰り広げられた論争は，大企業の経営者の政策決定への関与の「度合い」をめぐるものとして捉えてしまうと，それほど発展性のある知見には至らない．しかし，スコチポルが提唱したような国家の自律性に目を向け，経済的な利害がダイレクトに政策決定へ反映されたという見方からは距離を置くアプローチは，1935年社会保障法をめぐる問題を探る上で重要な視座を提供している．とりわけ，ローズヴェルト政権の意思決定のメカニズムやアメリカの立法府や政党政治の独自性を重視する立場[12]は，同法の研究に多くの示唆を与えてくれている．

　しかし，スコチポルらのような歴史社会学の研究では，社会保障法の制定に影響を及ぼした諸勢力が，政策形成の主体である国家にいかに組み込まれていったのかを説明することに力点が置かれており，そもそも「国家」の中心を成す政府の政策思想については十分な考察がなされているとは言い難い．また，歴史社会学では自らが提示するモデルの有効性を証明することに主眼が置かれているため，一次史料に依拠した実証的な研究によって，1935年社会保障法をめぐる問題が明らかにされているわけではない．本書では，社会保障制度に関するローズヴェルト政権の構想がどのような特徴を持っていたのかを明らかにし，1935年社会保障法の限界や保守性をニューディール史の文脈に位置付けながら，歴史学の立場から検討することで，こうした先行研究が明らかにし得なかった点について考察を深めていきたい．

　近年のアメリカ史研究では，社会保障法に内在する問題を検討する試みとして，同法によって作り出された制度が優劣を伴う二層構造になっていることに着目し，なぜそのような構造が築かれるに至ったのかを解明する研究が行われている．1935年社会保障法の下で設立された社会保障制度においては，二つの社会保険が拠出制で加入者に給付を「権利」として保障しているのに対し，

公的扶助は州政府が主体となって運営され,連邦補助金と州・地方政府の支出によって財源が賄われている.それは,資産テストなどに基づいて受給資格を与える,スティグマを伴う貧困者のための「福祉」として認識されている.

　無論,こうした社会保険と公的扶助の二層構造は,他国の社会保障制度にも見られるものであるが,1935年社会保障法が作り出したアメリカの社会保障制度は,二層の断絶が非常に鮮明であるという点に特徴がある.これまでなされてきた研究の多くは,社会保障法の二層構造がニューディール以前の労働立法や社会福祉政策に起源を持つことを重視している[13].本書も,こうした二層構造に注目しながら,同法の下で成立した社会保険や公的扶助を個別に検討していくが,それらがニューディール以前の経験とどのように連続しているのかという点だけでなく,ニューディールを境にした断続性についても考察していきたい.大恐慌の克服を目的としたニューディール政策という枠組みの中で1935年社会保障法が制定されたことが,同法にいかなる特徴を与えたのかという問題を,ローズヴェルト政権の政策思想やニューディールの政策体系における同法の位置付けを検討することによって明らかにしていきたい.

3. 本書の視角と構成

　こうした観点から,本書では以下にあげる四つのテーマを軸に1935年社会保障法に内在する問題について考察していく.

(1) 労働立法としての1935年社会保障法とニューディール

　まず,1935年社会保障法は,ローズヴェルト大統領のどのような構想に基づいて制定され,ニューディールの中でいかに位置付けられていたのだろうか.同法の制定過程を詳しく見てみると,立案にあたった経済保障委員会(Committee on Economic Security: CES)は,雇用の回復と社会保障制度の導入を密接に関連付けており,政権側は双方を視野に入れながら社会保障法を制定すべきであると考えていたことがわかる.ここには,大恐慌の下での雇用対策や失業者への救済政策が重視されていた当時の時代的な状況が反映されており,それゆえに,社会保障法の立案においても,労働立法としての発想が色濃

く見られ，労働市場とのリンクが強い社会保障制度が生み出されることになった．

　こうした特徴は先行研究においてもしばしば指摘されてきた．しかし，実際に社会保障法案の作成過程や連邦議会での審議において，失業問題や雇用との関係がどのように論じられ，ニューディール政策の一環として社会保障法が位置付けられてきたのかという点に関しては，これまで十分な考察がなされていない．本書の第1章では，社会保障法の基本的な性格が労働立法に由来することを，同法の成立過程を検討することによって明らかにしたい．

　ニューディールの雇用・失業対策の基本的な考え方は，「就労可能な人」には仕事を与え，「就労不可能な人」には現金を給付し救済するというものであったが，そうした区分は社会保障法においても踏襲された．すなわち同法の下で，「就労可能な人」は雇用を通じて社会保険に加入し，「就労不可能な人」は貧困者として公的扶助の給付の対象とされるようになった（子供を持つ母親も，育児のために就労不可能な人と見なされた）．第1章では，社会保障法に関するローズヴェルトの構想をニューディールの雇用・失業対策との関連で検討することによって，同法が作り出したこうしたシステムの特質を明らかにしていく．

（2）ニューディール以前の政策との連続性と断続性

　CESが主導した社会保障法の立案は，ローズヴェルトの構想を核にしていたが，ニューディール以前の政策を踏襲している部分も多く，いわゆる革新主義の時代の社会改革からの連続性が見られる．上述のように，アメリカの社会保障制度が優劣を伴う二層構造として形成されてきたことを論じている先行研究でも，このような特徴が指摘されてきた．特に政権側の人々は，失業保険や公的扶助など，社会保障法の制定以前から州レベルで導入されていたプログラムについては，それを可能な限り継承し，連邦法の下で統括することを考えており，こうした方向性が社会保障法の内容に大きな影響を及ぼしたことを見落としてはならない．

　スコチポルらの研究では，失業保険や公的扶助のようにニューディール以前に州レベルで導入されていたプログラムについては，1935年社会保障法の下で分権的な形態を与えられたのに対し，ニューディール以前に州レベルで先例

のなかった拠出制の老齢年金保険は，連邦政府が運営する全国的な制度として設立されたことが指摘されている．しかしこうした違いはあくまでも結果論であり，実際にどのような歴史的な経緯を経て，そのような制度が設立されたのか，詳細に検討する必要がある．本書は，1935年社会保障法によって成立したプログラムの起源を個別に探ることによって，ニューディールを境にした連続性ととともに断続性について検討し，それが同法の限界や保守性とどのようにつながっているのか考察を深めていきたい．

このテーマを扱うのは，本書の第2章と第3章である．まず第2章では，社会保障法の制定前に州レベルで唯一成立していたウィスコンシン州の失業補償法の成立過程を追うことによって，アメリカにおける失業保険制度の歴史的起源を探る．同法は20世紀初頭からの労働立法の流れを汲んでおり，上述の (1) のテーマとも密接に関連する研究対象となる．ウィスコンシン州失業補償法は全米初の失業補償法として高く評価され，同州で経験を積んだ人々がローズヴェルト政権の下でCESに登用され，社会保障法の立案に大きな影響を及ぼしたことが知られている．しかし，この章では，ウィスコンシン州失業補償法の先駆性を論じるのではなく，州政府や企業の裁量性を大きく認めた1935年社会保障法の失業保険の限界が，ウィスコンシン州の失業補償法に由来するのではないかという観点から，同法の背後にある思想を明らかにするとともに，それがいかなる政治状況の下で生み出されたのかを考察していく．

次に第3章では，ニューディール以前に州レベルで実施されていた公的扶助と1935年社会保障法の下で実現した公的扶助の間に存在した連続性と断続性について見ていく．ここでは特に1920年代までに大半の州で導入されていた母親年金を取り上げ，それが社会保障法の児童扶助へどのように継承されていったのかという問題に焦点を当てて検討する．

ここで着目したいのは，低所得者全般に対する総合的な所得保障プログラムを設立することが，CESの立案の段階では選択肢として提示されていたという点であり，このことは先行研究ではほとんど論じられていない．この章では，なぜこうした総合的なプログラムではなく，高齢者，母子家庭の子供など個別に給付対象が限定され，カテゴリー化された公的扶助が1935年社会保障法の下で継承され，周縁的なプログラムへと再編成されていったのかを考察していく．

(3) オルターナティブの封じ込め

上述のように，1935年社会保障法は労働立法としての性格が強く，ニューディールの雇用・失業対策と密接な関連を持ちながら立案されたが，それは，ニューディールが具現したリベラリズムに大きな制約があったことを意味している．本書の第4章と第5章では，ニューディールのリベラリズムの限界が，1935年社会保障法の可能性を大きく狭めたことを，いくつかの角度から検討していきたい．

同法の制定過程では，個々のプログラムの形態をめぐって，当初，様々な選択肢があったが，CESはローズヴェルトの構想を既定路線とし，最終的な法案をまとめた．無論，立案の過程で若干の変更はなされたが，CESは，その路線からはずれるような人々の助言にほとんど耳を傾けることはなく，CESに批判的な者は立案から巧みに排除された．特に長年，社会保障に関する研究や調査を続け，イギリスをはじめとするヨーロッパ諸国で設立されていた，労使の拠出に加えて政府も拠出し，所得の再分配効果を高めるような社会保険をアメリカでも導入すべきであると主張していた専門家が立案において中心的な役割を果たすことはなかった．

第4章では，社会保障法の制定過程においてリベラリズムがどのようにして封じ込められたのかという問題を，社会保障の専門家としてCESに対抗的な立場を貫いたエイブラハム・エプスタイン（Abraham Epstein）に着目して考察していく．エプスタインは，1920年代後半からアメリカ老齢保障協会（American Association for Old Age Security：AAOAS，のちにアメリカ社会保障協会（American Association for Social Security：AASS）へと名称を変更）で老齢年金や老齢扶助に関する研究や立法推進運動に従事してきた著名な人物であったが，なぜ彼がCESから退けられたのかを詳細に検討した研究は，これまでなされていない．第4章では，社会保障法の立案において最も辛辣にCESを批判したエプスタインの活動や発言を検討することによって，社会保障法のオルターナティブとして，実際どのような選択肢があったのかを明らかにし，なぜそれがCESによって選ばれなかったのかを考えていきたい．

つづく第5章では，1935年社会保障法の大きな欠陥のひとつである，健康保険の欠落について考察する．健康保険は当初，重要性の高い社会保険として

CESの立案に入れられていたが，アメリカ医師会（American Medical Association：AMA）を中心とした医師たちが，健康保険の導入は「医療の社会化」につながるとして強固に反対したため，最終的に導入が見送られた．ここでは，CESで健康保険の立案の中心となったエドガー・サイデンストリッカー（Edgar Sydenstricker）とイジドール・S・フォーク（Isidor S. Falk）の構想を検討し，それがCESの内部でどのような圧力を受けて変更を余儀なくされ，最終的に法案から健康保険が削除されたのかを明らかにしていく．

　特にこの章では先行研究では見落とされてきた点，すなわち公衆衛生の専門家であるサイデンストリッカーとフォークとAMAを中心とした医師たちの間に医療改革をめぐる考え方に大きな隔たりがあったことに着目する．また，1935年社会保障法から健康保険が除外されたことが，その後のアメリカにおける健康保険をめぐる議論をどのように規定したのかという問題についても検討していく．

(4) 連邦主義と州権論

　先行研究で指摘されたような優劣を伴う二層構造を持ちながら社会保障制度が確立されたことを考察する際に，もうひとつ見落としてはならないのは，1935年社会保障法の成立後，州レベルでそれがどのように施行されたのかという点である．連邦議会における社会保障法案の審議では，連邦主義や州権をめぐる問題が頻繁に議論され，州権論を盾に州の裁量性を大きく認めた社会保障制度の設立を求める声は無視できないほど大きなものとなった．なかでも，安価な黒人労働力の供給を阻むことがないよう，公的扶助の細則を各州の判断に任せようとする圧力は強く，南部諸州選出の議員によって法案が修正された．法案の行方を左右する上下院の委員会では，保守的な南部諸州選出の民主党議員が力を持っており，こうした修正が受け入れられなければ，反ニューディールの立場をとる共和党の議員とともに彼らが反対票を投じ，法案そのものが廃案へと追い込まれる可能性も十分にあった．

　こうした状況下で，CESは南部民主党への配慮から譲歩し，給付水準や受給資格について社会保障法で細かく規定することを断念した．さらに社会権に連なるような「健康で品位ある生活」を維持できるような額の給付を保障する

という条項も法案から削除され，社会保険の適用職種についても，多くの黒人が従事していた農業や家事労働，日雇い労働などが適用対象外とされた．

連邦主義や州権論をめぐる問題は，南部諸州から選出された議員の連邦議会での活動や発言を中心に先行研究でも論じられてきたが，そもそも南部諸州において，社会保障法の下で，導入されることになったプログラムについて，州レベルでどのような議論が展開されたのかという点についてはこれまでほとんど研究されていない．

本書の第6章では，南部での社会保障法の受容過程を特定の州に焦点を当てて考察していく．ここで事例として取り上げるのは，アメリカで当時，最も保守的なマシーン政治が州政治を支配していたヴァージニア州である．この章では，同州におけるニューディールの救済政策，失業保険，老齢扶助の導入過程を比較することによって，これら三つのプログラムについて選択的な対応や受容がなされたことを明らかにする．州権論を盾に公的扶助の給付を可能な限り低い水準に設定し，州財政への負担を軽減しようとしたハリー・バード (Harry Byrd) 上院議員（ヴァージニア，民主党）らの連邦議会での動きと州内のマシーン政治の状況を合わせて考察することによって，社会保障法に内包されていた連邦と州の「二重立法」の問題が，それぞれのプログラムの導入に際してどのような軋轢や相克を生み出したのかを検討していく．

註

1) "Presidential Statement on Signing the Social Security Act, August 14, 1935", Samuel I. Rosenman (comp.), *Public Papers and Addresses of Franklin D. Roosevelt, vol. 4* (New York: Random House, 1938): 324-326.
2) Arthur M. Schlesinger, Jr., *The Age of Roosevelt, The Coming of the New Deal* (Boston: Houghton Mifflin Co., 1960): 314-315（佐々木専三郎訳『ニューディール登場』（ローズヴェルトの時代 2）（論争社，1963 年））．
3) William E. Leuchtenburg, *Franklin D. Roosevelt and the New Deal* (New York: Harper & Row, 1963): 132-133（陸井三郎訳『ローズヴェルト』（紀伊國屋書店，1968 年））．カール・N・デグラーも，社会保障法は徴兵制や所得税制とならんで，「国民生活に政府を介入させた」という意味において大きな転換点となった法律であると見ている．Carl N. Degler, *Out of Our Past* (New York: Harper & Row, 1959): 387.
4) こうした 1935 年社会保障法の問題については，次を参照のこと．Edward Berkowitz & Kim McQuaid, *Creating the Welfare State: The Political Economy of Twentieth-Century*

Reform (New York: Praeger, 1980): 103‒104; Charles McKinley & Robert W. Frase, *Launching Social Security: A Capture-and-Record Account, 1935-1937* (Madison: University of Wisconsin Press, 1970): 16-17; James T. Patterson, *America's Struggle against Poverty, 1900-1985* (Cambridge: Harvard University Press, 1986): 67-77; Roy Lubove, *The Struggle for Social Security, 1900-1935* (Pittsburgh: University of Pittsburgh Press, 1986): 174（古川孝順訳『アメリカ社会保障前史』（川島書店，1982年））; Walter I. Trattner, *From Poor Law to Welfare State: A History of Social Welfare in America* (New York: Free Press, 1974): 289-293（古川孝順訳『アメリカ社会福祉の歴史―救貧法から福祉国家へ―』（川島書店，1978年）; Anthony J. Badger, *The New Deal: The Depression Years, 1933-1940* (London: Macmillan, 1989): 230‒235; Robert H. Bremner, "The New Deal and Social Welfare", in Harvard Sitkoff (ed.), *Fifty Years Later: The New Deal Evaluated* (New York: Alfred A. Knopf, 1985): 69-92; 東京大学社会科学研究所編『福祉国家3 福祉国家の展開［2］』（東京大学出版会，1985年）：56-57, 123-124；河内信幸『ニューディール体制論―大恐慌下のアメリカ社会―』（学術出版会，2005年）：292-294；新井光吉『ニューディールの福祉国家』（白桃書房，1993年）：324-325；菊池馨実『年金保険の基本構造―アメリカ社会保障制度の展開と自由の理念―』（北海道大学図書刊行会，1998年）：139-147；藤田伍一「アメリカ失業保険成立の一側面―失業防止理論の生成と限界―」『一橋論叢』第68巻6号（1972年12月）：706-713；藤田伍一「アメリカ失業保険成立の一側面―意図と機能の試論的検討―」『一橋論叢』第69巻1号（1973年1月）：68-75；藤田伍一「アメリカ老齢年金保険の構造分析」『季刊社会保障研究』第10巻2号（1974年11月）：14-22；藤田伍一「アメリカ公的扶助制度の再編制」『一橋論叢』第75巻4号（1976年4月）：463-477；藤田伍一「アメリカ失業保険の政策分析」『日本労働協会雑誌』第19巻10号（1977年10月）：27-34；藤田伍一「アメリカにおける無拠出制老齢年金の生成」『季刊社会保障研究』第20巻4号（1985年3月）：341-349；藤田伍一「アメリカ社会保障法の成立と構造」『一橋大学研究年報社会学研究』43（2005年）：3-56．

5) William Appleman Williams, *The Contours of American History* (New York: World Publishing Co., 1961): 439-450.

6) Barton J. Bernstein, "The New Deal: The Conservative Achievements of Liberal Reform", in Barton J. Bernstein (ed.), *Towards a New Past* (New York: Vintage Books, 1967): 264（琉球大学アメリカ研究所訳『ニュー・レフトのアメリカ史像―伝統史学への批判―』（東京大学出版会，1972年）：216）．

7) Gabriel Kolko, *Main Currents in Modern American History* (New York: Harper & Row, 1976): 145. その他にもポール・コンキンが同様の指摘をしている．Paul K. Conkin, *The New Deal* (New York: T.Y. Crowell, 1967): 74-75; Paul K. Conkin, *FDR and the Origins of Welfare State* (New York: T.Y. Crowell, 1967): 60-62.

8) ジェームズ・ワインスタインによると，コーポリット・リベラリズムは，次の三つの段階を経て結実するという．①社会改革を求める要求の多くは，急速な経済発展の恩恵を受ける機会が最も少ない階層から生じ，それが職業的な改革者や知識人によって認知され，具体的な改革運動へと展開していく．②大企業の資本家がこうした下からの改革の要求を認識し，ビジネスの安定化や合理化，持続的な成長といった長期的な資本の目的に適うように利用しようとする．これは時に急進的な大衆運動や社会主義の脅威に対抗するための

手段となり，「穏便な改革」として社会で広く受け入れられるようになる．③大企業の資本家は，より良い社会の実現という名目の下に様々な社会階層を調整と妥協のプロセスに参加させ，一見「大衆的」なコンセンサスを作り出し，政策を決定させる．ワインスタインは20世紀初頭から第一次世界大戦期までの革新政治を分析し，社会秩序の生成過程を論じているが，ニューディールにもこうしたプロセスが基本的に当てはまるとしている．James Weinstein, *The Corporate Ideal in the Liberal States, 1900-1918* (Boston: Beacon Press, 1968).

9) G. William Domhoff, *The Higher Circles* (New York: Random House, 1970): 207-218; G. William Domhoff & Michael J. Webber, *Class and Power in the New Deal: Corporate Moderates, Southern Democrats, and the Liberal-Labor Coalition* (Stanford: Stanford University Press, 2011): Chapter 4; G. William Domhoff, "On 'Welfare Capitalism and the Social Security Act of 1935'", *American Sociological Review*, vol.51 no.3 (June 1986): 445-446; Ronald Radosh, "The Myth of the New Deal", in Ronald Radosh & Murray N. Rothbard (eds.), *A New History of Leviathan: Essays on the Rise of the American Corporate State* (New York: E. P. Dutton & Co., Inc., 1972): 146-159.

10) クァダグノによると，ビック・ビジネスは，「影響力のある組織を通じて，政策決定を方向づける能力」を持っていたが，「大企業が政府を支配したのではなく，政権側の人々がビジネスの要求に敏感であった」ことが重要であるという．Jill Quadagno, *The Transformation of Old Age Security: Class and Politics in the American Welfare State* (Chicago: University of Chicago Press, 1988): 122; Jill Quadagno, "Welfare Capitalism and the Social Security Act of 1935", *American Sociological Review*, vol.49 no.5 (October 1984): 632-647.

11) Theda Skocpol & Edwin Amenta, "Did Capitalists Shape Social Security?" *American Sociological Review*, vol.50 no.4 (August 1985): 574.

12) Theda Skocpol, "Political Responses to Capitalist Crisis: Neo-Marxist Theories of the State and the Case of the New Deal", *Politics and Society*, vol.10 no.2 (1980): 155-202; Theda Skocpol & Kenneth Finegold, "State Capacity and Economic Intervention in the Early New Deal", *Political Science Quarterly*, vol.97 no.2 (Summer 1982): 255-278; Theda Skocpol & John Ikenberry, "The Political Formation of the American Welfare State in Historical and Comparative Perspective", in Richard F. Tomasson (ed.), *The Welfare State, 1883-1983, Comparative Social Research, vol.6* (Greenwich, Conn. : JAL, 1983): 87-148; Margaret Weir, Ann Shola Orloff, & Theda Skocpol (eds.), Th*e Politics of Social Policy in the United States* (Princeton: Princeton University Press, 1988); Theda Skocpol, *Protecting Soldiers and Mothers: The Political Origins of Social Policy in the United States* (Cambridge: Harvard University Press, 1992); Theda Skocpol & Kenneth Finegold, *State and Party in America's New Deal* (Madison: University of Wisconsin Press, 1995); Theda Skocpol, *Social Policy in the United States: Future Possibilities in Historical Perspective* (Princeton: Princeton University Press, 1995).

13) 代表的な研究としては，以下のようなものがある．Barbara Nelson, "The Origins of the Two-Channel Welfare State: Workmen's Compensation and Mothers' Aid", in Linda Gordon (ed.), *Women, the State, and Welfare* (Madison: University of Wisconsin Press, 1990): 123-151; Michael B. Katz, *In the Shadow of the Poorhouse: A Social History of Welfare*

in America (New York: Basic Books Inc., 1986); Michael B. Katz, *The Price of Citizenship: Redefining the American Welfare State* (New York: Metropolitan Books, 2001); Linda Gordon, *Pitied But Not Entitled: Single Mothers and the History of Welfare* (New York: Free Press, 1994); Linda Gordon, "Social Insurance and Public Assistance: The Influence of Gender in Welfare Thought in the United States, 1890-1935", *American Historical Review*, vol.97 no.1 (February 1992): 19-54; Alice Kessler=Harris, *In Pursuit of Equity: Women, Men, and the Quest for Economic Citizenship in the 20th Century America* (Oxford: Oxford University Press, 2003); Michael K. Brown, *Race, Money, and the American Welfare State* (Ithaca: Cornell University Press, 1999).

CHAPTER 1

第1章

1935年社会保障法の制定

―経済保障委員会による立案とニューディール―

はじめに

　1934年6月8日,フランクリン・D・ローズヴェルト(Franklin D. Roosevelt)大統領は連邦議会へ特別教書を送り,国民に対し三つの「保障」を与えるための政策を提言した.この三つの「保障」とは第一に,連邦政府が住宅政策を推進し,すべての国民に適切な住居を確保すること,第二に,土地と水資源の開発を促進することによって雇用を創出し,就労が可能でありながら職がない人に仕事を与えること,そして第三に,人々が遭遇する災難や生活上の変化に対応するために社会保険制度を設立することであった[1].

　この三つ目の「保障」が,それからわずか1年余り後に1935年社会保障法として結実するものであるが,この教書でローズヴェルトが強調したのは,大恐慌により疲弊した国民生活を再建しなければ,景気の回復も進まないという認識であった.ローズヴェルトは,1933年3月の大統領就任以来,農業調整法や全国産業復興法を制定し,デフレからの脱却を図るとともに,公共事業を通じて雇用を創出するなどして失業者の救済に取り組んできた.翌年には,こうしたいわゆる第一次ニューディールの諸政策が,ある程度の成果を上げ始めたが,依然として1,000万人を超える人々が職を失い,失業率は20％を下回ることはなかった[2].こうした中で,1934年秋の中間選挙と1936年の大統領選挙を見据えながら,大恐慌からのさらなる脱出を図るために,長期的な視点に立った社会改革へと政策を転換しようというのが,この教書でローズヴェルトが示した青写真であった.

本章では，この特別教書演説によって始まった1935年社会保障法の制定過程を検討し，同法がニューディールの雇用・失業対策とどのように関連付けられながら完成を見たのかを明らかにする．序論で述べたような同法の限界や保守的な性格は，ニューディールの労働政策の一環として同法が捉えられていたことに起因すると考えられるからである．

まず第1節では，ローズヴェルト自身が社会保障法についてどのような構想を持ち，それがニューディールの雇用・失業対策といかに関連していたのかを考察する．ローズヴェルトは社会保障法の立案を進めるために労働長官のフランシス・パーキンズ（Frances Perkins）を委員長に経済保障委員会（Committee on Economic Security : CES）を設立した．この節では，社会保険を軸にした社会保障法の構想が，ローズヴェルトからCESへどのように伝えられたのかを検討する．

つづく第2節では，CESの下部組織である専門委員会と諮問会議における立案について見ていく．専門委員会と諮問会議では失業保険に関する事項に議論が集中したが，なかでも，ニューディール以前から自社で福祉資本主義を実践していた大企業のリベラルな経営者が立案に大きな影響を及ぼした．この節では，彼らが，自社で従業員のために導入していた企業年金や失業補償プログラムとの連続性がどのように追求され，いかにして社会保障法案が企業の利害を反映した労働立法としての性格を帯びていったのかを明らかにしていく．

そして第3節では，CESの原案をもとに作成された社会保障法案に対する連邦議会での審議を取り上げる．ここでもニューディールの雇用・失業政策との関連を強めるような形で法案の修正が行われた．上下院の委員会や本会議での審議において，どのような議論がなされ，CESの原案が形を変えていったのかを，失業保険，老齢年金保険，公的扶助に分けて考察していく．

1. ローズヴェルト大統領の構想

ローズヴェルトが前述の特別教書で明らかにした社会保険に関する構想は，次のような特徴を持っていた．まず，最終的には包括的な社会保障制度の設立を目指すが，当座の目標としては多くの国民にとって特に必要性の高い二つの

社会保険，すなわち失業保険と老齢年金保険の導入が危急の課題であるとされた．また，失業保険と老齢年金保険は，全国的な制度とするが，連邦政府と州政府が共同で運営にあたるような方法で運営されなければならない．そして，これらの社会保険はあくまでも拠出に基づき，政府の支出に頼るべきではないが，拠出を積み立てる基金の管理と運用は連邦政府が責任を持って行わなければならないとされた．このように勤労者を対象とした完全な拠出制に基づいた社会保険こそが，「健全な社会保障制度」の根幹となるべきであり，彼らが失業したり，退職した際の「備え」として社会保険が必要であるというローズヴェルトの基本的な考え方がここに示されていた[3]．

この特別教書の中でローズヴェルトが特に強調したのは，こうした社会保険の設立が合衆国憲法の条文に掲げられている「一般福祉の増進」に合致するものであり，連邦政府が果たすべき義務であるという点であった．ローズヴェルトは特別教書で，社会保険の目的は，より高度なレベルでの国民の福祉と安寧の実現にあり，こうした立法は，急速な経済発展の陰で「忘れられた価値観への回帰」[4]にほかならないと述べた．このような発言がなされた理由は，ローズヴェルトが，社会主義，急進主義といったニューディールに対する保守派からの攻撃をかわすために，アメリカの理念である個人主義や自助主義を改革の軸に据えることを何よりも重要だと考えていたためであった．また後述するように，フランシス・タウンゼント (Frances Townsend) などの老齢年金の導入を求める急進的な大衆運動が，いかに非現実的なものであるかを広く知らしめ，ローズヴェルト政権が中道的で国民の大多数が許容し得るような社会保障制度を作ろうとしていることを喧伝するために，こうした言説はその後も繰り返し用いられることになった．

ローズヴェルトは，この特別教書の発表から3週間後の6月29日に大統領命令第6757号を出し，第74議会へ社会保障法案を提出するための行動計画を示した．そこではまず，全国産業復興法によって大統領に付与された権限に基づき，CESを設立し，法案を作成していくことが発表された．CESは閣僚クラスの5人のメンバー——労働長官のフランシス・パーキンズ（委員長），財務長官のヘンリー・モーゲンソー (Henry Morgenthau)，農務長官のヘンリー・ウォーレス (Henry Wallace)，法務長官のホーマー・カミングス (Homer

Cummings），連邦緊急救済局（Federal Emergency Relief Administration: FERA）長官のハリー・ホプキンズー（Harry Hopkins）で構成された[5]．委員長のパーキンズは，ローズヴェルトのニューヨーク州知事時代，同州の労働長官を務め，労働立法や社会改革に取り組んだ経験を持っていた．彼女は，ローズヴェルトの大統領就任とともに労働長官に任命され，アメリカで初の女性閣僚となった[6]．CESの委員長にニューディールの救済政策を所管していたFERAのホプキンズではなく，パーキンズが任命されたのは，労働省の主導の下で社会保障法の立案を進め，緊急的な救済政策からの脱却を図ることが強く意識されていたためであった．

さらにCESには下部組織として，CESが任命した連邦政府の職員によって構成される専門委員会と大統領とCESによって任命された委員から成る諮問会議が設置された．専門委員会の委員長には，当時，パーキンズの下で労働次官補を務めていたアーサー・J・オルトマイヤー（Arthur J. Altmeyer）が任命され，CESの業務を統括する事務局長にはエドウィン・E・ウィッテ（Edwin E. Witte）が就任した．2人はともにウィスコンシン大学で制度学派の重鎮であるジョン・R・コモンズ（John R. Commons）の指導を受け，ウィスコンシン州の産業委員会のメンバーとして労働災害補償法の施行に携わった後，同州の失業補償法の制定に尽力した人物であった．革新主義の時代から労働立法において先駆的な役割を果たし，アメリカの「実験室」という異名を与えられていたウィスコンシン州での経歴がローズヴェルトに買われて，オルトマイヤーとウィッテはCESの重職に抜擢され，社会保障法の立案に中心的な役割を果たすことになった[7]．

こうして，ローズヴェルトがのちに政権の「礎石」と称するようになった社会保障法の制定に向けた第一歩が踏み出された[8]．社会保険については，1932年の大統領選挙の際の民主党綱領には「州法により失業保険と老齢年金保険を設立する」と記されていたにすぎなかったことを鑑みると[9]，ローズヴェルトの構想は，この時期に大きく前進したと見ることができる．しかし，それはローズヴェルトがこの時点で発案したものではなく，大統領就任以前のニューヨーク州知事時代から温めてきたものであった．

ニューヨーク州では，ローズヴェルトの知事在任中（1929-1932）に，老齢扶

助と失業保険についていくらかの進展が見られた．他の多くの州と同様，ニューヨーク州でも，大恐慌によって経済的に困窮している高齢者に対する扶助がこの時期に大きな関心を集めていた．同州ではすでに郡レベルで，貧しい高齢者に現金を給付する老齢扶助制度が導入されていたため，それに州政府が財政的な支援を与え，給付を拡充するための法案が州議会でいくつか出された．

そのなかで1930年の州議会で最終的に可決されたのが，共和党のシーバリー・C・マスティック（Seabury C. Mastic）州上院議員とフランク・バーナード（Frank Bernard）州下院議員の法案であった．その内容は，経済的に困窮している70歳以上の高齢者に対し最高で月50ドルを支給し，そのコストを州と郡が半分ずつ負担するというものであった．しかし，受給資格の認定や給付に伴う業務の大半は，これまで通り郡の公的福祉委員会が行うものとされ，全体的に給付額も低く抑えられた．こうした老齢扶助に対し，「近代化された救貧制度」にすぎないという批判がこの法案の成立直後から州内で噴出した．

ローズヴェルトも自党の民主党ではなく，共和党の法案で成立した老齢扶助法がこうした限界を持つのは致し方ないとしながらも，それは自らが理想とするプログラムからは程遠いものであると見ていた．そして，高齢者の貧困問題を解決するために，今後，早期に新たな政策を打ち出す必要があると考えるようになった．この時点でローズヴェルトが思い描いていたのは，退職後の備えとして人々に貯蓄を促すような制度の設立であった．人々に「倹約と将来への備え」に対するインセンティブを与え，年をとってから「権利」として給付を受けられるような，拠出に基づいた老齢年金保険の導入が将来的には望ましく，そうした制度によってはじめて，高齢者の経済的な保障が確保されるとローズヴェルトは見ていた[10]．このようにローズヴェルトはすでに州知事時代に，社会福祉としての老齢扶助よりも，拠出制の老齢年金保険の方が政策として優先されるべきであると考えるようになっていた．

また，ローズヴェルトは失業保険に関しても，州レベルで早期に導入されるべきであるとしていた．全国知事協議会などでローズヴェルトは「職場でのけがに対して労働災害補償があるように」，労使の拠出に基づいた「ビジネスライクな」失業保険制度が必要であり，その実現に向けて努力していきたいと発言していた．

失業保険の設立を求める法案は，1931年にマスティック州上院議員とアーウィン・スティングート（Erwin Stingout）州下院議員（民主党）によってニューヨーク州議会へ提出された．その内容は，雇用主の拠出（労働者の拠出はオプションとされた）を積み立てた基金から週10ドルを失業者へ給付するというものであった．しかしこの法案は，共和党の議員や実業界の反対により翌年には廃案となってしまった．その後も類似した法案が州議会へ提出されたが廃案に追い込まれ，ローズヴェルトはニューヨーク州で失業保険法を制定するには政治的なハードルが高いことを痛感した[11]．

この頃，ニューヨーク以外の州でも失業保険法の立案が進められ，失業保険の形態をめぐり活発な議論が繰り広げられていた．特に注目されたのは，企業別の勘定に雇用主が単独で拠出し，自社の従業員の失業にのみ責任を負うウィスコンシン・プランと，労使双方が州の基金へ拠出するオハイオ・プランであった．前者は，失業保険の拠出率を解雇数に応じて変動させる経験料率制[12]を採用し，雇用主に失業を防止するインセンティブを与えることを重視していた．それに対し後者は，州の基金を設けて失業のリスクを広く分散させ，失業者への給付を充実させることを目的としていた．両者の違いは，失業問題にどのようにアプローチするのかというより根源的な論争と深く関わっていた．

ウィスコンシン・プランとオハイオ・プランをめぐる対立は，立法推進団体や社会保障の専門家の間で長年にわたり続いていたが，1932年に全米初の失業補償法がウィスコンシン州で成立すると，各州で設立された失業保険に関する検討委員会などでは，ウィスコンシン・プランが現実的な選択肢と見なされるようになった．ローズヴェルトが6州の知事を招聘して設立した失業保険に関する州際委員会も，1932年2月に提出した報告書でウィスコンシン・プランに近い形での立法を推奨した[13]．

こうしたニューヨーク州知事時代の一連の経験から，1933年3月の大統領就任時にすでにローズヴェルトは，失業防止を主眼とするウィスコンシン型の失業保険制度の設立が望ましいと考えるようになっていた．こうした立法は，労働法として州レベルで制定されることが大前提であったため，連邦法を制定するとしても，それはあくまでも州法として失業保険法の制定を促すようなものでなければならなかった．

しかしどのような連邦法を成立させれば，各州に失業保険法の制定を促すことができるのか，当初，ローズヴェルトは具体的な案を持ってはいなかった．ローズヴェルトの側近も，様々な分野の専門家に助言を仰いだが，最終的に最も脈があると見られたのが，ルイス・ブランダイス（Louis Brandeis）最高裁判事のアイディアであった．ブランダイス判事は，1926年に連邦相続税法について，最高裁がフロリダ対メロン判決（Florida v. Mellon）で合憲と判断した相殺課税方式を援用すれば，州レベルでの失業保険法の制定を促すような連邦法の立法が可能であると見ていた．ブランダイス判事の娘であるエリザベスとその夫のポール・ラウシェンブッシュ（Elizabeth & Paul Raushenbush）が，ウィスコンシン州の失業保険法の制定に携わっていたため，このアイディアは，まずブランダイス判事からラウシェンブッシュ夫妻へ伝えられ，その後，夫妻と親交があったパーキンズをはじめとする労働省のスタッフに進言された[14]．

相殺課税方式を取り入れた失業保険法案は，1934年2月に連邦議会へ提出された．この法案の提出者は，ローズヴェルトのニューヨーク州知事時代からの盟友であるロバート・ワグナー（Robert Wagner）上院議員（民主，ニューヨーク）とディビット・ルイス（David Lewis）下院議員（民主，メリーランド）であった．このワグナー＝ルイス法案の内容は，10人以上の従業員がいる雇用主に給与支払い総額の5％に相当する額を連邦政府が給与税として課し，一定の要件を満たす失業保険法を制定している州の雇用主には，相殺課税方式によりその90％を控除し，それによって各州に失業保険法の制定を促すというものであった[15]．

失業保険法に相殺課税方式を取り入れればよいというブランダイス判事の提言は，ローズヴェルトの構想を実現に向けて大きく前進させた．ローズヴェルトは，ワグナー＝ルイス法案が今会期中に可決されることを望むと発言し，多くの専門家や有識者もそれに賛同した．しかしその後，同法案の規定では州に対する立法のインセンティブが弱いのではないかという懸念や，積立基金の額が膨大になり景気をさらに悪化させる可能性が高いなどの問題が指摘されるようになった．また，この法案に対する実業界の反対も強く，ローズヴェルトは政権の発足からまだわずか1年ほどで政治的なリスクを冒すのは得策ではないと判断し，法案の可決に次第に消極的になっていった．

またちょうど同じ頃，州が施行している老齢扶助のコストの1/3を連邦政府が負担することを定めたディル＝コナリー法案も連邦議会へ提出されたが，十分な支持を得られず通過が危ぶまれていた．そのため，それぞれ個別の法案を通すよりも，休会中に包括的な社会保障制度の設立に向けた法案を準備し，次の会期に提出する方が賢明であるという意見が政権内外から寄せられるようになった．最終的にローズヴェルトはそれに同意し，包括的な法案を作成して，翌年に社会保障制度を一気に設立することを目指すようになった[16]．

これまで見てきたような，拠出に基づいた社会保険を中心としたローズヴェルトの構想は，ニューディール政策の中に次のように位置付けることができる．ローズヴェルトは1933年3月の大統領就任以来，失業対策として連邦政府による雇用の提供を積極的に進めてきた．同年5月には，連邦緊急救済法によってFERAを設立し，さらに雇用対策として，公共事業局（Public Works Administration：PWA）や民間事業局（Civil Works Administration：CWA）による公共事業を行い，400万人もの人々に職を与えた．これらのプログラムは，緊急的な措置としては一定の成果を収めたが，根本的な失業問題の解決には至らなかった．そのため，ローズヴェルトはより大規模に雇用を創出し，民間部門の投資を刺激するような政策への転換を図ることを決意し，1935年春から雇用促進局（Works Progress Administration：WPA）を始動させる計画を打ち出した[17]．

こうした中でローズヴェルトは，失業者に対する雇用の提供に加えて，労働市場が抱える根本的な問題を解決し雇用を安定させるような新たなシステムが必要であると考えるようになった．それに関連して，ローズヴェルトが関心を寄せたのが，当時，全米で唯一，州レベルで失業保険制度を成立させていたウィスコンシン州失業補償法であった．同法は，企業別勘定や経験料率制を採用することによって失業を防止することを重視していた．失業を減らし，雇用の安定を促すような失業保険制度を実現したいという考えは，CESの活動開始に先立ちパーキンズ，ウィッテ，オルトマイヤーと私的な会談を持った際にも，ローズヴェルトが直接伝えており，かなり早い段階からこうした考えをローズヴェルトは抱いていた．また，高齢者に老齢年金保険を給付することで，退職後の生活に経済的な保障を与えるとともに，労働市場から撤退させ，若い人に

仕事を回す必要性をローズヴェルトは強く意識していた[18]．

　ローズヴェルトとCESは，拠出に基づいた社会保険を通じて勤労者に経済的な保障を与え，購買力を拡大するとともに[19]，雇用の安定化や労働力の円滑な循環を促し，生産性を向上させることによって，アメリカ経済を回復させることができると考えていた．そのため彼らの関心は，あくまでも拠出に基づいた二つの社会保険に向けられ，それはニューディールの雇用・失業対策の一環として捉えられた．このようにローズヴェルトとCESによって労働法としての性格が立案の最初の段階から付与されたことが，1935年社会保障法の限界を生み出したと考えられるが，ローズヴェルトとCESの構想に，さらに具体的な骨組みを与え，立案を進めたのが次に見るCESの専門委員会と諮問会議であった．

2. 経済保障委員会による立案

　CESは，専門委員会と諮問会議を二つの柱として，立案作業を進めた．それぞれ任命された委員を中心に社会保障制度のあり方に関する具体的な提言をまとめることになっていたが，以下に見るように，圧倒的に多くの時間が失業保険に関する議論に費やされた．

(1) 専門委員会の活動

　専門委員会は，主として技術的な問題に関してCESに助言するための機関として設立され，ローズヴェルト政権内部の人々によって構成された．CESのメンバーである閣僚が所属する5省庁については，労働省，財務省，FERAから各3人，農務省，法務省から各1人が選出され，それに加えて，商務省から2人，その他の連邦機関から8人が選ばれ，合計21人の委員で発足した[20]．表1のように，各委員は五つの小委員会―執行，失業保険，老齢保障，公的雇用・救済，医療保障―に振り分けられ，ローズヴェルトへの最終的な提言に向けて検討作業を開始した[21]．

　しかし，専門委員会は，当初から運営上の問題に直面した．特に大きな障害となったのは，組織の予期せぬ膨張であった．専門委員会が扱う分野は，失業

表1　専門委員会の構成

氏　名	所　属	小委員会
アーサー・オルトマイヤー	労働省	委員長
オットー・ベイヤー	連邦交通調整局	老齢保障委員会
トマス・エリオット	労働省	失業保険委員会
コリントン・T・ジル	FERA	執行委員会，公的雇用・救済委員会
アレクサンダー・ホルゾフ	法務省	執行委員会，医療保障委員会
マレー・W・ラティマー	鉄道退職局	老齢保障委員会（委員長）
イジドール・ルービン	労働省	公的雇用・救済委員会
H・B・マイヤーズ	FERA	医療保障委員会
ウィンフィールド・W・リーフラー	中央統計局	執行委員会（委員長），老齢保障委員会
H・R・トリー	AAA	執行委員会，公的雇用・救済委員会
ヴィクター・N・ヴァルグレン	農務省	老齢保障委員会
ジェイコブ・ヴァイナー	財務省	執行委員会，失業保険委員会
アービー・ウィリアムズ	FERA	公的雇用・救済委員会（委員長）
ウォルトン・ハミルトン	NRA	医療保障委員会（委員長）
アルビン・H・ハンセン	国務省	失業保険委員会（委員長）
ウィリアム・M・ライザーソン	全国調停局	失業保険委員会，医療保障委員会
H・A・マイルズ	NLRB	医療保障委員会
ハーマン・J・オリファント	財務省	公的雇用・救済委員会
ステュワート・ライス	商務省	老齢保障委員会
エドワード・W・ジェンセン	商務省	失業保険委員会
ジョセフィン・ロッシェ	財務省	執行委員会

出典：Edwin Witte, *The Development of the Social Security Act* (Madison: University of Wisconcin Press, 1962): 24-25.

保険，老齢年金保険，健康保険，雇用・救済，児童扶助，農業従事者への経済保障など多岐にわたった．そのため，それぞれの分野で専門スタッフを雇い，調査やデータの収集にあたることになり，1934年の冬には100人余りのスタッフが，専門委員会に所属するようになった．短期間でスタッフの人選が行われたため，大半の人が他に常勤の職を持ちながら専門委員会に参加することになり，なかなか肝心の立案に向けた作業は進まなかった．また，それぞれが専門家として強い意見を持っていたため集約が難しく，最終的な報告書の作成は難航した[22]．

結局，専門委員会は数多くのプログラムについて討議したが，実のある議論がなされたのは失業保険だけであった．しかも，専門委員会がCESへ提出した報告書は，失業保険制度の形態について，それぞれの短所と長所を併記し，若干のコメントを加えただけのものであった．

　失業保険制度の形態は，次のように分類されていた．①連邦政府が運営する全国的な失業保険制度．②連邦補助金による失業保険制度：連邦政府が課税し，連邦の基準を満たした失業保険制度を持つ州へ補助金を交付する．積立基金は連邦が管理し，拠出の20％程度を連邦政府が運営のために徴収するが，給付は各州が行う．合憲性が最も高いと考えられた．③ワグナー＝ルイス方式：連邦政府が課税するが，相殺課税方式に基づき，連邦が定めた基準に見合った失業保険法を持つ州の雇用主にはその90％を控除する．基金のタイプ（企業別勘定にするか州の基金にするか）は各州が選ぶことができる．違憲判決を受けても州の失業保険法は残ると考えられた[23]．

　専門委員会の結論は，連邦・州の共同型である②と③を推すが，そのどちらを選ぶのか最終的な判断はCESに委ねるというものであった．このように複数案が併記された理由は，実際に失業保険小委員会のスタッフは②を推していたが[24]，CESのメンバーの多数が③を支持していたので，それに配慮したためであった．この二つのうちどちらを選ぶのかという議論は諮問会議でも続けられた．

(2) 諮問会議の活動

　専門委員会が基本的に政権内部の組織であったのに対し，諮問会議は政権の外から広く声を集めることを目的としていた．しかしその役割やあり方をめぐって，当初からCES内部で意見が対立した．すなわち，少人数の専門家から成る委員会形式をとり，CESへ助言してもらうのか，あるいは各分野の専門家をたくさん招き，公聴会形式で意見を表明させ，国民への啓蒙・宣伝効果を狙うのか，CESは決めかねていた．最終的にはローズヴェルトの提案で，前者の形で正規の諮問会議を設立するとともに，それを補完するために後者の形で全国協議会を開催することが決定された[25]．

　まず，後者が1934年11月14日にワシントンDCで約150人の専門家の参加

を得て，経済保障に関する全国協議会として開催された．午前中の全体会では，政府側の代表として最初にパーキンズとホプキンズが演説し，つづいてローズヴェルトがこれまでのCESの活動の経緯を説明した．ローズヴェルトは失業保険について触れ，連邦が各州に立法を促すような形の法律であること，給付や運営に関しては可能な限り各州に裁量の余地を残すこと，積立基金の管理と運営は連邦政府に委ね，景気の安定や経済の活性化のために活用されるべきであることなど持論を展開した．

　一方，老齢年金保険については，「今，老齢保障に関する法律を制定する時期に来ているのかわからない」とローズヴェルトは発言した．ローズヴェルトは，まだ政権側ではいかなる形の老齢年金保険制度を導入するのか明確な結論に至ってはいないという意味でこう述べたのだが，この発言は，思わぬ事態を招くことになった．翌日，ニューヨーク・タイムズをはじめとする新聞各社が，老齢年金保険制度の検討が今回は見送られる公算が大きいと報道し，混乱を生んだのである．全国協議会の閉会後，この点に関して，パーキンズが訂正の声明を出すとともに，参加者にも文書で釈明がなされた．しかし，こうした報道は，政権側は社会保障制度の設立を謳いながら，実のところ失業保険だけに関心を寄せているのではないかという疑念を多くの人々に抱かせることになった[26]．

　全国協議会では，ノースカロライナ大学学長のフランク・グラハム（Frank Graham）が議長に選出され，諮問会議の委員長も兼任することが了承された．14日の午後には，失業保険，老齢保障，雇用，医療保障，児童福祉の各分科会に分かれて討議が進められた．しかし何らかの結論を出すことができたのは，失業保険の分科会だけであり，失業保険の形態としてワグナー＝ルイス方式を推すことを決議した[27]．

　ウィッテは後に全国協議会を評して，それぞれの分科会の議論はたいへん質が高く，有益な成果が得られたと一定の評価を下したが，全体的に「運営がまずく，利益よりも害のほうが大きかった」と述べている．マスコミとの衝突に加えて，限られた時間にあまりにも多くの参加者が発言を求めたため，結局，自分の意見が聞き入れられなかったと不愉快に思う参加者も少なくなかった．なかにはCESの宣伝目的に利用されたと不満を抱く者もおり，総じて全国協

表2　諮問会議の構成

氏　名	所　属
委員長	
フランク・P・グラハム	ノースカロライナ大学学長
実業界代表	
ジェラルド・J・スオープ	ゼネラル・エレクトリック
モリス・E・リーズ	リーズ＆ノースロップ
サム・ルイソー	マイアミ銅会社
ウォルター・C・ティーグル	スタンダード石油
マリオン・B・フォルソム	イーストマン・コダック
労働界代表	
ウィリアム・グリーン	AFL
ジョージ・M・ハリソン	鉄道・汽船組合(オハイオ)
ポール・シャレンバーグ	カリフォルニア州労働連盟
ヘンリー・オール	ウィスコンシン州労働連盟
ジョージ・ベリー	国際印刷工組合(テネシー)
民間代表	
ポール・ケロッグ	サーヴェイ誌
ベル・シャーウィン	全国女性有権者同盟
グレース・アボット	前児童局長，シカゴ大学
レイモンド・モレイ	トゥディ誌，前国務次官
ジョージ・H・ノードリン	イーグルズ友愛会
ジョン・G・ワイナント	ニューハンプシャー州知事
メアリー・デューソン	全国消費者連盟
ルイス・J・テーバー	全国グレンジ
ヘレン・ホール	全国セツルメント連盟
ジョエル・D・ハンター	シカゴ慈善協会
ジョン・A・ライアン	全国カトリック福祉協議会
エリザベス・モリシー	ノートルダムカレッジ

出典：Edwin Witte, *The Development of the Social Security Act* (Madison: University of Wisconcin Press, 1962): 49-53.

議会の開催は成功とは言い難かった[28]．

　他方，少人数の専門家によって構成された諮問会議は，全国協議会の翌日に第1回目の会合を開いた．諮問会議の人選はすべてローズヴェルトが行い，表2のように，グラハム委員長以下，実業界，労働界，民間から選ばれた23人の

委員によって構成された[29]．ローズヴェルトとCESは，短期間での法案の作成を目指していたため，政権側に異論を唱える可能性のある人物が諮問会議に任命されることはなかった．

この人選に関して注目すべき点は，これらの委員のうち実業界を代表する5人が，いずれも自社で独自の企業年金や失業給付プランなどを運営し，いわゆる福祉資本主義の成功例として高く評価されていた大企業の経営者や幹部であったということである[30]．実業界を代表する経営者団体であるアメリカ製造業者協会（National Association of Manufacturers: NAM）などは，社会保障法は，雇用主に新たな負担を求め，景気をさらに悪化させるとして，立法そのものに強く反対していたため，そうした声を代弁する経営者は一切，諮問会議のメンバーには選ばれなかった[31]．

諮問会議の資本家のメンバーの中でもゼネラル・エレクトリックの社長であるジェラルド・J・スウォープ（Gerard J. Swope）は，「開明的」な企業経営者として最もよく知られていた．スウォープは，自社で労使の拠出による失業給付プランを導入するとともに，1931年には労使の拠出に基づく老齢年金保険と失業保険を産業別に設立し，連邦機関の監督の下でそれらを運営するという内容のスウォープ・プランを公表し注目を集めていた．スウォープは，ローズヴェルトとも親しい間柄にあり，すでに1934年3月に会談し，社会保障法の立案について助言を与えていた[32]．

また，イーストマン・コダックのマリオン・B・フォルソム（Marion B. Folsom）も，1931年にニューヨーク州ロチェスターで14社（のちに19社）が参加する失業給付プランを設立し，各企業が，従業員の給与支払総額の2%に相当する額を個別の基金に積み立て，従業員を解雇する場合，そこから賃金の60%に当たる額を失業給付として支払うシステムを開始していた．これはロチェスター・プランと呼ばれ，約2万6,000人の労働者が加入する大規模な失業給付プランとして知られていた．フォルソムは，各企業が雇用の安定化を図るようにするために経験料率制を導入し，ウィスコンシン・プランに近い形の失業給付プランを導入していた[33]．

さらに実業界を代表する委員のうち，スウォープ，モリス・E・リーズ（Morris E. Leeds），ウォルター・C・ティーグル（Walter C. Teagle）の3人は，商務

省の実業諮問計画委員会のメンバーでもあり，特にティーグルは，そこで設立された失業保険小委員会の委員長を務めるなど，ローズヴェルト政権とのつながりが強かった[34]．ローズヴェルトはこれらの「開明的」な資本家から企業レベルでの実践について学び，彼らの意向を反映させながら社会保障法の立案を進めていくことを当初から望んでいた．そうした考えから，オルトマイヤーやウィッテに，諮問会議の会合以外の場でも彼らと積極的に情報交換をするよう命じた[35]．

一方，労働界からはアメリカ労働連盟（American Federation of Labor：AFL）のウィリアム・グリーン（William Green）のほか，オハイオ，カリフォルニア，ウィスコンシン，テネシーの州労働連盟や職能別労働組合の代表が選出された．AFLは長い間，労働組合が経営者側との団体交渉を通じて失業給付や企業年金を獲得することを目指してきたため，社会保障法の制定には反対の立場をとってきた．しかし大恐慌による失業問題の深刻化により，それまでの方針を大きく転換し，1932年の年次大会で，州レベルでの失業保険法の制定を支持することを正式に決定した．さらに，サンフランシスコで開かれた1934年の大会では，連邦法として社会保障法を制定するためのキャンペーンを始める決議を採択した．こうしたAFLの路線変更により，グリーンが社会保障法の立案に積極的に加わることが期待され，諮問会議のメンバーに選出されたのであった[36]．

また民間代表も多岐にわたる人材から選考がなされ，ジャーナリスト，社会福祉の専門家，農業団体や宗教団体の代表などが委員となった．こうした人選は，社会保障法の立案に多様な利害を反映させることを目的としていた．しかし民間代表の委員の大半は，ローズヴェルト政権が目指していた社会保障制度はおろか，労働法や社会福祉政策についても，一般的なレベルの知識しか持たない「素人の集団」にすぎなかった[37]．

諮問会議に期待されたのは，CESの社会保障制度に関する素案と代替案を比較検討して，最終的に最も望ましいと思われる案をCESへ提示することであった．だがここでも具体的な内容に踏み込んで討議がなされたのは，失業保険だけであった[38]．その討議も次の3点において対立が見られ，なかなか合意に至らなかった．

①連邦政府の拠出について．一般財源から連邦政府が拠出することに関しては，諮問会議の委員の大半が反対の立場をとり，ローズヴェルトの当初からの意向通り，雇用主の単独ないしは労使双方の拠出に基づく自律的な制度を支持した．しかし，ポール・ケロッグ（Paul Kellogg）をはじめとするリベラルな社会改革者やソーシャルワーカーの委員は，政府も拠出すべきであると主張した[39]．CESでも当初，FERAのホプキンズらによってこうした提案がなされていたが，ローズヴェルトは，このような考え方は，失業者に対する直接救済と社会保険を混同するものであり，失業保険の健全性を著しく損なうとして強く反対した[40]．あくまでも完全な拠出制に基づく勤労者のための「健全な社会保険」でなければならないというローズヴェルトの構想が，大方の委員によって支持されたが，それは諮問会議の一致した意見ではなかった．

②雇用主が支払う給与税の税率（拠出率）に関して．諮問会議の失業保険小委員会では，3％，4％，5％が提案され，最終的には資本家の委員の圧力によって最低の3％が採択された．しかしこの税率に不満を持つ委員——ケロッグ，グラハム，グリーン，ヘレン・ホール（Helen Hall），ヘンリー・オール・ジュニア（Henry Ohl, Jr.）——は，雇用主の拠出率を少なくとも4％にすべきであると主張し，諮問会議の最終報告書に少数意見として文書を添付した．民間から選ばれたソーシャルワーカーなど比較的リベラルな立場をとる委員と労働界の代表が手を組み，経営者の税率を引き上げることによって，失業者への給付を手厚くすることを求めたが，それは少数意見として退けられた[41]．

③失業保険の形態をめぐって．連邦法である社会保障法で失業保険制度の基本的な枠組みをまず規定し，その後，各州が制定する失業保険法で細則を定めることについては合意がなされたが，ローズヴェルトが主張しているような連邦と州の協調関係をいかなる形で社会保障法の下で実現していくのかという点に関しては意見の対立が見られた．専門委員会と同様，諮問会議でも，連邦補助金方式かワグナー＝ルイス方式かをめぐり議論がなされ，最終的に9対7で前者が採択された．

連邦補助金方式に賛成したのは，委員長のグラハム，5人の資本家メン

バー，グリーン，ケロッグ，ホールであった．その理由としては，補助金方式の方が，財源を連邦政府が統括管理し，連邦基準をより多く盛り込んだ，全国的に均一な保障を実現できることがあげられた．それは，失業問題は全国的なものであり，州レベルで個別に解決することは難しいという認識に基づいたものであった．しかしその一方で，資本家のメンバーは，全く別の理由から連邦補助金方式に賛成した．彼らは，統一された基準の下で各州が失業保険制度を導入しないと，税負担の高低により州間で企業の競争力に差が出てしまい，複数の州で事業を展開する大企業には不利になると考えており，そうした事態を招かないようにするために補助金方式を推した[42]．

諮問会議の最終報告書は12月18日のCESの会合で受理されたが，結局，失業保険以外については，CESが期待していたような議論の深まりは見られなかった．また最終報告書には，上述のものも含めて合計四つの少数意見書が添付され，最終報告書の内容は決して全会一致で採択されたものではなかった．

これらの少数意見書はすべて失業保険に関するものであり，なかでも最も注目を集めたのは，5人の資本家メンバーが作成した意見書であった．その内容は，ウィスコンシン型の失業保険を導入し，雇用の安定と失業の防止を図ることを最優先課題とするものであった．この意見書は，1932年に全米初の失業補償法を制定したウィスコンシン州では，すでに約70の企業が3,000人の従業員に対し，解雇後も在職時の2/3に相当する労働時間の仕事と賃金を最低42週間にわたり保障し雇用の安定化を図っており，このような制度を連邦政府の監督の下で全国へ広げていくことが失業問題の解決にもつながると主張するものであった．さらに，この意見書では，ウィスコンシン州失業補償法で採用されている企業別勘定の導入を可能にし，経験料率制を採用することによって，各企業の雇用状況に応じて拠出率を上下させ，経営者に雇用安定化へのインセンティブを与えていくことが重要であるとされた[43]．

この意見書が意図するところは，以前から大企業を中心に導入されてきた自主的な失業保険を生かすことができるような失業保険制度を，社会保障法の下で設立しようというものであった．それは，諮問会議の資本家メンバーが自ら

の意向をローズヴェルトの構想に重ね合わせたものに他ならず,企業側の自主的な取組みを最大限に尊重するウィスコンシン・プランに近い形での立法を推奨した[44].

3. 経済保障委員会の最終報告書

CESは8月13日の第1回会合以来,政権側の基本的なアウトラインを提示し,それを専門委員会と諮問会議で討議させ,その結果を再び検討し最終案としてまとめていくことを活動の中心に据えてきた.また専門委員会と諮問会議では,失業保険に関する議論に大半の時間が費やされたため,CESの会合では,それ以外の分野について討議がなされた.CESの最終報告書は,ウィッテが作成した草稿をもとに何度も検討が重ねられ,12月24日にパーキンズとホプキンズがローズヴェルトに口頭で報告し了承を得た.その後,年を越えて細部の調整が続けられ,1935年1月15日にようやく正式の最終報告書がローズヴェルトに手渡された.

CESの最終報告書の概要は巻末資料1の通りである[45].当初から合意されていたように,国民生活のあらゆる場面で必要とされる経済的な保障をカバーするような,包括的な社会保障制度の確立を目指すという観点から,この報告書には多岐にわたる項目が入れられた.それらは5分野に分けられ,第74議会への法案の提出を見据えた提言がなされた.

本章の議論との関連で,ここでまず着目したいのは,雇用保障と失業保険が密接に関連付けられている点である.この二つは,国民の購買力を維持するための両輪として機能すべきものであり,失業保険の給付期間を終えてもまだ仕事が見つからない者には,給付の延長を認めるのではなく,政府が雇用を提供し就労させることが重要であるとしている.失業保険は国民に対する経済保障の「防衛の最前線」であるとしながらも,その一方で,失業保険の給付期間を可能な限り短く設定し,雇用への移行を進めることが重視されていた.こうした見方は,社会保険に政府が拠出する必要はないという政権側の主張を裏付けるものであった.すなわち政府はPWAやCWAを通じてすでに失業者に雇用を提供しており,そこに一般財源が充てられているため,失業保険に政府が拠

出するのではなく，給付期間を終えた者はそうした事業を通じて雇用の提供を受ければよいと考えられていたのである[46]．

失業保険の形態に関しては，相殺課税方式の採択をはじめ，当初から示されていたローズヴェルトの構想がそのまま踏襲されている．諮問会議が連邦補助金方式を推したにもかかわらず，CESは相殺課税方式を採択した．それによってCESと諮問会議のメンバーとの間の軋轢が深まったが[47]，CESはあくまでもローズヴェルトの考えに忠実であった．

また，CESの報告書では，ウィスコンシン・プランの企業別勘定を唯一のものとして提示するのではなく，州の判断により基金のタイプを選べるようにしている点も重要である．これは，ウィスコンシン・プランとオハイオ・プランの対立を回避する一方で，ウィスコンシン・プランを推す諮問会議の資本家メンバーや企業経営者に配慮した結果であった．

さらに，諮問会議で争点となった失業保険の給与税の税率（拠出率）については，資本家のメンバーが主張した最低の3％がCESの報告書でも取り入れられ，雇用主の税率を引き上げるべきであるという労働界とリベラル派の主張は退けられた．

4. 連邦議会での審議

このような内容から成るCESの最終報告書の提出を受けて，ローズヴェルトは1935年1月17日に連邦議会へ教書を送り，社会保障法案の早期可決を要請した[48]．連邦議会へ提出する法案は，労働省からCESへ顧問として出向していたトマス・エリオット（Thomas Elliot）を中心に作成され，上院ではロバート・ワグナー議員，下院ではロバート・ドートン（Robert Doughton）議員（ノースカロライナ，民主党）とディビット・ルイス議員によって提出された．法案の審議にあたる委員会は，上院が財政委員会，下院が歳入委員会とされた．それぞれの委員会のメンバーは，表3と表4の通りである[49]．

上下院での審議で出された争点を，本章のテーマであるニューディールの雇用・失業対策の一環としての社会保障法の制定という観点から整理すると次のようになる．

表3　下院歳入委員会の構成

氏　名	選出州	政　党
ロバート・ドートン（委員長）	ノースカロライナ	民主
サミュエル・ヒル	ワシントン	民主
トマス・キュレン	ニューヨーク	民主
クリストファー・サリバン	ニューヨーク	民主
モーガン・サンダーズ	テキサス	民主
ジョン・マコーマック	マサチューセッツ	民主
ディビット・ルイス	メリーランド	民主
フレデリック・ヴィンソン	ケンタッキー	民主
ジェレ・クーパー	テネシー	民主
ジョン・ボーン	インディアナ	民主
クロード・フラー	アーカンソー	民主
ウェズリー・デズニー	オクラホマ	民主
アーサー・ラムネック	オハイオ	民主
フランク・バック	カリフォルニア	民主
リチャード・ダンカン	ミズーリ	民主
チェスター・トンプソン	イリノイ	民主
ジョシュア・ブルックス	ペンシルヴェニア	民主
ジョン・ディンゲル	ミシガン	民主
アレン・トレッドウェイ	マサチューセッツ	共和
アイザック・バカラック	ニュージャージー	共和
フランク・クラウザー	ニューヨーク	共和
ハロルド・クヌットソン	ミネソタ	共和
ダニエル・リード	ニューヨーク	共和
ロイ・ウッドラフ	ミシガン	共和
トマス・ジェンキンズ	オハイオ	共和

出典：Congressional Record, 74th Congress, 1st Session, House, 1935 (Washington D.C.: GPO, 1935): 6069-6070.

(1) 失業保険

　これまで見てきたように，CESは，労働法としての性格が強い失業保険制度を設立しようとしていたが，そうしたCESの方針が連邦議会において，最初からスムーズに受け入れられたわけではなかった．まず，下院の歳入委員会で，法案の根幹に関わる部分を修正しようという動きが見られた．それは，ウィスコンシン・プランが提唱していた企業別勘定の導入を禁止し，各州で単一の

表4　上院財政委員会の構成

氏　名	選出州	政　党
パット・ハリソン（委員長）	ミシシッピー	民主
ウィリアム・キング	ユタ	民主
ウォルター・ジョージ	ジョージア	民主
ディビット・ウォルシュ	マサチューセッツ	民主
アルベン・バークレー	ケンタッキー	民主
トム・コナリー	テキサス	民主
トマス・ゴア	オクラホマ	民主
エドワード・コスティーガン	コロラド	民主
ジョシュア・ベイリー	ノースカロライナ	民主
ジョエル・クラーク	ミズーリ	民主
ハリー・バード	ヴァージニア	民主
ウィリアム・マカドゥー	カリフォルニア	民主
オーガスティン・ロナーガン	コネチカット	民主
ヒューゴ・ブラック	アラバマ	民主
ピーター・ゲリー	ロードアイランド	民主
ジョゼフ・ガフィー	ペンシルヴェニア	民主
ジェイムズ・クーゼンズ	ミシガン	共和
ヘンリー・キーズ	ニューハンプシャー	共和
ロバート・ラフォレット・ジュニア	ウィスコンシン	革新
ジェシー・メトカーフ	ロードアイランド	共和
ダニエル・ヘイスティングス	デラウェア	共和
アーサー・カッパー	カンザス	共和

出典：Congressional Record, 74th Congress, 1st Session, Senate, 1935 (Washington D.C.: GPO, 1935): 9650.

基金に拠出金をすべて積み立てる方式だけを認めるようにする修正であり，歳入委員会で可決された．企業別勘定を禁止する理由としてあげられたのは，現在のように長期にわたる不況で大量の失業者が出ている状況下では，企業別勘定で自社の従業員の失業にのみ責任を負うのは，失業保険として不十分であり，運営上も煩雑であるという点であった．また経験料率制についても，それを導入すると，企業間で税率（拠出率）に差が出ることから違憲性が増すため，取り入れるべきではないとされた[50]．

こうした動きは，ウィスコンシン派への挑戦と言えるものであったが，その

後，上院の財政委員会において，CES案との妥協点を探る修正が出された．すなわち，失業保険の積立基金をいかなる形態（企業別勘定，産業別基金，州基金，混合型）にするのかは各州の選択に任せ，社会保障法では特に規定しないようにするという修正であった．さらに，企業レベルで導入された雇用の安定化プログラムも失業保険として認めることが提案された．こうした修正を出したのは，財政委員会のロバート・M・ラフォレット・ジュニア（Robert M. LaFollette, Jr.）上院議員（ウィスコンシン，革新党）であり，ウィスコンシン州失業補償法と齟齬のない形での社会保障法の成立を目指す立場から，このような動きに出たのであった[51]．

最終的に両院協議会において，このラフォレット修正は採択され，失業を防止し雇用の安定化を図るウィスコンシン・プランの選択を可能にする社会保障法が成立することになった．ただし，あくまでも州がそれを選択した場合に認めるという形にとどめ，社会保障法が規定している最低限の条件を満たす限り各州が制定する失業保険法について，連邦は関与しないという姿勢を明確にした．こうした措置は，選択の主体は州であることを示し，州が所管する労働法として失業保険法を位置付けることを意味していた．

失業保険に関しては，CESの法案に真っ向から対立する法案も下院で出された．それは，ミネソタ州選出でミネソタ労農党の下院議員であるアーネスト・ランディーン（Ernest Lundeen）によるものであった．ランディーン法案は，CESの法案よりも加入対象者の範囲がはるかに広く，給付も充実した失業保険の設立を約束した．ランディーンは，労働者のみならず，農民や自営業者，専門職に携わる人々なども同一の条件で失業保険に加入させ，各地域の平均賃金に相当する給付を全失業期間にわたり与えるような失業保険制度を設立することを目指していた．その財源には相続税や高額所得者からの所得税を充て，労働者と農民の代表から成る組織によって制度を運営することを提案した[52]．

この法案には，まず，共産党が賛同したが，それ以外にも，ラッセル・セージ財団のメアリー・ヴァン・クリーク（Mary Van Kleeck）をはじめとするソーシャルワーカーや，地方の労働組合が支持を寄せた．3月にはランディーン法案の公聴会が下院の労働委員会で開かれ，社会保障法案の上下院での公聴会でもランディーンの支持者が証言に立ち，注目を浴びた．

またAFLの中にもCESの諮問会議に参加した会長のグリーンに反発して，ランディーン法案への支持を表明する者が現れた．なかでもAFLの全国失業保険委員会のルイス・ウェインストック（Louis Weinstock）は下院の公聴会で証言に立ち，AFLの「一般組合員の声」はグリーンの意見とは全く異なり，高額所得者に対する所得税の増税により失業保険の財源を賄い，現在，失業している労働者も含めて，平均的な賃金に相当する額を給付すべきであると述べた．CESの法案は，現在，失業中の労働者には何の救いにもならないとウェインストックは断じ，ランディーン法案への支持を呼びかけた[53]．

ランディーン法案は，確かに加入対象の広さや，給付の厚さについては他に類を見ないものであったが，制度の実現可能性，とりわけその財政面には明らかに問題があった．また共産党が同法案を支持したことから，左翼的で過激な法案であるというイメージが作り出され，逆にCES法案の正当性や堅実性が広く印象付けられることになった．そうしたことから，最終的にランディーン法案は，下院において204対52で否決された[54]．ランディーン法案が廃案に追い込まれたことは，失業者への給付を引き上げ，所得再分配効果を高めようとするひとつの試みが頓挫したことを意味していた．

(2) 老齢年金保険

連邦議会での審議では，失業保険とともに老齢年金保険にもかなり多くの時間が割かれた．老齢年金保険に関する最も重要な修正は，財務長官のモーゲンソーによって下院の歳入委員会へ出されたものであった．それは，老齢年金保険をさらに厳密に将来にわたり拠出制に基づくようにする修正であり，政府の一般財源からは拠出しないというローズヴェルトの方針を一層明確にすることになった．モーゲンソー修正では，老齢年金保険の財源となる給与税の税率（拠出率）を1937，1938，1939年は労使が各1％，その後は3年ごとに0.5％ずつ引き上げ，1949年に労使が各3％に到達したらそこに固定し，少なくとも1980年までは完全積立方式を維持することが定められた．こうした変更によって，積立基金は当初見込まれた140億ドルではなく500億ドルに上ることになった．この修正は，当初，法案に明記された積立方式では，1957年以前に加入した人への給付が足りなくなることが判明したため，法案の作成後，ローズヴェル

トが税率の修正をモーゲンソーに依頼し提出させたものであった[55]．

その一方で，下院の歳入委員会では，老齢年金保険の給付の算定を加入期間中に得た全所得額をもとにする方法に変更し，低所得者や加入期間が短い者が有利になるようにするための修正も出され，採択された．

さらに下院の歳入委員会では，老齢年金保険の適用職種が限定され，正規雇用で基幹産業に従事している労働者の拠出に基づいた社会保険としての性格が強められた．修正によって制度の対象外とされたのは，農業労働者，家事労働者，季節労働者，船員，公務員，非営利団体の職員などであった．適用職種に関しては当初，CESでパーキンズとホプキンズが，「すべての労働者」を制度に加入させることを強く主張していたが，財務省が農業労働者などから税金を徴収するのは技術的に難しいと訴え，最終的にモーゲンソーが歳入委員会へ修正を依頼することになった．下院の歳入委員会では，委員長のドートンをはじめ，フレデリック・ヴィンソン（Frederick Vinson）（ケンタッキー，民主党），ジェレ・クーパー（Jere Cooper）（テネシー，民主党）ら南部諸州選出の有力議員が影響力を持っていたため，多くの黒人が従事している農業や家事労働などを適用職種から除外するという観点からも，この修正が強く推され，採択された．同様の規定は失業保険についても定められた[56]．

また上院の財政委員会では，受給資格に退職要件を付け加えることが修正として出され採択された．この要件はCESの原案には入れられていたが，下院の歳入委員会で一旦，削除されていた[57]．この修正に賛同した委員は，年金と給与の双方を受け取ることは制度の趣旨上避けるべきであり，高齢者を労働市場から撤退させ，若年者に雇用を譲り，失業を減らすことの重要性を説いた．ここで興味深いのは，老齢年金保険は拠出に基づいた受給者の「権利」であることが強調されていたにもかかわらず，給付条件として退職が求められるのは，一種の矛盾をはらんでいるという点である．こうした要件が定められたのは，雇用・失業対策としての老齢年金保険の目的，すなわち，大恐慌の下で働き盛りの世代へ職を与えることが優先されたためにほかならなかった．

そのほかに上院本会議で注目を浴びたのは，ミズーリー州選出のジョエル・クラーク（Joel Clark）上院議員（民主）によって提出された修正であった[58]．これは，連邦政府が運営する老齢年金保険にすべての国民を強制的に加入さ

るのではなく，民間の保険への加入も認め，個人の選択の幅を広げようというものであった．すでに民間の保険会社の年金保険に加入している人が多くいるため，法案で規定されている額よりも高い給付を保障されている人々に対し配慮する必要があるというのが修正の理由であった．この修正の可決に向けて保険業界が活発にロビー活動を展開したこともあり，審議は大きな関心を集めた．

しかしながら，老齢年金保険の拠出は給与税という名目で徴収されるため，国の老齢年金保険に加入しない人が出ると，合憲性が揺らぐという懸念があった．特にローズヴェルトの側近であるジョセフ・ロビンソン（Joseph Robinson）（アーカンソー，民主党），バイロン・パットン・ハリソン（Byron Patton Harrison）（ミシシッピー，民主党），ワグナー，ラフォレット上院議員らは，このクラーク修正に強く反対した．それに対して共和党の上院議員全員と民主党の上院議員の約半数は，この修正が可決されれば，連邦政府のコントロールを弱めることになるという理由から賛成した[59]．最終的には6月19日に投票が行われ，クラーク修正は51対35で可決された[60]．その後，この修正について，両院協議会で調整が行われたが決着がつかず，社会保障法の成立後，両院特別委員会を設立して改めて検討し直し，次の会期に結論を出すことが決められた[61]．

失業保険と同じように，老齢年金保険に関してもCESの法案の可決を阻むために対策が出された．それはカリフォルニア州ロング・ビーチの医師タウンゼントによるものであった．彼が考案したいわゆるタウンゼント・プランは，2％の取引税によって確保した財源から，60歳以上の退職者に月200ドルを給付し，受給者は受け取った200ドルをひと月以内に国内で使うことが義務付けられた．このプランには多くの高齢者が支持を寄せ，全国で公称7,000のタウンゼント・クラブが発足し，会員数は220万人に上った[62]．

タウンゼントと保険数理士のグレン・ハドソン（Glen Hudson）は，上下院の公聴会でこのプランには，二つの正当な目的があると主張した．それは，高齢者を退職させることによって若年者に仕事を譲り失業問題を解決することと，月額200ドルを高齢者に給付し，ひと月以内にそれを使わせることによって購買力を高め，景気を回復させることであった[63]．これら二つの目的は，ローズヴェルトとCESが老齢年金保険に求めていたものと本質的に変わりはな

かったが，後者に関しては，タウンゼント・プランの方がはるかに大きな効果が見込まれた．

　タウンゼント・プランの人気を受けて，下院ではカリフォルニア州選出のジョン・S・マックグローティ（John S. McGroarty）下院議員（民主党）が同プランに基づいた法案を提出し，社会保障法案を廃案に追い込もうとした[64]．ローズヴェルトは，最初からタウンゼント・プランが非常に馬鹿げたものであり，マックグローティ法案が成立する可能性は皆無に等しいと見ていた．しかしローズヴェルトも，タウンゼントの社会保障法案への攻撃や全国のタウンゼント・クラブの会員から議員へ送られてくる手紙や署名活動が，法案の審議に与える影響を全く無視していたわけではなかった[65]．パーキンズも，「このように実現の見通しのない計画が，政策決定にこれほど大きな影響を及ぼしているということは，1935年社会保障法がカバーしようとしている社会的なニーズが満たされておらず，深刻な状況を作り出していることを物語っている．社会保障法の成立によってのみ，フランシス・タウンゼント医師のような善良な人々の計画が歴史に葬られるのだ」と述べている[66]．

　マックグローティ法案は，社会保障法案にもともと反対していた共和党の議員らの賛同を集めたため，審議にもある程度の時間が割かれた．しかし，政権側が社会保障法案の健全性を繰り返し強調し，財源の確保などマックグローティ法案の欠陥を際立たせたことによって，同法案は最終的に下院において206対56で否決された[67]．

(3) 公的扶助

　連邦議会へ社会保障法案が提出されるまで，公的扶助についてはCESでほとんど議論されることはなく，社会保険に比べて公的扶助は明らかに優先順位が低かった．ローズヴェルトとCESの関心も，それまで州レベルで施行されてきた老齢扶助と児童扶助を連邦政府が統括し，補助金の交付によって拡充を図ることに向けられ，公的扶助に関して何か抜本的な改革を行うことが想定されていたわけではなかった．

　連邦議会でもそれほど多くの時間が公的扶助の審議に費やされることはなかったが，下院の本会議では，老齢扶助の拡充を求める修正がいくつか出され

た．例えば，ウィリアム・A・エクウォール（William A. Ekwall）議員（オレゴン，共和党）やイザベラ・グリーンウェイ（Isabella Greenway）議員（アリゾナ，民主党）らが，連邦補助金を増やし給付額を引き上げるための修正や，受給資格を65歳以上から60歳以上へと引き下げる修正を提出した．これらはいずれも，貧しい高齢者の生活に配慮して給付をより充実させようというものであった．しかし，財政負担の増加を嫌う保守派の議員から強い反対意見が出され，これらの修正はすべて否決された[68]．

下院の歳入委員会と上院の財政委員会では，老齢扶助の規定から「健康で品位ある生活を営むに足る額の扶助を保障する」という条項を削除し，各州の実情を考慮しながら実現可能な給付水準を州が定められるようにする修正が採択された．児童扶助に関しても同様の修正がなされた[69]．

こうした修正は，公的扶助の受給条件や給付額に関して，州に最大限の裁量を与えることを意味していた．とりわけ上院の財政委員会では，ヴァージニア州のハリー・バード（Harry Byrd）上院議員をはじめ，南部諸州選出の保守的な民主党議員が強い影響力を持っていたため，連邦政府の介入を可能な限り制限し，州の主導により公的扶助制度が施行できるような形へと法案が修正された．このような修正には，表向きは州権を守るという大義が掲げられたが，その背後には，公的扶助の給付に際して北部の基準が南部にも適用されて，黒人の生活が向上することを恐れた保守派の議員の思惑が隠されていた．

とりわけ，綿花栽培をはじめとする商業的な農業へ安価な労働力を安定的に供給することが不可欠な南部諸州から選出された議員にとって，黒人が多い農業労働，家事労働，日雇い労働などを，社会保険の適用の対象外とし，公的扶助に関しても，その受給が黒人の生活向上に結び付かないようにすることで，地元の白人有権者の支持を確保することが肝要であった．ローズヴェルトも，法案の早期可決を目指しており，民主党の勢力基盤としての南部の重要性を十分に認識していたため，あえてこうした修正を却下するような動きには出なかった[70]．

一方，上院の財政委員会では，老齢扶助と児童扶助に加えて，視覚障害者への扶助を新設し，年間300万ドルの予算で連邦と州が費用を半分ずつ負担して，月額最高15ドルを支給するという修正が出され，可決された[71]．

表5 上下院での投票結果

		民主党	共和党	農労党	革新党	合 計
下 院	賛 成	284	81	1	6	372
	反 対	15	15	2	1	33
	棄 権	20	4	0	1	25
	白 票	0	2	0	0	2
上 院	賛 成	60	15	1	1	77
	反 対	1	5	0	0	6
	棄 権	8	4	0	0	12

下院：1935年4月19日投票，上院：1935年6月19日投票
出典：Social Security Act of 1935, Congressional Vote Totals by Party (http:/www/ssa.gov/history/tally.html)

　表5のように，社会保障法案は，4月19日に下院で372対33という大差で可決され，6月19日には上院でも77対6の圧倒的な賛成を得て可決された．その後，両院協議会を経て，同法案は8月8日に下院，9日に上院で承認され，14日にローズヴェルトが署名し，1935年社会保障法として成立した（巻末資料2）．

おわりに

　1935年社会保障法は，アメリカ国民が日々の生活で遭遇する様々な困難に対して，連邦政府が経済的な保障を与える仕組みを作り出した．大恐慌がいまだ収束しない中で，わずか半年足らずの期間で立案され，連邦議会で圧倒的な支持を得て社会保障法案が可決されたことは驚嘆に値する．ローズヴェルトの強いリーダーシップの下で，忠実なニューディーラーが力を尽くし，社会保障という全く新しい政策領域において包括的な法律が一度に成立したことは高く評価することができる．

　しかし，序論で述べたように1935年に設立された社会保障制度は多くの限界を持ち，ヨーロッパ諸国など他の先進資本主義国において当時，すでに確立されていた制度と比較しても，かなりの後れをとっていた．本章では，1935年社会保障法の限界や問題点を，特にニューディールの雇用・失業対策との関連に着目しながら，行政府と立法府における同法の成立過程を検討することに

よって明らかにした.

　本章の冒頭で見たように，立法の出発点となったローズヴェルトの構想は，雇用主や加入者の拠出に基づいた自律的な二つの社会保険を軸としたものであった．失業や退職に際して勤労者に経済的な保障を与えることが制度の主眼とされ，拠出を給与税という形で徴収することによって，給付を労働と密接にリンクさせることが大前提とされた．こうすることによってローズヴェルトは，最初からニューディールの雇用・失業対策を補完する目的を社会保障法に与えていた．

　その後の行政府による立案は，ニューヨーク州知事時代からローズヴェルトとともに労働行政に取り組んできたパーキンズ労働長官を委員長とするCESによって進められた．CESには，当時，全米で唯一の失業補償法を制定していたウィスコンシン州で立法に携わったオルトマイヤーやウィッテらのいわゆるウィスコンシン派が登用され，立案に大きな影響を及ぼすことになった．その結果，ウィスコンシン州失業補償法に盛り込まれていたような企業別勘定や経験料率制の導入を認め，雇用の安定化と失業の防止を目的とする立法が志向され，それに従ってCESの原案が作成された．

　当初，CESは下部組織として専門委員会と諮問会議を設立し，社会保障の専門家や労使の代表を集めて意見を集約することを目指した．しかし，構成員の多さや専門性の低さ，時間的な制約，マスコミ対応の不備などから期待されたような成果を上げることはできなかった．専門委員会と諮問会議での討議は，労使の関心が高い失業保険にほぼ限定されてしまい，バランスよく包括的な社会保障制度のあり方について検討するような機会は持たれなかった．

　CESの諮問会議において例外的に影響力を及ぼすことができたのは，自社でいわゆる福祉資本主義の一環として企業年金や失業給付プランを運営していた大企業の経営者たちであった．彼らはCESに働きかけることによって，社会保険の導入に伴い雇用主が負担することになる給与税の税率（拠出率）を可能な限り低く抑えるとともに，企業がすでに導入しているプログラムと併存できるような制度の設立を求めた．こうした経営者たちは，社会保険は最低限の保障を与えればよいのであり，それで足りない部分は，労働者が各自，勤務先の企業のプログラムに加入して補えばよいと考えていた．

CESの立案に参加した経営者たちは，連邦補助金方式と相殺課税方式のどちらによって失業保険を運営するのかという論争においては，後者を選好したローズヴェルトとCESに譲歩することを余儀なくされた．しかし，連邦議会では，ウィスコンシン型を含めて，失業保険の形態については各州の判断に委ねるという決定がなされ，個々の企業の裁量性を確保するという点において彼らは大きな勝利を収めた．こうしたことから，「開明的」な資本家の利害がかなりの程度まで社会保障法の立案に反映されたと見ることができるが，それはあくまでも彼らの考えが，ローズヴェルト政権の構想と齟齬をきたさない範囲で考慮されたと見るのが妥当であろう．決してコーポリット・リベラリズム論が主張するように，資本家が社会保障法の立案過程において唯一支配的な影響力を持っていたというわけではない．

　社会保障法の成立以前に州レベルでの先例がなかった老齢年金保険については，連邦直営型が特に大きな反対意見もなく採択された．その理由としては，州によって産業構造や経済状況が大きく異なり，失業のリスクにも違いがあるため，失業保険は州別の制度のほうが保険数理上，望ましいが，加齢はすべての人に共通するため，老齢年金保険は，全国的な制度の下で一元的に管理される方が効率的だと考えられていたことがあった．また，老齢年金保険は失業保険に比べて加入期間が長く，その間，多くの人が転居したり転職するため，州法による制度では，手続きが煩雑になることもその理由とされた[72]．一方，大企業の経営者は，連邦政府が老齢年金保険制度を運営することによって，企業間の負担を均一化し，給与税を支払っている企業が競争力を失わないようにすることができるという理由で連邦直営型に賛成した[73]．

　CESによる立案と連邦議会での審議において見られたように，老齢年金保険もニューディールの雇用・失業政策と密接に関連付けられた．とりわけ年金の給付に退職要件が加えられるなど，高齢者を労働市場から撤退させ，若い世代に仕事を譲ることが重視された．

　また，失業保険とともに老齢年金保険の加入者についても職種が限定され，その結果，加入対象は，主に基幹産業に従事する正規雇用の労働者が中心となった．彼らの多くは労働組合に加入し，社会保障法とほぼ時を同じくして成立した全国労働関係法（ワグナー法）の下で，資本側との労使交渉を通じて賃金や

労働条件，福利厚生などを決めることができる労働者であった．こうした労働者は，ニューディールによって作り出された労使関係の中核となっていったが[74]，その大半は白人男性であった．アリス・ケスラー＝ハリス（Alice Kessler-Harris）が指摘しているように，ニューディールは，労働者に対する経済的保障を，公正な賃金の確保，労働組合への参加，社会保険への加入を通じて完成させたが，それはジェンダーや人種において非対称的なシステムを構築することになった[75]．

このように1935年社会保障法は，ニューディールの雇用・失業対策の一環として立案され，労働市場の構造的な問題を解決することが同法の主眼とされた．その結果，同法に基づいて設立された社会保障制度は，拠出に基づき，給付が賃金労働に密接にリンクした社会保険を中心とするものとなった．その中で，公的扶助は一般財源による「福祉」として差異化され，受給者にスティグマを与える周縁的なプログラムとして認識されるようになった．ローズヴェルトとCESが描いていたシナリオは，景気が回復しアメリカ経済が常態へ復帰すれば，公的扶助の受給者は激減し，完全雇用の下で国民の大半が社会保険の受給者になるというものであった．

註

1) Samuel I. Rosenman (comp.), *Public Papers and Addresses of Franklin D. Roosevelt, vol.3* (New York: Random House, 1938): 287.
2) 小松聡『ニューディールの経済体制』（雄松堂出版，1986年）：59．
3) Rosenman (comp.), 287-293.
4) Rosenman (comp.), 292.
5) Edwin E. Witte, *The Development of the Social Security Act* (Madison: University of Wisconsin Press, 1962): 8.
6) パーキンズの経歴については次を参照のこと．Lillian Holmen Mohr, *Frances Perkins: "That Woman in FDR's Cabinet!"* (New York: North River Press, 1979): Chapters VII & VIII.
7) パーキンズによるオルトマイヤーとウィッテの登用については，次に詳しい．George Martin, *Madam Secretary: Frances Perkins, A Biography of America's First Woman Cabinet Member* (Boston: Houghton Mifflin Co., 1976): 343-344. ウィスコンシン派については，本書の第2章を参照のこと．
8) Frances Perkins, *The Roosevelt I Knew* (New York: The Viking Press, 1946, reprint Penguin Group, 2011): 288.

9) "Democratic Party Platforms of 1932", in Arthur M. Schlesinger, Jr. (ed.), *History of American Presidential Elections, 1789-1968*, vol.III (New York: McGraw-Hill, 1971): 2742.
10) Bernard Bellush, *Franklin D. Roosevelt as Governor of New York* (New York: Columbia University Press, 1955): 175-181.
11) Ibid., 182-190; Kenneth S. Davis, *FDR: The New York Years, 1928-1933* (New York: Random House, 1994): 165-166.
12) 従業員の解雇が少ない企業には拠出率を低く設定し，解雇の多い企業には高い拠出率を課す方法．
13) オハイオ・プランは，1930年にオハイオ州で設立された失業保険に関するクリーブランド委員会が提唱したものであり，同委員会が1932年11月に出した報告書では，雇用主が給与支払い総額の2％，労働者が給与の1％に相当する額をそれぞれ拠出し，それを州の基金へ入れ，そこから最長16週間にわたり，失業保険を給付するとした．給付額はウィスコンシン・プランと同様，給与の50％とされたが，上限は15ドルでウィスコンシン・プランよりも5ドル高かった．オハイオ・プランは，労使が拠出し，それを州の基金へ入れることによってリスクを分散させ，給付を厚くして失業者の生活を守るとともに，購買力の維持を図ることに重点を置いていた．ウィスコンシン・プランでは，資本側の努力による失業防止にインセンティブを与えることに主眼が置かれたのに対し，オハイオ・プランは，労使の協調と企業間の協力により，失業者の経済的な苦境を緩和していこうという発想に基づいていた．オハイオ・プランでも，ウィスコンシン・プランと同じように経験料率制が1〜3.5％の間で採用されることになっていたが，これはオハイオ派がその効果を認めていたというよりも，当時，経験料率制が注目を浴びていたため，オハイオ派もそれに倣ったためであった．オハイオ州知事のジョージ・ホワイト（George White）は立法に消極的な態度を取り続け，立法運動に携わってきた人々も1933年1月には同州での立法を断念した．しかし，州外でのオハイオ・プランへの関心は高く，同年に25州の州議会に提出された法案のうち，ウィスコンシン・プランが12州であったのに対し，オハイオ・プランは16州を占めた．特に法案が州下院を通過した7州のうち4州がオハイオ・プランであり，ウィスコンシン・プランよりも広く支持されていた．Daniel R. Fusfeld, *The Economic Thought of Franklin D. Roosevelt and the Origins of the New Deal* (New York: Columbia University Press, 1956): 159-165; Issac M. Rubinow, "Stabilization versus Insurance?" *Social Service Review*, vol.5 no.2 (June 1931): 199-213; Issac M. Rubinow, "Job Insurance: The Ohio Plan", *American Labor Legislation Review*, vol.XXIII no.3 (September 1933): 131-136; Issac M. Rubinow, "The Ohio Idea: Unemployment Insurance", *The Annals of the American Academy of Political and Social Science*, vol.170 (November 1933): 76-87; Issac M. Rubinow, "State Pool Plans and Merit Rating", *Law and Contemporary Problems*, vol.3 no.1 (January 1936): 65-88; William Haber & Merrill G. Murray, *Unemployment Insurance in the American Economy: A Historical Review and Analysis* (Homewood, Ill.: R.D. Irwin, 1966): 68-69. ウィスコンシン派とオハイオ派の対立については第2章を参照のこと．
14) Thomas H. Eliot, *Recollections of the New Deal: When the People Mattered* (Boston: Northeastern University Press, 1992): 75-79; J. Joseph Huthmacher, *Senator Robert T.*

Wagner and the Rise of Urban Liberalism (New York: Atheneum, 1968): 175.

15) 河内信幸『ニューディール体制論―大恐慌下のアメリカ社会―』(学術出版会, 2005 年), 268-271；紀平英作『ニューディール政治秩序の形成過程の研究― 20 世紀アメリカ合衆国政治社会史研究序説―』(京都大学学術出版会, 1993 年)：299-301. ワグナー＝ルイス法案に盛り込まれた州の失業保険法が満たすべき条件はかなり緩く，基金の形態（企業別勘定，産業別基金，州基金），労働者の拠出の有無などは各州の判断に委ねられていた．

16) Eliot, 83-89; Witte, 3-5. ワグナー＝ルイス法案は，ワグナー上院議員が同時期に連邦議会へ提出した労働争議法案と結び付けて論じられることが多く，多くの資本家，特に中小企業の経営者が両方の法案に反対した．

17) 金子卓治「アメリカ－ニューディール政策と社会保障」丸山博（編）『日本における社会保障制度の歴史（講座社会保障Ⅲ）』(至誠堂, 1959 年)：292-293；平井規之『大恐慌とアメリカ財政政策の展開』(岩波書店, 1988 年)：98. 失業者に対し現金を給付するのではなく，雇用の提供を徹底していく方針は，1935 年 1 月の一般教書演説でもローズヴェルトによって強調された. Samuel I. Rosenman (comp.), *Public Papers and Addresses of Franklin D. Roosevelt, vol.4* (New York: Random House, 1938): 15-25. 1935 年春に WPA が新設されたことによって，FERA は同年 12 月に終了することになった．WPA に関する最近の研究としては，次のようなものがある. Nick Taylor, *American-Made: The Enduring Legacy of the WPA, When FDR Put the Nation to Work* (New York: Bantam Dell, 2009); Nancy Ellen Rose, *Put to Work: The WPA and Public Employment in the Great Depression* (New York: Monthly Review, 2009).

18) Witte, 17-18; William Graebner, *A History of Retirement: The Meaning and Function of an American Institution, 1885-1978* (New Haven: Yale University Press, 1980): 186, 198.

19) 社会保障法の購買力創出効果を重視し，それによって景気の回復を図るという考え方は，ワグナー上院議員にも見られた．中島醸「1935 年社会保障法をめぐる政策構想の対抗」『アメリカ研究』第 40 号（2006 年)：185-187. また紀平は，購買力論＝過小消費説には 1920 年代から 1930 年代に至る連続性が見られ，「国家の介入による社会保険の整備，さらには労資関係を安定させるような労働政策」によって国民の購買力を回復しなければならないという議論が展開されたことを指摘している．紀平, 31.

20) Witte, 22-23.
21) Ibid., 24-25.
22) Ibid., 36-37.

23) Rosenman (comp), vol.3, 452-455. 11 月 9 日の報告書の提出をもって，専門委員会の活動は執行委員会を除きすべて終了した．正式な最終報告書の提出は義務付けられていなかったが，総括的な報告が 12 月 24 日に口頭でローズヴェルトへなされた．その後は CES の最終報告書の作成に専門委員会の執行委員が参加するとともに，連邦議会での法案の審議においても，専門委員会の委員が上下院の公聴会で証言した．Witte, 27.

24) 失業保険小委員会で中心的な役割を果たしたのは，ニューヨークの労使関係カウンセラーズ社のブライス・ステュワート（Bryce M. Stewart）とミネソタ州雇用サービスのマレー・ラティマー（Murray Latimer）であり，プリンストン大学のダグラス・ブラウン（Douglas Brown）やカリフォルニア大学のバーバラ・アームストロング(Barbara Armstrong) らとともに，連邦補助金方式による失業保険制度の設立を主張した．彼らは連邦

補助金方式の方が，かなりの程度まで標準化された失業保険制度を各州で設立することができ，複数の州にまたがって事業を展開する企業にとっても望ましいと考えていた．Witte, 28-30; G. William Domhoff & Michael J. Webber, *Class and Power in the New Deal: Corporate Moderates, Southern Democrats, and the Liberal-Labor Coalition* (Stanford: Stanford University Press, 2011): 171-176; 紀平，320-323; 河内，275-276.
25）Witte, 41-42.
26）Rosenman (comp.), vol.3, 452-455; *New York Times*, November 15, 1934; Witte, 46; Paul H. Douglas, *Social Security in the United States: An Analysis and Appraisal of the Federal Social Security Act* (New York: McGrow-Hill Book Co. Inc., 1936): 27. CESで老齢年金保険の立案にあたっていたブラウンとアームストロングが，ローズヴェルトの発言に激怒し，新聞記者にこうした記事を書くよう仕向けた．J. Douglas Brown, *An American Philosophy of Social Security: Evolution and Issues* (Princeton: Princeton University Press, 1972): 16-17.
27）CESは，失業保険分科会の熱心な取り組みに感謝の意を表しながらも，分科会は，何らかの形で結論や提言を出すことを求められているわけではないと伝えた．これについて翌日の新聞は，失業保険分科会の決定を政権側があたかも拒絶したかのように報道し，失業保険の形態をめぐり大きな混乱が生じているような印象を人々に与えた．Witte, 45-46.
28）Ibid., 45.
29）Ibid., 48.
30）福祉資本主義については次を参照のこと．Stuart D. Brandes, *American Welfare Capitalism* (Chicago: University of Chicago Press, 1976)（伊藤健市訳『アメリカン・ウェルフェア・キャピタリズム』（関西大学出版部，2004年））; David Brody, "The Rise and Decline of Welfare Capitalism", in John Braeman, Robert H. Bremner, & David Brody (eds.), *Change and Continuity in Twentieth-Century America: The 1920s* (Columbus: Ohio State University Press, 1968): 149-178. 1929年には全米で364社が企業年金を導入しており，加入者は375万人で非農業労働者の14.4％を占めていた．業種別に見ると，通信関連企業で90％，大手の鉄道会社で82％，電力会社で50％の労働者がカバーされていたが，製造業で企業年金に加入している労働者は13％程度にすぎなかった．企業年金は，主に従業員数が2,000人以上の大企業で導入され，従業員の職場への定着を図り，忠誠心を高めるとともに，高齢に達した従業員を退職させ，若年者に職を譲るための手段として活用された．しかし，大恐慌の影響により1929年以降，財政的な理由から廃止されたり，給付条件が変更されるケースが増えた．Murray W. Latimer, *Indusrial Pension Systems in the United States and Canada, vol. 1* (New York: Industrial Relations Counselors Inc., 1932); 42, 54-55. 企業の失業給付プランは，導入のピークが企業年金よりも遅く，大恐慌の到来後，1931年頃に失業対策として関心が高まった．労働省労働統計局によると，1931年4月の時点で企業が運営していた失業給付プランは15あり，約8万人の労働者がカバーされていた．しかしその後，不況の長期化により，企業年金と同様に廃止されたり，給付が滞るケースが増えた．Haber & Murray, 63-64; Douglas J. Brown, "Company Plans for Unemployment Compensation", *American Labor Legislation Review*, vol. XXIII no.4 (December 1933): 179; John B. Ewing, *Job Insurance* (Norman, Okla.: University of Oklahoma Press, 1933): 74-93. また労働組合の中にも失業給付プランを導入しているところが

あったが，熟練労働者の職種別組合がその大半を占め，組織化されている労働者の1%程度がそうした制度に加入しているにすぎなかった．Barbara Nachtrieb Armstrong, *Insuring the Essentials: Minimum Wage Plus Social Insurance: A Living Wage Program* (New York: MacMillan, 1932): 531-536.
31) NAM の社会保障法案に対する批判については，次に詳しい．中島，180-182.
32) Bryce M. Stewart, *Unemployment Benefits in the United States: The Plans and Their Setting* (New York: Industrial Relations Counselors, Inc., 1930): 561-565; Edward Berkowitz & Kim McQuaid, *Creating the Welfare State: The Political Economy of the Twentieth Century Reform* (New York: Praeger Publishers, 1980): 102 ; Armstrong, 537 ; Jill S. Quadagno, "Welfare Capitalism and the Social Security Act of 1935", *American Sociological Review*, vol.49 no.5 (October, 1984): 639. スウォープ・プランについては次を参照した．J. George Frederick (ed.), *The Swope Plan: Details, Criticisms, Analysis* (New York: The Business Bourse, 1931); Gerald Swope, "Stabilization of Industry", in Charles A. Beard (ed.), *America Faces the Future* (Boston: Houghton Mifflin Company, 1932): 160-185; David Loth, *Swope of G.E.* (New York: Arno Press, 1976): 201-215; Kim McQuaid, "Young Swope and General Electric's 'New Capitalism': A Study in Corporate Liberalism, 1920-1933", *American Journal of Economics and Sociology*, vol.35 no.3 (July 1977): 323-334.
33) Marion B. Folsom, "The Rochester Unemployment Benefit Plan", *Proceedings of the Academy of Political Science*, vol.14 no. 4 (January 1932): 11-23. 大恐慌による業績の悪化により，ロチェスター・プランが失業者への給付を開始した1933年には，参加企業は7社に減っていた．Sanford M. Jacoby, *Modern Manors: Welfare Capitalism since the New Deal* (Princeton: Princeton University Press, 1997) (内田一秀ほか訳『会社荘園制―アメリカ型ウェルフェア・キャピタリズムの軌跡―』(北海道大学図書刊行会，1999年）: 127-129). Sanford M. Jacoby, "Employers and the Welfare State: The Role of Marion B. Folsom", *Journal of American History*, vol.80 no.2 (September 1993): 525-556.
34) 実業諮問計画委員会は，ローズヴェルトの大統領就任とともに商務省の組織として設立され，以後，1961年まで実業界と連邦政府の橋渡しをした．初期にはスウォープが委員長を務め，スタンダード石油ニュージャージーのティーグル，合衆国商工会議所会頭のハリマンらが全国産業復興局の設立に尽力した．1935年4月に名称を実業諮問会議へと変更した．Kim McQuid, "The Business Advisory Council of the Department of Commerce, 1933 - 1961 : A Study of Corporate/Government Relations", in Paul Uselding (ed.), *Research in Economic History, vol.1* (Greenwich, Conn.: JAI Press, 1976): 171-197; Domhoff & Webber, 171.
35) Witte, 50; Quadagno, 640-642.
36) Philip Taft, *The A. F. of L.: From the Death of Gompers to the Merger* (New York: Octagon Books, 1970): 33-37, 281-282; Lewis L. Lorwin, *The American Federation of Labor: History, Policies, and Prospects* (New York: AMS Press, 1933, reprint 1970): 294; 河内，261 ; George Gilmary Higgins, *Voluntarism in Organized Labor in the United States, 1930-1940* (New York: Arno & The New York Times, 1969): 70.
37) Witte, 51-54.
38) 失業保険小委員会が設立され，委員長にグラハム，副委員長にケロッグ，委員としてア

ボット，フォルソム，リーズ，グリーンが選ばれた．Ibid., 56.
39) ケロッグは，政府も給与支払総額の2％に相当する額を拠出すべきであると考えていた．Clark A. Chambers, *Paul U. Kellogg and the Survey: Voices for Social Welfare and Social Justice* (Minneapolis: University of Minnesota Press, 1971): 155-158.
40) Witte, 57.
41) Economic Security Act: Hearings before the Committee on Finance, United States Senate, 74th Congress, 1st Session on S. 1130 (Washington D.C.: GPO, 1935): 331-332.
42) Witte, 57-58; Quadagno, 641-642. シカゴ大学の経済学者ポール・ダグラス (Paul Douglas) は，連邦補助金方式が採用されるべき理由として，次の5点をあげていた．①連邦補助金によって運営されている多くのプログラムが前例としてあり，合憲性が最も高い．②全国的に均一な給付が保障できる．③効率的な制度の運営が可能である．④各州の失業の状況に応じて補助金の交付額を調整できる．⑤州間を移動する労働者への給付に対処できる．Douglas, 44-47.
43) Senate Hearings, 44-47. 第二の意見書は，先の意見書の6人からリーズを除いた5人の連名で出され，雇用主の拠出に加えて労働者も拠出することを提言した．その主張の根拠としては，まず失業保険制度をすでに設立しているヨーロッパ諸国では，ロシアを除いてすべて労働者も拠出していること，国内の主だった失業保険関連の調査委員会の報告でも，保険数理的な観点から労使双方が拠出するのが望ましいとされていることがあげられた．労使双方が保険料を負担すれば，給付水準が高くなるだけでなく，労働者も制度への参加意識を持つことによって，恩恵的に給付にあずかるのではなく，自らの権利として失業保険を捉えるようになることが指摘された．Ibid., 326.
44) Witte, 63; Kirstin Downey, *The Woman Behind the New Deal: The Life and Legacy of Frances Perkins* (New York: Anchor Books, 2009): 232-234. こうしたリベラルな企業経営者の考え方は，連邦議会における社会保障法案の公聴会でも表明された．彼らの公聴会での証言については，中島，182-185 を参照のこと．
45) Message from the President of the United States, A Recommendation for Legislation on the Subject of Economic Security, Report of the Committee on Economic Security, Senate Hearings, 74th Congress, 1st Session on S.1130 (Washington D. C. : GPO, 1935): 1303-1351.
46) H. Malisoff, "The Emergence of Unemployment Compensation, II", *Political Science Quarterly*, vol.54 no.3 (September 1939): 417.
47) この点に関しては，12月15日付のニューヨーク・タイムズが，諮問会議が連邦補助金型を採択したことを報じ，相殺課税方式を望む政権側と対立しているかのような印象を与える記事を掲載した．この報道については，諮問会議の採決の結果を資本家のメンバーが新聞記者にリークしたのではないかという疑惑が生じ，ローズヴェルトとCESの心証を害した．*New York Times*, December 15, 1934; Witte, 59-60; Quadagno, 642.
48) Rosenman (comp.), vol.4, 43-46. 法案の名称は当初，経済保障法案であったが，下院の歳入委員会での審議において社会保障法案へと変更された．Witte, 97.
49) Witte, 79-80; Douglas, 85; Louchheim (ed.), 162.
50) Douglas, 100-107; Report of Committee on Ways and Means on the Social Security Bill, House of Representatives, 74th Congress, 1st session, Report no. 615 (April 5, 1935)

(http://www.ssa/gov/history/reports/35housereport.html, accessed October 12, 2010).
51） ウィスコンシン州以外にもユタ州とニューハンプシャー州が企業別勘定に基づく失業保険法を制定した．Douglas, 113.
52） Douglas, 74-83.
53） House Hearings, 74th Congress, 1st Session on H.R. 4120 (Washington D.C. : GPO, 1935): 584-587.
54） Congressional Record, House, 74th Congress, 1st Session (Washington D.C. : GPO, 1935): 5458-5460, 6175; Douglas, 74-83, 109.
55） Witte, 147-151; Douglas, 97.
56） Witte, 152-153; Lee J. Alston & Joseph P. Ferrie, *Southern Paternalism and the American Welfare State: Economics, Politics, and Institutions in the South, 1865-1965* (Cambridge: Cambridge University Press, 1999): 67. 老齢年金保険の加入対象とならない職種の人々に対しては，財務省が任意加入の老齢年金保険を販売することが提案された．しかし，これも農業労働者や家事労働者の加入を想定したものではなく，自営業者などを公的年金制度に組み込むためのものであった．その後，この修正は，保険会社の多いコネチカット州選出のオーガスティン・ロナーガン(Augustine Lonergan) 上院議員（民主党）らの働きかけによって上院本会議の審議で却下された．彼の背後には，老齢年金保険の販売をめぐって連邦政府と競合しなければならなくなる状況を恐れてロビー活動を行っていた民間の保険会社の存在があった．Douglas, 110-112, 116; Congressional Record, Senate, 74th Congress, 1st Session (Washington D.C.: GPO, 1935): 9635.
57） Witte, 159.
58） この修正は財政委員会でも出されたが否決され，クラーク上院議員が本会議で再び提出した．Douglas, 120.
59） Witte, 105-106, note 68, 161; Congressional Record, Senate, 9442, 9511-9514, 9534, 9625-9631.
60） Congressional Record, Senate, 9631; Douglas, 120-122.
61） 1935 年社会保障法の成立後，上院財政委員会と下院歳入委員会から代表が出て，クラーク修正に関する協議が続けられたが，最終的な決定には至らなかった．クラーク修正を強く支持していた企業経営者や保険会社は，たとえ修正が採択されても，民間の年金保険が政府のコントロールから逃れることはできないと考えるようになり，修正への関心を失っていった．Arthur Altmeyer, *The Formative Years of Social Security* (Madison: University of Wisconsin Press, 1968): 42.
62） Larry DeWitt, "The Townsend Plan's Pension Scheme", Research Note no. 17, Social Security Online (December 2001) (http://www.ssa.gov/history/townsendproblems.html, accessed July 31, 2011). タウンゼント・プランの同時代的な解説としては，次のようなものがある．Morgan J. Dorman, *Age Before Booty: An Explanation of the Townsend Plan* (New York: G.P. Putnam's Sons, 1936); Nicholas Roosevelt, *The Townsend Plan: Taxing for Sixty* (New York: Doubleday, Doran & Company, Inc., 1936); Sheridan Downey, *Why I Believe in the Townsend Plan* (Sacramento, CA: Sheridan Downey Publishing Company, 1936). またタウンゼントの自叙伝も参照した．Francis E. Townsend, edited by Iesse George Murray, *New Horizons* (Chicago: J.L. Stewart Publishing Company, 1943).

63) House Hearings, 680-681; Senate Hearings, 1022-1023; Edwin Amenta, *When Movements Matter: The Townsend Plan and the Rise of Social Security* (Princeton: Princeton University Press, 2006): 87-88; Abraham Holtzman, *The Townsend Movement: A Political Study* (New York: Bookman Associates, Inc., 1963): 92. タウンゼントとヒューイ・ロング (Huey Long), カフリン神父 (Father Coughlin) との関係については次を参照のこと. Alan Brinkley, *Voices of Protest: Huey Long, Father Coughlin and the Great Depression* (New York: Vintage Books, 1983): 222-226.
64) マックグローティ法案は, House Hearings, 678-679 に掲載されている.
65) Amenta, 85.
66) Perkins, 294.
67) Holtzman, 90-100; Douglas, 109; Congressional Record, House, 5792-5795, 5799-5804, 6169.
68) Congressional Record, House, 5959-5961.
69) Witte, 93, 96-97.
70) Alston & Ferrie, 67-72; Jill Quadagno, *The Transformation of Old Age Security: Class and Politics in the American Welfare State* (Chicago: University of Chicago Press, 1988): 115-116.
71) Ibid., 114-115. この時点ですでに22州で, 経済的に困窮している視覚障害者への扶助が導入されていた. Douglas, 204.
72) Brown, 8. 9, 14, 15.
73) Ibid., 21, 22.
74) 大塚秀之「いわゆるニューディール（型）労資関係制度をめぐる一考察―労資関係論的接近と労働史的接近―」『研究年報』（神戸市外国語大学）32号（1995年3月）：1-32；大塚秀之「大恐慌・ニューディール期の労働運動と労資関係」『研究年報』（神戸市外国語大学）38号（2001年3月）：1-36.
75) Alice Kessler-Harris, *In Pursuit of Equity: Women, Men, and the Quest for Economic Citizenship in 20th Century America* (Oxford: Oxford University Press, 2003): Chapter 3. 当時, 女性労働者の80％が社会保険の適用対象外の職種に従事しており, 1939年改正以降は配偶者, 寡婦として社会保障制度に組み込まれることになった. 小林清一は, 家族概念を制度の基礎に据えたことで, この改正以降,「言説上では, 福祉と社会保険との差異が強調されながら, 実質的には保険が福祉の要因をもとりこむ方向に展開し, 拡大しはじめた」としている. 小林清一『アメリカ福祉国家体制の形成』（ミネルヴァ書房, 1999年）：250.

CHAPTER 2

第2章
1932年ウィスコンシン州失業補償法とニューディール

―ウィスコンシン派の思想とラフォレット知事による州政治を中心に―

はじめに

　第1章で見たように，1935年社会保障法は拠出制に基づいた二つの社会保険を中心とし，そこには，労働法の発想が強く反映されていた．特に失業保険に関しては，連邦法である社会保障法が大まかな枠組みを設定し，実際に失業保険制度を施行する際の細則は州法で定めるという分権的な性格が与えられ，労働法としての性格が最も鮮明に表れていた．また，経営者に雇用を安定させ，失業の発生を防止するためのインセンティブを持たせることが重視され，企業別勘定の許容，経験料率制[1]の採用，政府の非拠出，雇用主の低い拠出率，受給期間や受給資格の厳しい制限など企業に有利な措置がとられた[2]．こうしたアメリカの失業保険の基本的な性格は，失業者へ一定程度の給付を保障する一方で，景気を後退させないように雇用主の拠出率を可能な限り低く抑え，企業の裁量性を大きく認めることを立案者が強く意識したことに起因するものであった．

　このような失業保険制度の基本的な枠組みは，1934年6月に設立された経済保障委員会（Committee on Economic Security：CES）によって作られたが，立案に中心的な役割を果たしたのは，1932年に州レベルで全米初の失業補償制度を設立したウィスコンシン州の経済学者や労働法の専門家であった．彼らはウィスコンシン大学マディソン校で制度派の経済学者ジョン・R・コモンズ（John R. Commons）の下で学び，共和党革新派（progressive）のフィリップ・ラフォレット（Philip LaFollette）州知事時代に，全米初の失業補償法の制定に

尽力した人々であった．彼らはウィスコンシン派とよばれ，その中の幾人かは，同州での経験を買われて社会保障法の立案に参加した．なかでもアーサー・J・オルトマイヤー（Arthur J. Altmeyer）は労働次官補，エドウィン・E・ウィッテ（Edwin E. Witte）はCESの事務局長という要職に抜擢され，社会保障法案の作成に大きな影響力を及ぼした．

　こうしたウィスコンシン派とCESの人脈的なつながりや，社会保障法案が立案された時点ではウィスコンシン州の失業補償法がほとんど唯一の「手本」であったことを考えると，1935年社会保障法の下で成立した失業保険制度を理解するためには，ウィスコンシン州失業補償法からの連続性について考察し，それがいかなる起源を持つのか明らかにしなければならない．

　ウィスコンシン州失業補償法については，これまで多くの研究がなされており，それらは大きく次のように分類することができる．まずアメリカにおける失業保険の歴史について考察したダニエル・ネルソン（Daniel Nelson）や1920年から1933年までの労働史を論じたアーヴィング・バーンスタイン（Irving Bernstein）は，コモンズの門下生を中心としたウィスコンシン大学の「改革者たち」が失業補償法案の作成に果たした役割とそれに対する実業界や労働界の対応について明らかにしている．これらの研究では，ウィスコンシン州の失業補償法がどのような政策的な思想に基づいているのかという点に関心が向けられ，ウィスコンシン派の活動が，同法に結実するまでの過程が論じられている．しかしその一方で，同法の制定をめぐる政治的な要因，すなわちラフォレット知事による州政治や州議会における共和党正統派（stalwart）と革新派の動きが，立法にいかなる影響を及ぼしたのかという点については必ずしも十分に検討されていない[3]．

　また，ラフォレット知事とニューディールの関係について考察したジョン・ミラー（John Miller）やウィスコンシン州の政治経済史を詳述したポール・グラッド（Paul Glad）は，同州の失業補償法が保守的な性格を持っていたことを指摘している．だが，そうした性格がいかなる状況の下で生み出されたのかは説明しておらず，立法に対する資本家の反発にその保守性のすべてを帰している[4]．

　さらに歴史社会学の分野ではセーダ・スコチポル（Theda Skocpol）らが，

産業化と都市化の度合い，革新主義の伝統，資本家と労働組合の組織力などの指標をもとにウィスコンシン州を含めた5州の状況を比較検討し，なぜウィスコンシン州で最も早く失業補償法が制定されたのかという問いに答えようとしている．スコチポルらは，同州で共和党革新派がラフォレット知事の下である程度の勢力を持ち得たことが，全米で最も早い立法を可能にしたとしている．しかしより詳細な政治的状況，すなわち州議会での議員の投票行動や共和党正統派と革新派の対抗がどのように失業補償法の制定に反映されたのかという点については論じていない[5]．

わが国では主に経済思想史の分野でコモンズに関する研究がなされており，高哲男がウィスコンシン州失業補償法に具現されたコモンズの思想が，1935年社会保障法の失業保険に受け継がれたことを論じている．しかし高の研究はあくまでも思想的な継承に視点を据えているため，ウィスコンシン州失業補償法を取り巻く当時の政治的な状況などには触れていない[6]．また，社会保障財政への関心から井本正人が1935年社会保障法の前史としてウィスコンシン失業補償法について論じているが，ここでも州議会での審議など政治的な要因については考察されていない．さらに，藤田伍一もアメリカ失業保険の機能的な特徴に関するいくつかの論稿を著し，失業防止理論と経験料率制について論じている．しかし藤田は，ウィスコンシン失業補償法の法制史的な面には関心を向けていない[7]．

こうした先行研究の成果と問題点を踏まえた上で，本章では1932年1月にウィスコンシン州で成立した失業補償法の制定過程を見ることによって，同法の背後にある思想を明らかにするとともに，それがいかなる政治状況の下で生み出されたのかを考察していく．特に先行研究では十分に考察されてこなかった，フィリップ・ラフォレット知事による州政治や州議会における共和党正統派と革新派の動きに目を向けながら，ウィスコンシン派の思想が失業補償法として結実するに至った歴史的経緯を明らかにしていきたい．本章では，企業の自律性を最優先させたアメリカの失業保険制度の特徴がウィスコンシン州失業補償法に起因するのではないかという観点から，本書の第二のテーマである，同法から1935年社会保障法への連続性について考察を深めていく．ここで用いる主な一次史料は，ウィスコンシン州歴史協会が所蔵している，フィリップ・

ラフォレットやポール＆エリザベス・ラウシェンブッシュ (Paul & Elizabeth Raushenbush) らの個人文書, ウィスコンシン州労働連盟 (Wisconsin State Federation of Labor : WSFL) やウィスコンシン州製造業者協会 (Wisconsin Manufacturers' Association : WMA) のコレクション, ウィスコンシン州議会の記録などである.

　本章の構成は以下の通りである. まず第1節で, 1931年のウィスコンシン州議会の通常会期へ失業補償法案が提出されるまでの状況を, 法案作成に関わった人々の思想とそれに対抗する諸勢力との関係, ラフォレット知事の政策運営などに着目しながら検討する. 次に第2節では, 通常会期での法案の成立が頓挫した後, 設立された暫定委員会で展開された失業補償法のあり方をめぐる議論とそれに対する実業界の反応を考察する. さらに第3節では, 最終的に失業補償法案が成立した特別会期での審議と共和党正統派と革新派の投票行動を分析し, ウィスコンシン州失業補償法の成立に至るまでの政治過程を明らかにしていく.

1. 失業補償法案の作成と通常会期

(1) ウィスコンシン派の思想とラフォレット知事

　ウィスコンシン州議会では, 1921年に最初の失業補償法案が出されて以来, 1920年代を通じてすべての会期に同種の法案が提出された. これらの法案は提出者のヘンリー・ヒューバー (Henry Huber) 州上院議員にちなんで「ヒューバー法案」と総称されたが, アメリカ経済がおおむね繁栄を享受していた1920年代には全国的に失業保険の立法推進運動は停滞しており, ウィスコンシン州でのこうした動きは例外的なものであった. 表6のように同州では農業や酪農が盛んで, 主要産業の第1位はバターやチーズなどの乳製品の加工業であった. 製造業としては, ミルウォーキーを中心とした州南東部に自動車部品や金属・機械関連の中小企業が集中しているにすぎず, この時期に同州で工場労働者の失業が深刻な問題として認識されていたわけはなかった[8].

　1920年代のウィスコンシン州で失業補償法の制定に熱意を燃やしていたのは, ウィスコンシン大学マディソン校の経済学者で制度学派の重鎮であるジョ

表6　ウィスコンシン州の主要産業（1925年）

産　業	生産高（ドル）
乳製品加工	209,260,384
自動車	155,944,670
鋳物・機械	125,063,220
製紙・パルプ	97,779,601
食肉加工	70,793,049
自動車部品・車体	59,403,191
繊維・ニット	58,086,110
製材	56,374,735
靴	53,954,002
家具	53,915,692

出典：Barbara & Justus Paul (eds.), *The Badger State: A Documentary History of Wisconsin* (Grand Rapid, WI: Eerdmans, 1979), 468 より作成.

ン・R・コモンズと彼の教え子たちであった．コモンズらは，革新主義の時代からウィスコンシン州で様々な改革に取り組み，同州は「民主主義の実験室」として注目を浴びていた．とりわけ労働法の分野において多くの成果を収め，1911年には全米初の労働災害補償法を成立させた[9]．

1920年代に入るとコモンズらは，資本主義システムの高い生産性を維持しつつ，景気循環によって必然的に生ずる失業を回避・予防するような制度の構築を目指すようになり，労働災害補償法を応用した形の失業補償法を考案した．その基本的な考え方は，経営者が毎月，保険料を基金に積み立て，自社の従業員を解雇する際，そこから失業補償を給付するものであった．また，経営者の努力により解雇される従業員の数が減れば保険料を引き下げ，「失業を防止」するインセンティブを与えた[10]．

コモンズらは無責任で放漫な企業経営が，アメリカ経済を不安定にさせていることを憂慮していた．特に好況時には急速に事業を拡張し従業員を増やしておきながら，一旦景気が悪くなると直ちに従業員を解雇し，事業を縮小するようなビジネスのやり方を改める必要があると考えていた．それには経営者に「科学的な経営」を実践させ，経営者の利潤動機に適った形で失業に伴うコストを内部化する必要があると見ていた[11]．こうした考え方は，資本と同じように労

働に関しても「経常費用」という概念を適用することにつながり，コモンズらは，失業補償は労働力を継続的に活用するための必要経費と見なされるべきであると論じた[12]．

こうした議論は当時，ある程度の関心を集めたが，1920年代に州議会へ提出されたヒューバー法案は毎回，廃案となり，コモンズらが提案した失業補償法が日の目を見ることはなかった．その後，立法運動が本格化したのは1929年10月に大恐慌が始まり，翌年秋の知事選で共和党革新派のフィリップ・ラフォレットが勝利を収めてからであった．20世紀初頭以来，ウィスコンシン州では共和党革新派が革新主義の伝統を担い，最初は知事として（1901-1906），のちに連邦上院議員として（1905-1925）優れた指導力を発揮したロバート・M・ラフォレット（Robert M. LaFollette「オールド・ボブ」）と，彼の死後，上院議員のポストを継いだ長男のロバート・M・ラフォレット・ジュニア（Robert M. LaFollette, Jr.）が州政治に多大な影響を及ぼしてきた．フィリップはこの「オールド・ボブ」の次男であり，当時，政治的なキャリアとしてはデーン郡の法務長官を2年間務めただけであったが，弱冠33歳で州知事選に立候補し，共和党正統派の現職ウォルター・コーラー（Walter Kohler）と民主党のチャールズ・ハマースレイ（Charles Hammersley）を破り見事当選した[13]．

その頃，大恐慌の影響はウィスコンシン州にも及び，1930年3月にはミルウォーキーだけでも2万人が失業し職を求めていた．慈善事業による施しや公的な救済を求める人々の数も増え続け，どこの組織でも資金は底をつきつつあった．また農村部でも地価と農産物価格の下落が急速に進み，農民の生活も困窮していた[14]．このように州経済が悪化の一途をたどると，州民は現職のコーラー知事を大恐慌に対し無策のハーバート・フーヴァー（Herbert Hoover）大統領と同一視するようになった．同州では伝統的に民主党の勢力が弱かったため，残された選択肢として共和党革新派で名門ラフォレット家の次男であるフィリップが知事候補として急浮上し，彼に大きな期待が寄せられることになったのである．

フィリップ・ラフォレットが知事に当選すると，失業補償法の制定は失業者の救済と雇用の安定化による景気回復というより大きな枠組みの中で議論されるようになった．この頃，コモンズは高齢のためすでに第一線を退いていたが，

立法の好機が到来したのを見て，自らの教え子でウィスコンシン大学の経済学者であるポール・ラウシェンブッシュと彼の妻で同じく同校で教鞭をとっていたエリザベス・ラウシェンブッシュ[15]に法案の作成を委ねた．ラウシェンブッシュ夫妻は1930年夏にラフォレットに面会し，彼が知事に当選した暁には失業補償法の制定に協力することを約束し，具体的な法案の検討を始めていた．ラウシェンブッシュ夫妻の考えでは，ウィスコンシンの失業補償法は「社会的責任によって啓蒙され，修正された個人主義」を具現するものであり，「現代の最も深刻な経済問題に対する現実的で健全で建設的なアプローチ」がとられなければならなかった[16]．

このようにラフォレット知事は早くから失業補償法に関心を示し，専門家と協議を重ねていたが，当初，山積する政治課題の中で失業補償法の優先順位は必ずしも高くはなかった．就任直後は，電力産業や金融機関の独占問題や共和党正統派の政治腐敗など，伝統的に革新派が得意とする分野に積極的に取り組む姿勢を見せる一方で，失業問題については具体的な政策を欠いていた[17]．1931年1月に開催された州議会で新知事として初めて行った演説でも，所得分配が不公平であるために人々の購買力が大きく減退していることが失業の原因であるとの見解を示し[18]，公共事業を増やすことによって雇用を創出し失業者を減らすとともに，州民の購買力を引き上げ，景気を刺激することが重要であると説いた[19]．失業補償法については「健全な労働政策として労働者の生活水準と購買力を維持するために基金を設ける必要がある」と述べるにとどまり，いかなるタイプの失業補償制度を導入するのかという点については明らかにしなかった[20]．

このようにラフォレット知事は失業補償法について就任当初，明言を避けていたが，1931年の通常会期には三つの失業補償法案が提出され，多くの人々の関心を集めた．ラウシェンブッシュ夫妻とともに法案を作成し州議会へ提出したのは，ウィスコンシン大学経済学部の教授で州下院議員に初当選したばかりの共和党革新派のハロルド・M・グローブス（Harold M. Groves）であった．グローブスは雇用主の単独拠出で企業別勘定を作り，そこから失業補償を給付する制度を提唱し，これこそが「公正な労働協約の一形態」であり，企業に雇用の安定をもたらす制度であるとした．グローブスは企業が株主や債権者へ配

当を払うために設けている基金と同じように,仕事がない時にも労働者に通常の賃金に相当する額の給付を支払うための基金を企業は設立すべきであるとし,この点に関してはコモンズの考えやヒューバー法案を基本的に継承していた[21].

その一方で,グローブス法案には1920年代のヒューバー法案から変更された点もあった.まず,グローブス法案では産業別ではなく企業別の勘定に基づいて失業補償制度が運営され,経営者は自社の従業員の失業にのみ責任を負うとともに,拠出率の上限が定められ,企業別勘定が悪化すると給付を減額することもできたため,ヒューバー法案よりも経営者に受け入れられやすい内容になっていた.さらにグローブスは,失業というリスクを保険統計で正確に把握することは困難であるとし,失業は労働災害のように発生を予測できないと考えていた.そのため解雇した人数に応じて経営者の拠出率を変動させる経験料率制の効果を過大に評価することを避け,コモンズの失業防止理論から若干の距離を置いた[22].

このような特徴を持ったグローブス法案は,ウィスコンシン・プランと称され注目を浴びたが,その有効性に疑問を呈する専門家もいた.そうした人々の中から,ウィスコンシン・プランとは異なる失業補償制度のあり方としてオハイオ・プランを提唱する者が現れた[23].両者の根本的な違いは,次のような点にあった.まず,ウィスコンシン・プランでは,経営者は労働者よりはるかに大きな権限を持ち,採用や解雇に責任を負う立場にあるのだから,経営者の単独拠出によって企業別の勘定を設け,そこから労働者に失業補償が支払われるべきであるとされた.それに対し,オハイオ・プランでは労使双方が拠出し,それをひとつの基金にプールすることで給付を充実させるとともに,失業というリスクを分散させることが優先された.オハイオ・プランも経験料率制を採用し失業の防止を目指したが,それはあくまでも副次的な目的にすぎず,失業者に十分な補償を与えることに主眼が置かれた[24].ポール・ラウシェンブッシュは,オハイオ・プランの最大の問題は,雇用が不安定な企業のコストが社会全体に分散されてしまい,個々の経営者の責任が追求されない点にあるとし,結果として社会的に「生存」に適さない企業の存続を奨励することになると批判した[25].

表7　失業補償法案の比較

	ヒューバー法案	グローブス法案 ウィスコンシン・プラン	AALL アメリカン・プラン	オハイオ・プラン	ハンペル法案
基金の管理/種類	州/産業別	州/企業別	州/産業別	州/産業別	連邦/連邦
労使の拠出	使	使	使	労・使	使
政府の拠出	無	無	無	無	有
経験料率	有	有	有	有	無

出典：Harold G. Groves, "Unemployment Compensation in Wisconsin", *ALLR*, vol.XXIII no.3 (September 1933); Elizabeth Brandeis & Paul Raushenbush, "Wisconsin Unemployment Reserves and Compensation Act", *Wisconsin Law Review*, vol.7 no.3 (April 1932); Issac M. Rubinow, "The Movement toward Unemployment Insurance in Ohio", *Social Service Review*, vol.7 no.7 (June 1933); "An American Plan for Unemployment Reserve Funds, Tentative Draft for an Act", *AALL*, vol.XX no.4 (December 1930); Report of Proceedings, Box 10 Folder 10, Records of WSFL, State Historical Society of Wisconsin より作成.

(2) アメリカ労働立法協会のアメリカン・プラン

　ウィスコンシン・プランとオハイオ・プランをめぐる論争は，アメリカ労働立法協会 (American Association for Labor Legislation : AALL) が関与することで，一層大きな対立に進展することになった．AALLは1905年に国際労働法協会のアメリカ支部としてニューヨークで設立され，労働条件の改善，職場の安全や労働者の健康増進のための立法，社会保険制度の設立などを目的として活動していた．ウィスコンシン州はAALLによる失業保険法の立法推進運動の拠点であり，1920年代にはコモンズがAALLの副会長を務めていたこともあった．またAALLの事務局長のジョン・B・アンドリュース (John B. Andrews) は，ラウシェンブッシュ夫妻とも親交が深かった．しかし，AALLが機関誌『アメリカ労働立法誌』(*American Labor Legislation Review*) の1930年12月号に「失業基金のためのアメリカン・プラン」を発表したことにより，ウィスコンシン派とAALLの関係に亀裂が入った．AALLのアメリカン・プランは，ウィスコンシンで提唱されているような企業別勘定では個々の企業にあまりに大きな裁量が与えられてしまい，失業者への給付が手薄になるとし，企業別勘定ではなく産業別の勘定を設立して，それを州が基金として管理することを提案した[26]．

表7のように，AALLのアメリカン・プランは労使双方の拠出ではなく，雇用主の単独拠出制を採用しており，この点に関してはグローブス法案と変わらなかった．しかし，企業別勘定に基づいた失業保険の有効性に疑問を投げかけ，産業別の勘定を州が基金として管理することを提唱した点ではオハイオ・プランに類似していた．AALLのアンドリュースは，「［失業の：筆者補足：以下同］リスクは真の保険制度がそうであるように，雇用主の間で分散されるべきである」とし，「工場や企業は保険を設けるのに十分な基盤がないし，また労働者に十分な給付を支払える見込みがない」と主張した[27]．それに対しポール・ラウシェンブッシュは，アンドリュースが失業保険法の制定という同じ目標に向かって歩んでいる同志であることを認めながらも，その目的を実現する手段には大きな違いが生じてしまったとして反発した[28]．

AALLのアメリカン・プランにいち早く注目し，ウィスコンシン州で新しい法案作りを始めたのはウィスコンシン州労働連盟（Wisconsin State Federation of Labor：WSFL）であった．WSFLはアメリカ労働連盟American Federation of Labor：AFL）の傘下にあったミルウォーキーの労働組合連合会議が州全域に労働運動を広めることを目的として1893年に結成した組織であり，その中心的なメンバーはミルウォーキーの社会主義者であった．全国レベルではAFLが1932年12月まで失業保険に反対していたのに対し，WSFLはすでに1920年代からコモンズらと協力しながら失業補償法案の作成に携わっていた[29]．

とりわけWSFL執行部のヘンリー・オール・ジュニア（Henry Ohl, Jr.）とジャック・ハンドレー（Jack Handley）が失業補償法の制定に熱心であり，AALLのアメリカン・プランへの支持をいち早く表明した．その後，WSFLは法案を完成し，共和党革新派のロバート・A・ニクソン（Robert A. Nixon）州下院議員に州議会へ提出させた[30]．このニクソン法案は，州基金の中に産業別の勘定を設立し，経営者が好況時に採用を控え，従業員に残業させることで生産を増やすのを防ぐために，週48時間，1日8時間以上従業員を働かせている企業には，通常の拠出率である2.5％ないしは3.5％に加えて，1％追加的に拠出させる規定を設けていた．こうした方法によって，保険としての機能と雇用の安定化を同時に実現することができるとWSFLは考えた[31]．

最終的に通常会期にはグローブス法案，ニクソン法案に加えて，社会党のジョージ・ハンペル（George Hampel）州下院議員も法案を出し，失業補償法の制定に向けて三つの選択肢が提示された．ハンペル法案は，失業補償として労働者の週給の50％に相当する額を給付することを提案し，5,000ドルを上回る所得に課される所得税と相続税を財源として州が半分負担し，残りの半分を雇用主が負担するというものであった．これら三つの法案の中でハンペル法案が最も所得再配分効果が大きく，唯一，政府の拠出を定めており，イギリスの失業保険に近いものであった．しかしハンペル法案は，通常会期で審議未了のため廃案となった[32]．

　通常会期での審議は，ラフォレット知事が率いる共和党革新派に属する2人の下院議員が異なる法案を出したため難航した．グローブス法案とニクソン法案に関して公聴会が開催され，失業補償法に対する関心はかつてないほどに高まったが，会期中に十分議論が深まることはなかった．また，ラフォレット知事もこの段階で特にグローブス法案を推すことを明言することはなかった．最終的には知事の提案で州議会が休会する前に共同決議が出され，11月に特別会期を開催することと，それまでに失業補償法を含めた失業対策について暫定委員会が公聴会を開き，最終報告書を作成することが決められた．

2. 暫定委員会での議論と実業界の反応

(1) 企業による自主プランの設立

　通常会期が終了した後，暫定委員会は州内各地で公聴会を開き，失業対策全般について様々な意見を聴取するとともに，特別会期に提出する法案の選定を行った．各地の公聴会では失業補償法に関して活発な討議が繰り広げられたが，ラフォレット知事が当初予測していたよりも，失業補償法の制定に反対する者が多く，実際に公聴会で証言に立った67人の証言者のうち，半数近い32人が立法に反対の立場を表明した．とりわけ経営者の間で立法への根強い反対が見られ，公聴会で反対意見を述べた32人のうち28人が企業関係者であった．ただその中にも企業の自主プランを存続させるという条件付きで立法に理解を示す者もおり，反対意見にもトーンの違いが見られた[33]．

企業による自主プランに関しては，ウィスコンシン州では1920年代から地元の中小企業を中心に失業補償プログラムの設立が進められ，ある程度の成果を上げていた．そのため，こうした経営者の自発的な取り組みを妨げることになるような強制的な立法は望ましくないという見方が企業関係者にはあった．
　州内の企業による自主プランの最も古い事例としては，1922年にラシーンにあるワックス製造会社S・C・ジョンソン＆サン社によって始められた失業補償プログラムがあった．同社社長のハーバート・ジョンソン（Herbert Johnson）は社内に相互扶助組織を作り，勤続6か月以上の従業員を対象に失業保険，生命保険，障害・死亡給付制度を導入した．当初は企業側が費用を負担していたが，大恐慌の到来後は同社の経営が悪化し，労使双方が拠出する方式へと変更された[34]．またウィリアム・モーゼ（William Morse）が経営するフォン・デュ・ラックの3社[35]も1930年9月に雇用安定プランとよばれる制度を導入し，先駆的な企業として注目を集めていた．このプランは，タイプライター，冷蔵庫，棺という全く異なる製品を製造する近隣の中小メーカー3社が景気後退期に雇用を融通し合い，それが不可能な場合に従業員へ失業給付金を支払うというものであった．この制度は雇用主の単独拠出制に基づき，単一の基金の中に企業別勘定を設けていた[36]．
　こうした事例は立法に反対する論拠として公聴会などで頻繁に引き合いに出されたが，これらのプログラムの創設者は必ずしも失業補償法の制定に反対していたわけではなかった．ジョンソンは1920年代からコモンズの考えを支持しており，1923年と1925年には州議会へ提出されたヒューバー法案を，生産を安定させ失業を防止するインセンティブを経営者に与える「穏健で実用的」な法律であると評価した．ジョンソンは，景気が好転すると速やかに従業員を増やして需要に応え，景気が後退すると直ちに人員削減に乗り出すような企業経営のあり方を非難し，失業を減らすには失業補償法の制定が不可欠であると考えていた．ジョンソンは自社が行っているような自主プランの存続を排除しない形での失業補償法の制定を望み，自主プランのさらなる普及を目指した．またモーゼも開明的な資本家として知られ，グローブス法案に支持を表明していた．彼はラウシェンブッシュ夫妻が立法推進運動の一環として設立した失業基金法のためのウィスコンシン委員会に参加するなど，企業経営者の立場から

失業補償法の制定に協力した[37]．

(2) 立法への反対意見

それに対し，暫定委員会の公聴会で失業補償法の制定に強く反対したのは，州内の有力企業を代表する顧問弁護士達であった．サウス・ミルウォーキーの掘削機メーカー，ビサイラス・エリー社の顧問弁護士を務めるロジャー・シャーマン・ホア（Roger Sherman Hoar）は，あくまでも個人的な意見としながらも，次のような理由で失業補償法に反対した．ホアは，グローブス法案では州の基金ではなく企業別の勘定を設立し，労働者の勤続年数に応じて失業補償を給付することになっており，その点は1920年代のヒューバー法案よりもかなり改善されていると見ていた．しかし大恐慌の下で失業補償制度が導入されると不況をさらに長引かせることになり，失業補償法は，景気の良い時に経営者が事業を急速に拡大しないよう歯止めをかけるような形で制定されるべきであると述べた．またホアは，失業補償法は勤労意欲や道徳的な観点からも社会に深刻な問題をもたらすと指摘し，イギリスの経験からも明らかなように，労働者に「働かない権利」，「働かずに給付を受ける権利」を与えることになると懸念を表明した[38]．

さらに農業機械メーカー，アリス・チャルマーズ社の顧問弁護士であるハロルド・W・ストーリー（Harold W. Story）もマディソンで開かれた公聴会でグローブス法案への異議を申し立てた．ストーリーの論点は，強制的な立法ではなく，あくまでも自主的なプランの導入を進めるべきであるというものであり，その理由を自主プランの方が「雇用主と従業員の関係をより緊密なもの」にし，「官僚的な介入」に左右されない方法であるからだとした．ストーリーによると現在導入されている自主プランは，「従業員が置かれている状況を向上させようという経営者の意欲によって自然なやり方で運営されて」おり，それが最良の方法である．また，景気循環によって必然的に発生する不況とそれに伴い生み出される失業に個々の企業が責任を負う必要はなく，労働災害補償と失業補償は性格が全く異なることを人々は正しく理解すべきであるとストーリーは主張した[39]．

特別会期に向けて法案の準備を任された暫定委員会には，様々な利害を代表

する人々が委員として参加した．実業界からはWMAの会長でホリコン社のF・H・クラウセン（F. H. Clausen）が選ばれ，ホアやストーリーのように立法に反対する企業関係者の意見を代弁した．クラウセンは，1931年11月にミルウォーキーで開催されたWMAの年次大会で，あくまでも立法に反対し自主的なプランを推進することを基本方針として採択させるとともに，自主プランを普及させるために専門家を採用する提案を大差で可決させた．この決議に基づいてWMAに採用されたのが，ニューヨークの労使関係カウンセラーズ社のブライス・スチュワート（Bryce Stewart）であり，彼は大会で「失業保険を実業界で設立しよう．政府には立ち入らせないで」と宣言し喝采を浴びた[40]．

さらに1931年11月にはクラウセンの弟が経営するラシーンの農業機械メーカー，J・I・ケース社が，突然，自主的な失業補償プランを設立することを発表し，立法を阻止するためのキャンペーンではないかとの憶測を呼んだ[41]．同社は州内最大手の企業のひとつであり，この計画は同社のラシーン工場で時間給ないしは出来高制で6か月以上勤務している従業員を対象に失業保険・貯蓄プランを設立するというものであった．従業員の6か月の平均給与に相当する額が基金に貯まるまで労使がそれぞれ給与の5％を月2回拠出し，その後は1年間の給与に相当する額に達するまで労使が2％ずつ拠出する．信託会社か銀行が基金を運用し，不況により雇用を継続できなくなり，従業員の転職先が見つからない場合，90日間の待機の後，月2回，平均給与の40％を超えない額を支給することが定められた．またこの基金から従業員が死亡した場合は遺族年金として，障害を負った場合は障害年金として，退職後は老齢年金として給付を受けることができるとされた[42]．

このようにケース社のプランは，他社のものと比較しても遜色なく，実業界が強制的な立法に反対するひとつの有力な証左となった．しかしその一方で，このプランの欺瞞性を指摘する声も上がった．プランの開始直後に同社の従業員がラフォレット知事に宛てて，賃金が15％カットされたにもかかわらず，給与の5％がこのプランのために天引きされ，手取りが大幅に減り生活に大きな支障が出ていると苦情を申し立てている．さらに労使双方が拠出しなければならないことに対する従業員の不満や，給付の対象が不況による事業の縮小に伴う解雇に限定されているなどの問題点も指摘され，こうした自主プランは決

して失業補償法が不必要であることを証明するものではないという意見が寄せられた[43]．

　暫定委員会のメンバーで失業補償法の制定に反対の立場を貫いたのはクラウセンだけではなかった．共和党の州下院議員であるイラ・E・バーティス（Ira E. Bartis）（ドッジ郡）も企業経営者としての立場からクラウセンに同調した．バーティスは，州南東部のビーバー・ダムで繊維会社を経営しており，銀行と石炭会社の取締役も務め，商工会議所で活躍していた．ミルウォーキーの商工会議所は，すでに1931年3月に失業補償法の制定は州の産業に壊滅的な打撃を与えるとして，立法に反対の立場を表明していた．商工会議所は，失業補償法は失業した労働者の生活苦を一時的に緩和するかもしれないが，そもそも失業を防止すること自体が不可能である上に，失業補償に伴い発生する追加的なコストは最終的に消費者や納税者に転嫁され，企業の独占がさらに進むと主張した．また同法は合衆国憲法の理念にも反し，個人の経済的な不平等を是正するという共産主義的な考え方を広め，労働者の怠惰を助長し，賃金を引き下げ，生活水準を低い方に平準化することになるとして立法に反対した[44]．

　こうしたクラウセンやバーティスに代表される企業側の論理は，最終的に暫定委員会の少数意見書という形でまとめられた．その骨子は，失業補償法が直ちに失業を解消するわけではなく，立法は緊急性を欠くこと，またこのような重要な法案を審議するには特別会期は短すぎるので，次の通常会期まで待つべきであるというものであった．さらにこうした時期尚早論に加えて，この意見書では，ウィスコンシン州だけが失業補償法を制定すると州内の企業の競争力を弱めることになるため，強制的な立法ではなく，各企業が自主的なプランを導入し雇用の安定化を図るのが最も望ましいとされた[45]．

　強制的な立法よりも自主的なプランの普及を望む企業関係者に加えて，失業補償法の制定に大きな障害となっていたのは州内の農業団体であった．農民は失業補償法の対象とはならないため，立法の影響を直接受けるわけではなかったが，1921年にヒューバー法案に反対して以来，長年，失業補償法には冷淡な態度をとってきた．その理由としては，都市で失業者が給付を受けるようになると，失業を機に帰農する人が減り，農村の労働力不足が一層深刻になることをあげていた．こうした農民の失業補償法への否定的な見方は，州議会，特

に農村を支持基盤とする共和党正統派の議員が多い上院での法案の行方を左右する可能性があった．そのため立法には，農業関係者の理解を得ることが不可欠であった．

　こうした認識に基づいて，ラウシェンブッシュ夫妻が設立した失業基金法のためのウィスコンシン委員会は農業団体の支持を得るべく積極的に活動した．この委員会は，都市部で労働者が失業すると購買力が下がり，農産物の売れ行きが落ちること，また土地を所有する農民が支払っている財産税が現在，失業者の救済のための財源とされており，失業補償制度が導入されればこうした農民の負担が軽減されることなどを説明し，農民の説得にあたった．それに対し農業団体からは，都市の労働者が失業補償として月43ドルを受給するようになると，平均的な農業労働者の給与である月30ドルに下宿代を支給しても，農村で働く人がいなくなるという懸念が表明された．また産業は相互に関連しているので，失業補償法は連邦レベルで制定されるべきであり，当座は企業の自主的なプランに委ねるのが望ましいといった意見も出された．しかし最終的には委員会のメンバーであるマックス・レオポルド（Max Leopold）が自身が所属するファーム・ビューローを，バーニー・ジャーマン（Barney German）がアメリカ公正協会を説得し，グローブス法案への支持を表明させた．さらに続いてミルク協同組合とウィスコンシン農業協議会もグローブス法案の支持に回り，立法へ向けた大きな弾みとなった[46]．

　共和党革新派によって提出された二つの法案，グローブス法案とニクソン法案のどちらが望ましいのかという論争は，暫定委員会の最終報告書がまとめられた1931年11月までに，次のような形でほぼ決着がついた．まずラウシェンブッシュ夫妻らと対立を続けていたAALLのアンドリュースは，法の細部にこだわるよりも，全米初の失業補償法の制定という偉業に向けて互いに協力すべきであるとの判断から，グローブス法案の支持に回った．こうした方向転換に関してアンドリュースは，AALLはこれまでも「立法の推進に際して『理想主義的な独断』を常に避け，時には意識的に現実に見合うような便宜主義的な軌道修正を行ってきた」と述べ，「細部については協会の法案と異なるものであっても，念入りに立案された法案であれば，心から支持を与えたい．〔AALLは〕長年，多くの労働法制について現実的な立法作業を経験してきたからこそ，

こうした方針が賢明であると断言できる」とした⁴⁷⁾.

またAALLのアメリカン・プランを支持しニクソン法案を州議会へ提出したWSFLも,すでに1931年7月の大会で,失業補償法を成立させるには何らかの妥協も必要であるとし,執行部の中から歩み寄りの姿勢を示す者が出てきた.その後,WSFL会長のハンドレーが暫定委員会のメンバーとして最終報告書の作成に携わる過程でグローブス法案へ歩み寄り,失業補償法の制定を見送るよりも,小異を捨てて大同につき立法を実現する方が,労働者全体の利益に適うとの判断を下した⁴⁸⁾.

こうして暫定委員会は1931年11月10日にグローブス法案が最も望ましい失業補償法案であるとし,最終報告書を提出した.この報告書では,株式会社が株主や債券の保有者に配当を支払うために設立している基金と同じような基金を労働者のために作り,労働者が失職した際,そこから給付を与えることによって,失業を生産に関わるコストのひとつとして経営者に認識させ,失業を防止するよう努力させるべきであることが述べられた⁴⁹⁾.この報告書では,経営者が企業別勘定を設立し,それを州が管理するものとされたが,こうした基金は好況期の過度な事業の拡張を抑制し,景気循環を均すようになること,また失業補償が給付されれば,不況期にも労働者の購買力の低下を抑えられることが強調された⁵⁰⁾.さらに州際通商に支障が出ないよう,拠出率を2%にとどめるとともに,長期にわたる不況の際には公共事業プログラムと連携しながら失業補償制度が運営されるべきであることも明記された⁵¹⁾.

3. 特別会期での審議と付帯条件付きでの立法

1931年11月24日に特別会期が始まると,ラフォレット知事は開催の演説で「南北戦争以来の国内的危機」を乗り越えるために,「集団的個人主義」に基づいた諸政策を実施していくことを宣言した.集団的個人主義とは,州政府の主導の下で多様な利害を調整し,景気回復を図るという程度の意味にすぎなかったが,知事は特別会期の具体的な目的として次の四つの政策を掲げた.①公益事業の州営化,②企業の「自治」を可能にするような制度の設立,③社会経済的な調査と計画,④税負担の公平化.とりわけ電力をはじめとする公益事業の

州営化と税負担の公平化は，父の代からの共和党革新派の伝統的な政策であり，独占の排除と課税による所得分配の均等化により，人々の購買力を高め，不況を克服することができるという信念に基づいたものであった．また失業対策としては，失業者の救済と公共事業による雇用創出の二つの面からアプローチする必要があるとし，所得税特別付加税，配当税，チェーンストアへの課税をその財源に充てるなど革新派的な政策を打ち出した[52]．

失業補償法に関しては，「私の調査によると，グローブス法案がこれまで提案されたものの中で最も健全で公平な強制プランであると結論を下すことができる」と述べ，通常会期で出されたグローブス法案を大きく修正することなく特別会期に再提出させることを明らかにした[53]．こうした失業補償法に対する知事の基本的な姿勢は，上述の②と密接に関連していた．すなわち，雇用に責任を持つのはあくまでも企業であり，企業が雇用を安定化させるようにインセンティブを与える失業補償制度を設立するのが立法の目的であるという見方であった．知事は実業界の意向に反するような形での立法は望まず，妥協と諸利害の調停にこそ自らの指導力が発揮されるべきであると考えていた．

こうした知事の意向を受けて，特別会期でグローブス法案が再提出されると，失業補償法の成立はもはや避けられないという見方が広まった．すると，州内の企業経営者の中には，可能な限り企業の裁量性を認めるような修正を法案に加えて，それを成立させようとする動きが見られるようになった．まず，アリス・チャルマーズ社のストーリーらが中心となり，法案に企業別の自主プランを容認するような条項を盛り込むことを提案し，議員への働きかけが行われた．同時にストーリーは，ラウシェンブッシュ夫妻とも協議し，自主プランを持つ企業を法の適用から免除する条項を法案に入れようとした．

この提案では，州の失業補償法の適用を免除されるケースとして，次の二つがあげられた．①解雇後42週間にわたり週36時間の雇用を従業員に保障する制度を持つ企業，あるいは週36時間分の賃金を従業員に保障している企業．②州産業委員会によって認可された自主的な失業補償プランを導入している企業．前者は雇用安定プランと呼ばれるものであり，上述のフォン・デュ・ラックの3社によって採用されているような，失業給付よりも雇用を継続させることに力点を置いた制度であった．それに対し後者は，企業が実施している失業

補償プランが，州産業委員会の定める規定を満たせば，州の失業補償制度に参加しなくてもよいとするものであった[54]．

　ラウシェンブッシュ夫妻と実業界の有力者との間で合意されたこのような妥協案に加えて，企業経営者からの反発を和らげるためにグローブス法案にはさらなる付帯条件が付けられた．その条件とは，1933年6月1日までに20万人の労働者が企業の自主的な失業補償プランによってカバーされれば失業補償法は発効しないというものであった．ラウシェンブッシュ夫妻の提案に基づいて，当時，州議会調査図書館の館長を務めていたウィッテが修正案を作成し，州議会へ提出した．これは法の成立から発効までに1年余りの期間を設定し，その間に企業レベルで自主的な失業補償プランの普及を可能な限り進め，20万人の労働者がそれによってカバーされれば法を無効にするという大胆な修正であった[55]．

　一方，グローブス法案に決定的な抜け道を用意することによって，企業経営者の歓心を買おうとする知事とその側近に対し，WSFLをはじめとする州内の労組は強く反発した．とりわけWSFLのハンドレーは，企業に自主的なプランの設立を認める修正に反対の立場を表明し，州法の下ですべての企業が同一の条件で失業補償制度に参加するべきであると主張した．しかし州議会での審議が進むにつれ，自主プランを容認する形での立法がほぼ確実になると，法案が廃案になるよりも何らかの妥協をした方が得策であるという見方がWSFLの内部から出されるようになった．またウィッテの修正に対してハンドレーらWSFLの執行部は，1933年6月1日までに20万人の労働者をカバーする自主プランが設立されるのは事実上不可能であると判断し，あえてこの修正の削除を求めなかった[56]．

　特別会期での短い審議の後，グローブス法案は12月21日に下院（定数102人）において63対15で可決された．下院は共和党革新派が多く，グローブス法案の通過は当初から確実と見られていた．確かに投票結果を見ると25人いる下院の共和党革新派のうち，グローブス法案に賛成したのは19人，反対が2人，欠席・棄権が4人であり，革新派の76％が失業補償法案に賛成票を投じている．しかし当然のことながら革新派だけでは法案を可決することはできず，他の勢力の賛同が不可欠であった．

このような状況下で下院での投票に大きな影響を及ぼしたのは9人の社会党の議員であり，棄権したジェオ・テューズ（Jeo Tewes）を除いた8人が法案に賛成した．社会党の議員は全員がミルウォーキーから選出されており，社会党員が中心的なメンバーであるWSFLの執行部と密接な関係にあった．上述のようにWSFLが最終的に付帯条件付きのグローブス法案に歩み寄りの姿勢を見せたことが，社会党の下院議員の投票行動に大きな影響を及ぼしたと考えられる．また通常会期の終了後，ラフォレット知事は社会党のトマス・ダンカン（Thomas Duncan）州上院議員（ミルウォーキー郡）を行政長官に任命しており，ダンカンは知事の側近として活躍していた[57]．ウィスコンシン州議会の社会党議員は党の綱領に束縛されるよりも，政策によっては共和党革新派と歩を一にすることがそれまでもしばしばあったが，失業補償法案の採決ではまさにこうした投票行動が見られた[58]．

それに対し，共和党正統派の勢力が強い上院（定数35人）での審議ははるかに難航した．審議の過程でグローブス法案に最も強く反対したのは，共和党正統派のウォルター・S・グッドランド（Walter S. Goodland）（ラシーン郡）であった．彼によると失業補償法は「長髪の大学教授達」によって考え出された策略であり，産業と労働の双方に大きな打撃を与えることは明らかであった．また同じく共和党正統派のジョージ・ブランチャード（George Blanchard）（ロック郡）も，二つの修正を出し，企業による自主プランを可能な限り認める法律にしようとした．ブランチャードが最初に出した修正は，鉄道労働者を失業補償法の適用から除外するというものであり，巨大資本である鉄道会社に，州法によらない独自の失業補償制度を運営させることを目的としていた．この修正は上院で1月7日に可決された[59]．

ブランチャードが提出したもうひとつの修正は，上述のウィッテによる修正が定めた20万人という上限を引き下げ，1933年6月1日までに企業の自主プランが17万5,000人の労働者をカバーすれば，失業補償法が発効しないようにするものであった[60]．この修正が出された背景には，実業界の活発なロビー活動があった．自主プランでカバーされなければならない労働者数を減らすことは，強制的な立法が発効する可能性をさらに低めることを意味しており，自主プランを望む企業経営者にとっては歓迎すべき修正であった．また，経営者の拠出

額の算定に際してグローブス法案では全従業員への給与支払い総額を用いていたのに対し，ブランチャードは失業補償制度の対象となる従業員への給与支払い総額に基づいて拠出額が決められるように変更を加え，経営者に一層有利な状況を作り出そうとした[61]．

この修正の投票は1933年1月7日に行われ，賛成18，反対13で採択された．さらに続けてこの修正された法案の審議を続けるか廃案にするかが諮られ，19対11で審議は継続されることになった．これら2回の投票結果を見ると，法案を廃案とすることに賛成した11人の上院議員は全員ブランチャード修正にも賛成している．こうした投票行動は，法案の行方が最後まで予断を許さない状況下で，最終的に法案が可決される場合に備えて，なるべく多くの抜け道を作っておこうとする共和党正統派の議員によるものであった．

これらの議員はブランチャード修正が可決された後も，法案に対する攻撃を執拗に続けた[62]．最後まで立法に反対した共和党正統派の上院議員は，ほぼ全員が州東部から選出されており，特に州の南東部を地盤とする議員が多くいた．なかでも上院の審議で反対派を主導したブランチャード，グッドランド，ルイス・フェレンズ（Louis Ferenz）（フォン・デュ・ラック，グリーンレイク，ワウシャラ郡）らは，南東部の比較的工業が発達した地域から選出されており，地元の企業の利益を代弁する立場にあった．州の南東部はまた共和党革新派とラフォレット知事に敵対的な地域でもあり，図1のように，1930年の州知事選挙の予備選挙でラフォレットの得票率が低かった地域と失業補償法案に反対した共和党上院議員の選挙区はほぼ重なる[63]．

それに対し共和党革新派，特にラフォレット知事の支持基盤は州北部と西部の農村地域にあった[64]．しかしこれらの地域は，ラフォレットの父の時代には共和党革新派の強力な地盤であったが，1930年代に入ると農業や過疎地の利害を代弁してもらえる限りにおいて革新派を支持するという傾向が強くなり，革新派を全面的に支えるという状況にはなかった．上述のように失業補償法には主要農業団体が最終的には支持を表明したとはいえ，農村部の有権者の関心は低く，これらの地域から選出された上院議員も積極的に法案成立のために動くことはなかった．下院とは対照的に上院では共和党革新派の議員はわずか3人しかおらず，たとえ社会党の2人，民主党の1人と連携したとしても，共和

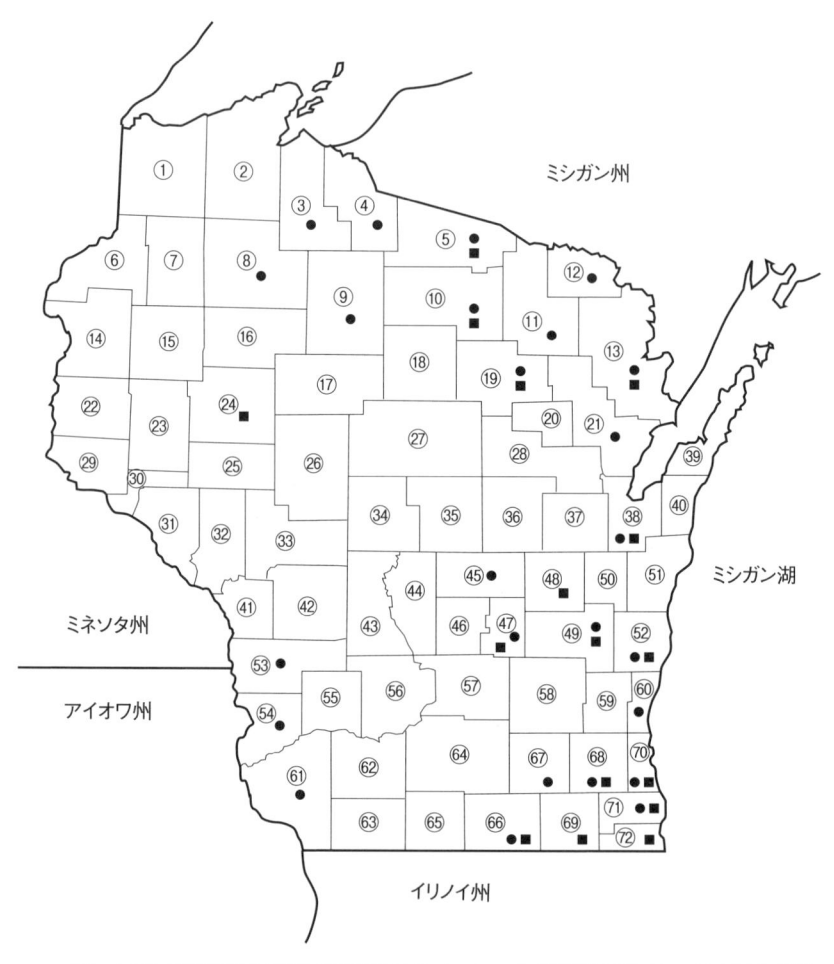

78　第2章　1932年ウィスコンシン州失業補償法とニューディール

■　1930年知事選共和党予備選挙でラフォレットの得票率が52.11％未満の地域
●　1932年上院で失業補償法案に反対した議員の選挙区

図1　1930年知事選共和党予備選挙と1932年州上院での失業補償法案の投票結果
出典：Paul W. Glad, *The History of Wisconsin, Vol. V, War, a New Era, and Depression, 1914-1940* (Madison: State Historical Society of Wisconsin, 1990): 335; *Journal of the Senate, Special Session of the Wisconsin Legislature, November 24, 1931-February 5, 1932* (Madison: Democrat Printing Company, 1932) より作成。

凡例（図1）

①ダグラス	㉕オークレア	㊾フォン・デュ・ラック
②ベイフィールド	㉖クラーク	㊿カルメット
③アッシュランド	㉗マラソン	㊁マニトヴォック
④アイロン	㉘シャワノ	㊂シーボイガン
⑤ヴァイラス	㉙ピアス	㊃ヴァーノン
⑥ブルネット	㉚ペピン	㊄クロフォード
⑦ワッシュバーン	㉛バッファロー	㊅リチャード
⑧ソーヤー	㉜トレンピロー	㊆ソーク
⑨プライス	㉝ジャクソン	㊇コロンビア
⑩オネイダ	㉞ウッド	㊈ドッジ
⑪フォレスト	㉟ポルテージ	㊉ワシントン
⑫フローレンス	㊱ワウパカ	⑳オゾーキー
⑬マリネッテ	㊲オウタガミー	㉑グラント
⑭ポーク	㊳ブラウン	㉒アイオワ
⑮バロン	㊴ドア	㉓ラファイエット
⑯ラスク	㊵ケワウニー	㉔デーン
⑰テイラー	㊶ラクロス	㉕グリーン
⑱リンカーン	㊷モンロー	㉖ロック
⑲ラングレード	㊸ジュノウ	㉗ジェファソン
⑳メノミネー	㊹アダムズ	㉘ワウケシャ
㉑オコント	㊺ワウシャラ	㉙ウォルワース
㉒セント・クロックス	㊻マルケット	㉚ミルウォーキー
㉓ダン	㊼グリーンレイク	㉛ラシーン
㉔チペワ	㊽ウィネバーゴ	㉜ケノシャ

党正統派に対抗する勢力には到底なり得なかった[65]．

　新しい世代の共和党革新派の中にはこれまでのように農村部の支持に頼るだけでは勢力の伸張は望めず，むしろ，都市のリベラルな人々を代表する勢力へと脱皮することによって，有権者の支持を獲得する必要があると考える者も少なくなかった．特に大恐慌によって打撃を受けた州経済を立て直し，景気を回復するには，都市部の産業復興と失業問題の解決が危急の課題であると多くの革新派の議員は考えていた．しかしラフォレット知事は，失業補償法の成立には都市部を代表するリベラルな議員の協力が欠かせないことを十分認識しながらも，旧来の農村部の革新派との結びつきを維持するために累進課税の強化，農民への補助，独占の規制などを繰り返し提唱した．結局，上院に7議席を持つミルウォーキー選出の議員の中でも，グローブス法案に賛成票を投じたのは社会党議員2人と共和党議員2人にとどまり，残りの3人の共和党議員は反対

に回った.

　こうした状況の下で，上院では最後までブランチャード修正が削除されることなく，1月8日に19対9で法案は可決された[66]．その後，15日に再び法案は下院へ差し戻され，上下院で通過した法案の相違点について協議が行われた．その結果，ブランチャード修正はそのまま法案に残された．最終的に28日に知事が法案に署名し，全米初の失業補償法として成立した[67]．

　同法の対象となったのはウィスコンシン州に本社があり10人以上の従業員を雇用している企業であり，1933年7月1日以降，給与支払い総額の2％にあたる額を州基金へ拠出するが，その中に企業別の勘定が設けられることになった．企業別勘定に積み立てられた資金が自社の従業員1人当たりに換算した額が55ドルに達すると，拠出率は1％に引き下げられ，さらに75ドルに達すると0％となり拠出は不要となる．基金は州産業委員会が管理し，国債・州債・地方債に運用された．各企業は自社の従業員の失業に対してのみ責任を負い，従業員が解雇されると，2週間の待機の後，週給の50％に相当する失業補償が給付された．給付の上限は10ドル，下限は5ドルと定められ，受給期間は最長10週間とされた．企業別勘定の残高が一定額を下回ると漸次的に給付が引き下げられ，残高がなくなると給付が停止されるが，雇用主はその責任を負わないという点が同法の最大の特徴であった[68]．

おわりに

　これまで見てきたように，ウィスコンシン州失業補償法は，自主プランに固執する企業経営者の強い反発に遭い，条件付きでの立法を余儀なくされ，多くの制約を持つ法律として成立した．しかし，同法の限界を単に資本家からの圧力のみに帰してしまっては一面的な理解にとどまるであろう．本章では，ウィスコンシン派が関わった最終段階での法案の修正や州議会での審議に着目することによって，同法が生み出された歴史的背景をより重層的に把握しようと試みた．ここで明らかになったのは，自主プランの存続と普及を望む企業経営者に対し，最終的に妥協したウィスコンシン派の現実路線や，大恐慌に対処するための具体的な政策を欠いたラフォレット知事の姿勢や州議会での共和党革新

派の基盤の弱さが，同州の失業補償法のあり方に如実に反映されたという点である．ウィスコンシン派の資本との親和性や共和党正統派と実業界との結びつき，大恐慌で混迷していた州政治が，同法の最終的な「型」を規定したと見ることができる．

　ラフォレット知事の第1期目は大恐慌に対し何ら有効な政策を打ち出せないまま，1933年1月に終わった．ラフォレット知事は現職でありながら前年の共和党の予備選挙で指名を獲得することができず，共和党正統派のコーラーが同党の知事候補として選出された．伝統的な革新派の政策を優先したラフォレット知事に対する州民の失望が，こうした選挙結果の根底にあった．その後，州知事選の本選でコーラーは民主党のアルバート・シュメデマン（Albert Schmedeman）に敗北し，ウィスコンシン州で40年ぶりに民主党の知事が誕生した．無論，シュメデマンの勝利はフランクリン・D・ローズヴェルト（Franklin D. Roosevelt）の人気にあやかってのものであったが，シュメデマンは決してリベラルな民主党員ではなかった．彼は1933年1月に就任すると，表向きは失業補償法への理解を示しながらも，依然として不況が続いていることを理由に拠出の開始を遅らせることを提案した．最終的には州議会もこの新知事の提案を承認し，拠出の開始は当初決められた1933年7月1日から1934年7月1日へと1年延期された[69]．

　同法の施行に向けて州産業委員会の下に設立された諮問委員会には，WMAとWSFLからそれぞれ3人の委員が任命され，さらにコンサルタントとしてポール・ラウシェンブッシュ，スチュワート，ホア，ストーリーらが任用された．こうした人選は委員長のオルトマイヤーの下，労使が協調して失業補償制度を運営していこうとする姿勢の表れであったが，WMAのメンバーやホア，ストーリーは，自主プランを作成する企業に様々な助言を与えることに精力を傾けた[70]．結局，この諮問委員会は，法の施行開始を1年間遅らせることに加えて，企業側にさらに有利な状況を作り出すために，法が発効する条件とされた自主プランでカバーされる労働者数の規定を当初の17万5,000人から13万9,000人へと引き下げることを決めた[71]．しかし現実には予想されたほど自主プランの設立が進まなかったため同法は発効し，1934年7月1日から拠出が始まった．

ここで最後に，ウィスコンシン州失業補償法から1935年社会保障法の失業保険への連続性について，連邦レベルと州レベルの二つの側面から論じておきたい．

第1章で見たように，ローズヴェルトはニューヨーク州知事時代からウィスコンシン・プランに賛同しており，CESには委員長のパーキンズによってウィスコンシン派のオルトマイヤーとウィッテが登用され，社会保障法の立案に重要な役割を果たすことになった．その結果，次のような特質が，ウィスコンシン州失業補償法から1935年社会保障法へと受け継がれた．まず，1935年社会保障法の下で実現した失業保険は，労働法としての性格が強く，就労と密接にリンクした拠出制に基づいていた．主な加入者は基幹産業の正規雇用の労働者であり，失業保険は，ニューディールの雇用・失業対策を補完するものと見なされた．さらに失業保険の給付額が低く，給付期間も短かったため，あくまでも最低限の経済的保障を失業者に与えることが想定され，不足分は企業の自主的な失業補償によって賄われることが前提とされた．

政権側とウィスコンシン派の人脈的なつながりは，法案が連邦議会へ提出されてからも見られた．ウィスコンシン州では，フィリップ・ラフォレットが1934年の州知事選に革新党から立候補し，再選を果たした．共和党革新派の伝統的な政策から完全に脱却できず，進むべき方向を模索していた1期目とは異なり，再選後のラフォレット知事はニューディールへの支持を前面に打ち出し，都市的なリベラリズムへの転換を図った[72]．全国的に失業保険制度が確立される日が遠くないことを知ると，ラフォレット知事はウィスコンシン州失業補償法と社会保障法の関係について，次のような懸念を抱くようになった．すなわち，社会保障法が成立するとウィスコンシン州の失業補償法が無効とされるか，あるいは大幅な改正を迫られることになるのではないかという懸念であった．ラフォレット知事は自らローズヴェルトにその点について尋ねた．それに対しローズヴェルトは，連邦と州の協調関係の下で州独自の判断や裁量性を大きく認めるような失業保険制度を作るので，ウィスコンシン法には何の影響もないだろうと返答し，ラフォレットを安堵させた．

またこの頃，兄のボブも同じく革新党から上院議員への再選を果たし，上院の財政委員会に所属していた．ボブは，こうした弟の懸念を受けて，州の選択

の幅を広げ,各州がそれぞれどのようなタイプの失業保険を導入するか独自に決定できるような形に法案を修正すれば,ウィスコンシン州失業補償法はそのまま存続可能であると考えた.そうして上院の財政委員会で採択されたのが,第1章で見たラフォレット修正であった[73].

次に州レベルでの連続性について見ておきたい.1935年8月に社会保障法が制定されると,下位立法として州レベルでの失業保険法の制定が急速に進められた.最終的に企業別勘定を取り入れ,ウィスコンシン州の失業補償法と全く同一の州法を制定したのはネブラスカ州だけであった.しかし,大半の州で経験料率が導入され,雇用主の単独拠出と拠出率の設定,給付額や期間,受給資格などに関しては,多くの州でウィスコンシン法が「基準」とされ,それに類似した規定が盛り込まれた.こうしてウィスコンシン失業補償法に具現された資本家の利潤動機に基づき,所得の再分配機能を最小限に抑えた制度が他州にも波及し,アメリカの失業保険制度を構築することになった.

1935年以降,ラフォレットは全米初の失業補償法を制定した州の知事として,同州の先駆性を自賛する発言を繰り返した.しかし,社会保障法の下で成立した失業保険制度の保守性や限界に目を向けるならば,ウィスコンシン州の失業補償法がむしろニューディールのリベラリズムを制約してしまったことの意義こそが問われるべきであろう.

註

1) 従業員の解雇が少ない企業には拠出率を低く設定し,解雇の多い企業には高い拠出率を課す方法.
2) Katherine Baicker, Claudia Goldin, & Lawrence Katz, "A Distinctive System: Origins and Impact of U.S. Unemployment Compensation", in Michael D. Bordo, Claudia Goldin, & Eugene N. White (eds.), *The Defining Moment: The Great Depression and the American Economy in the Twentieth Century* (Chicago: Chicago University Press, 1998): 228-229.
3) Daniel Nelson, *Unemployment Insurance: The American Experience, 1915-1935* (Madison: University of Wisconsin Press, 1969); Irving Bernstein, *A History of the American Workers, 1920-1933* (New York: Da Capo, 1960).
4) John E. Miller, *Governor Philip F. La Follette, The Wisconsin Progressives, and the New Deal* (Columbia: University of Missouri Press, 1982); Paul W. Glad, *The History of Wisconsin, vol. v, War, a New Era, and Depression, 1914-1940* (Madison: State Histori-

cal Society of Wisconsin, 1990).
5) Theda Skocpol, Edwin Amenta, Elisabeth S. Clemens, Jefren Olsen, & Sunita Parikh, "The Political Origins of Unemployment Insurance in Five American States", *Studies in American Political Development*, vol.2 (1987): 137-182.
6) 高哲男「コモンズの経済思想とニューディール」田中敏弘（編）『アメリカ人の経済思想―その歴史的展開―』（日本経済評論社，1999年）.
7) 井本正人「アメリカにおける失業保険制度の成立―社会保障財政の成立過程の分析―」『経済論叢』（京都大学経済学会）第129巻1・2号（1982年2月）；藤田伍一「アメリカ失業保険成立の一側面―失業防止理論の生成と限界―」『一橋論叢』第68巻6号（1972年12月）；藤田伍一「アメリカ失業保険成立の一側面―意図と機能の試論的検討―」『一橋論叢』第69巻1号（1973年1月）.
8) Nelson, 109-110, 113-117.
9) Gordon M. Haferbecker, *Wisconsin Labor Laws* (Madison: University of Wisconsin Press, 1958): 38-43.
10) John R. Commons, "Unemployment Prevention", *American Labor Legislation Review*（以下 *ALLR*), vol.XII no.1 (March 1922): 20-21, 23-24; 高, 167-169.
11) John R. Commons, "The True Scope of Unemployment Insurance", *ALLR*, vol.XV no.1 (March 1925): 34-35.
12) Commons, "The True Scope", 38-39.
13) Miller, 10; Glad, 316, 321-325.
14) Glad, 363.
15) ルイス・D・ブランダイス最高裁判所判事の娘．ブランダイス夫妻については，第1章を参照のこと．
16) Paul Raushenbush, "Wisconsin's Unemployment Compensation Act", *ALLR*, vol.XXII no.1 (March 1932): 18.
17) Miller, 11-14.
18) Glad, 379; Theodore Rosenof, *Dogma, Depression, and the New Deal: The Debate of Political Leaders over Economic Recovery* (Port Washington, NY: Kennikat Press, 1975): 40-41; Philip LaFollette & Donald Young (eds.), *Adventure in Politics: The Memoirs of Philip LaFollette* (New York: Holt, Rinehart, & Winston, 1970): 166.
19) Robert W. Ozanne, *The Labor Movement in Wisconsin: A History* (Madison: State Historical Society of Wisconsin, 1984): 60.
20) "Governor's Message", *Senate Journal of Proceedings of the Sixtieth Session of the Wisconsin Legislature 1931, Journal of the Senate* (Madison: Democrat Printing Co., 1931): 23.
21) Harold M. Groves, "Unemployment Compensation in Wisconsin", *ALLR*, vol.XXIII no.3 (September 1933): 124.
22) Elizabeth Brandeis & Paul Raushenbush, "Wisconsin Unemployment Reserves and Compensation Act", *Wisconsin Law Review*, vol.7 no.3 (April 1932): 136-145; Groves, 128.
23) 1931年4月にオハイオ州議会が設立した失業保険委員会がこのプランを推奨したのでオハイオ・プランと呼ばれた．オハイオ・プランについては，次を参照のこと．Isaac M.

Rubinow, "The Movement toward Unemployment Insurance in Ohio", *Social Service Review*, vol. 7, no. 7 (June 1933): 211; Nelson, 179-189; David A. Moss, *Socializing Security: Progressive-Era Economists and the Origins of American Social Policy* (Cambridge: Harvard University Press, 1996): 165.
24) David A. Moss, *When All Else Fails* (Cambridge: Harvard University Press, 2002): 185-187. ウィスコンシン派，オハイオ派以外のグループとしては，失業者を経済的な困窮から救い出すことが失業保険の第一の目的であるとし，政府の拠出によって所得再分配効果を高め，購買力を増大させ，景気回復へつなげていこうとするエイブラハム・エプスタインらがいた．エプスタインの構想はイギリスの失業保険に近いものであった．Abraham Epstein, *Insecurity: A Challenge to America* (New York: Random House, 1936): 311-323. エプスタインについては第4章を参照のこと．
25) Paul A. Raushenbush, "The Wisconsin Idea: Unemployment Reserves", *The Annals of the American Academy of Political and Social Science*, vol.170 (November, 1933): 73.
26) Glad, 392; "An American Plan for Unemployment Reserve Funds, Tentative Draft for an Act", *ALLR*, vol.XX no.4 (December 1930), 349-356; John B. Andrews, "Prospects for Unemployment Compensation Laws", *The Annals of the American Academy of Political and Social Science*, vol.170 (November 1933): 88-92.
27) Andrews to Paul Raushenbush, January 15, 1931, Box 20 Folder 11, Paul A. & Elizabeth Brandeis Raushenbush Papers, State Historical Society of Wisconsin, Madison, Wisconsin.
28) Raushenbush to Andrews, January 8, 1931, American Association for Labor Legislation Records [microfilm], Reel 43; Raushenbush to Andresz, February 24, 1931, Box 20 Folder 11, Raushenbush Papers.
29) Ozanne, 34, 129-130; Nelson, 108; Skocpol, et.al., 161-163.
30) William Haber & Merrill G. Murray, *Unemployment Insurance in the American Economy: A Historical Review and Analysis* (Homewood, Ill.: R.D. Irwin, 1966): 66.
31) Report of Proceedings, 155, 158, Box 10 Folder 2, Records of Wisconsin State Federation of Labor, State Historical Society of Wisconsin, Madison, Wisconsin.
32) Ibid., 160.
33) Hearings Held by the Wisconsin Legislative Interim Committee on Unemployment, 1931, vols.1 & 2, Records of WSFL.
34) "Unemployment-Benefit Plans-Part I", *Monthly Labor Review*, vol. 35 no. 6 (December 1932): 1232, 1298; Bryce M. Stewart, *Unemployment Benefits in the United States: The Plans and Their Setting* (New York: Industrial Relations Counselors Inc., 1930): 523-525; John B. Ewing, *Job Insurance* (Norman: University of Oklahoma Press, 1933): 90.
35) Demountable Typewriter Company, Sanitary Refrigerator Company, Northern Casket Companyの3社．
36) "Unemployment-Benefit Plans-Part I", *Monthly Labor Review*, vol. 35 no. 6 (December 1932): 1239-1240; Demountable Typewriter Co., Sanitary Refrigerator Co., & Northern Casket Co., *Steady Employment Plan and Rules and Regulations* (private, 1931); Stewart, 566-569; William Mauthe to Thomas Duncan, September 8, 1931, Box 11 Folder 6, Philip

F. LaFollette Papers, State Historical Society of Wisconsin, Madison, Wisconsin.
37) Ewing, 90; Herbert Johnson, "Unemployment Prevention Insurance: An Aid to Stabilizing Business", *AALR*, vol.XIII no.4 (December 1923): 241-243; Herbert Johnson, "Unemployment Compensation Legislation to Check over Expansion", *ALLR*, vol.XV no.3 (September 1925): 222-223.
38) Records of WSFL, Hearings Held by the Wisconsin Legislative Interim Committee on Unemployment 1931, vol. 2, September 29, 1931, 50-52; *Wisconsin State Journal*, January 8, 1932.
39) Records of WSFL, Hearings Held by the Wisconsin Legislative Interim Committee on Unemployment 1931, vol.1, September 16, 1931, 5-6.
40) *The Milwaukee Journal*, November 18, 1931; Roger Sherman Hoar, *Unemployment Insurance in Wisconsin* (South Milwaukee: Stuart Press, 1932): Chapter IX; *Weekly Bulletin of Wisconsin Manufacturers Aassociation*, November 23, 1931, Box 10 Folder 4, Wisconsin Manufacturers Association Records, State Historical Society of Wisconsin, Madison, Wisconsin.
41) Haferbecker, 126.
42) "Unemployment Insurance and Savings Plan of J.I. Case Co.", *Monthly Labor Review*, vol. 34 no. 3 (March 1932): 554-555.
43) J.I.Case Co. Employees to Philip F. LaFollette, November 18, 1931, Box 13 Folder 1, Philip F.LaFollette Papers; "Unemployment-Benefit Plans-Part I", *Monthly Labor Review*, vol.35 no.6 (December 1932): 1241; "Unemployment-Benefit Plans in the United States", *Monthly Labor Review*, vol. 38 no.6 (June 1934): 1310.
44) Milwaukee Association of Commerce, *Official Bulletin*, vol.10 no.1 (March 26, 1931).
45) *Report of the Wisconsin Legislative Interim Committee on Unemployment* (Madison: The Industrial Commission, 1931): 65-66, 69.
46) Paul A. Raushenbush & Elizabeth Brandeis Raushenbush, *Our "U.C." Story, 1930-1967* (private, 1979): 75-77, 90; Nelson, 125.
47) "Growth of the Job Insurance Program: An Evolutionary Development", *ALLR*, vol. XXIII no.3 (September 1933): 147. その後、*ALLR* の1933年6月号に「アメリカン・プラン」の修正版が出され、州が認可すれば自主的に企業別の勘定を設けることも許容し、ウィスコンシン法へさらに歩み寄る内容となった。修正版では「一般的な合意」という項目で、①雇用主に加えて労働者にも強制的に拠出させるのか、②州の基金に企業別勘定を置くのか、産業別に基金を設けるのか、あるいは州の基金が一括して管理するのか、の2点に関しては、それぞれの州の状況に見合った形で決定されるべきであると明記されていた。"An American Plan for Unemployment Reserve Funds: Revised Draft of an Act", *ALLR*, vol.XXIII no.2 (June 1933): 80.
48) Haber & Murray, 66; Nelson, 123.
49) *Report of the Wisconsin Legislative Interim Committee on Unemployment*, 35-36.
50) Ibid., 38-39.
51) Ibid., 42.
52) Miller, 21; Glad, 386-387; *Wisconsin State Journal*, 1931, 23-25.

53) Paul Raushenbush, "Wisconsin's Unemployment Compensation Act", *ALLR*, vol.XXII no.1 (March 1932): 13.
54) Raushenbush, *Our UC Story*, 124.
55) Ibid., 112-113; Glad, 394-395.
56) J.J. Handley, "Unemployment Reserves and Compensation", February 8, 1932, Proceedings of the Thirty-Ninth Annual Convention of the WSFL Held at Oshkosh, WI, July 21-24, 1931, 141-142. Box 10 Folder 2, Records of WSFL.
57) ダンカンは1920年代から共和党革新派と協力関係にあったが，行政長官に就任したことで社会党から非難され離党させられた．Miller, 19; Glad, 379.
58) *Capital Times*, December 22, 1931, 1; 投票結果は賛成63，反対15，欠席・棄権10，ペア2であった（ペアとは投票を欠席する2名の議員が賛成する者と反対する者でペアを組み，票数を相殺することである）．*Journal of the Assembly, Special Session of the Wisconsin Legislature, November 24, 1931-February 5, 1932* (Madison: Democrat Printing Company, 1932).
59) *Capital Times*, January 8, 1932, 1.
60) 17万5,000人は同法が適用される労働者の約2/3に相当した．Handley, 142.
61) *Capital Times*, January 8, 1932, 1. パートタイマーや季節労働者は失業補償制度の対象とはならなかったため，全従業員に支払われる給与総額よりも失業補償法が適用される従業員のみの給与総額の方が小さく，経営者の拠出額は低くなる．
62) *Capital Times*, January 8, 1932, 1, 16; *Journal of the Senate, Special Session of the Wisconsin Legislature, November 24, 1931-February 5, 1932* (Madison: Democrat Printing Company, 1932).
63) Ibid. 例外はウォールワース，ケノーシャ，ウィニバーゴの3郡だけである．
64) 州の北部と西部に居住するスカンジナビア系の農民が革新派の中心的な支持層であった．それに対し，州南東部に住む比較的豊かなドイツ系住民は第一次世界大戦後，革新派から離れた．Michael Paul Rogin, *The Intellectuals and McCarthy: The Radical Specter* (Cambridge: MIT Press, 1967): 75.
65) Glad, 342, 345; Miller, 15-16.
66) *Capital Times*, January 10, 1932. 投票の結果は，賛成19，反対9，欠席・棄権2，ペア2であった．*Journal of the Senate*, 335.
67) *Wisconsin State Journal*, January 8, 15, 28, 1932. ラフォレット知事が法案に署名した際，当時，副知事を務めていたヘンリー・ヒューバーも同席していた．ヒューバーは，1920年代には失業補償法案を提出し，立法運動に大きな役割を果たしたが，1932年の失業補償法の制定に際しては，直接的な関与を避けていたようである．エリザベス・ラウシェンブッシュによると，ヒューバーは法案の署名時に，「今回，州議会を通過した法案よりも，私が1921年に提出した法案の方がより強力な法案だった」と皮肉をこめて彼女に話しかけてきたという．おそらくコモンズの考え方に基づいたヒューバー法案が，ラウシェンブッシュ夫妻ら「新世代のウィスコンシン派」によって，かなり内容的に薄められ，より企業経営者の意向に沿った形で成立したことを快く思っていなかったのであろう．ヒューバーは翌年，副知事在職中に死去した．Raushenbush, *Our UC Story*, 127.
68) Haber & Murray, 67-68.

69) Paul A. Raushenbush, "The Wisconsin Idea: Unemployment Reserves", *The Annals of the American Academy of Political and Social Science*, vol.170 (November, 1933): 67.
70) Arthur J. Altmeyer, "The Wisconsin Administration in the Making", *ALLR*, vol.XXIII no.1 (March 1933): 17.
71) Proceedings of the Forty-First Annual Convention of the WSFL Held at Green Bay, WI, July18-21, 1933, 95.
72) 1934年の州知事選での革新党の支持層は以前とほとんど変わりがなかったが，1936年以降，革新党は都市部の労働者階級の支持を得るようになった．Rogin, 75; David L. Brye, *Wisconsin Voting Patterns in the Twentieth Century, 1900 to 1950* (New York: Garland Publishing, Inc., 1979): 324; 秋元英一『ニューディールとアメリカ資本主義―民衆運動史の観点から―』(東京大学出版会, 1989)：152.
73) Miller, 23. ラフォレット修正については第1章を参照のこと．

CHAPTER 3

第3章

母親年金から児童扶助へ

―1935年社会保障法とジェンダーに関する一考察―

はじめに

　本章は，1935年社会保障法によって導入された児童扶助（Aid to Dependent Children）がいかなる歴史的背景の下で成立したのか，その前身とされる母親年金（mothers' pension）との関連に着目しながら検討することを目的とする．アメリカにおける福祉国家とジェンダーに関する研究では，革新主義の時代に活躍した女性改革者の社会福祉分野における活動と思想について，これまで多くの成果が出されてきた．とりわけ，州レベルで母子家庭へ現金を給付した母親年金法の立法運動に携わった女性改革者に関しては，1990年代以降，数多くの実証的な研究がなされている．それらの先行研究では，母親年金のイデオロギー的な側面，すなわち「産む性」としての女性の特質や役割を強調する母性主義的な思想が，女性改革者の間で根強かったことや，母親年金の実現に向けて結成された組織や運動の特徴などが明らかにされている[1]．

　例えば，モリー・ラド＝テイラー（Molly Ladd-Taylor）は，母親年金法の立法運動に携わった女性改革者たちの思想的背景を考察し，彼女たちの間で母性主義的な考え方が共有されていたが，それが決して一枚岩ではなかったことを論じている．これらの改革者たちは，大きく「センティメンタルな母性主義者」と「革新的な母性主義者」に分けることができ，前者は，どの母親も女性固有の崇高な任務である育児を安心して家庭で行えるようにすることが母親年金の目的であると考えていたのに対し，後者は社会改革の文脈で母親年金の意義を捉え，女性と子供の貧困を軽減するための実践的な手段として立法を推進した

という．ラド=テイラーによると，前者の代表的な組織としては全国母親会議があり，後者には女性クラブ連合があった．全国的な立法運動に関しては前者の影響力が強く，母としての女性の道徳的な優位性を強調する白人中産階級の中年女性が中心となり，喫煙，飲酒，低俗なメディア，若い女性の派手な服装の規制などとともに，母親年金法の制定を求めて各地で活動した[2]．

さらに近年の研究ではこうした母性主義者に加えて，全国女性党（National Women's Party：NWP）に代表されるような「平等派フェミニスト」の間にも，母親年金の賛同者が少なくなかったことが明らかにされている．例えば，ウェンディ・サーヴァシー（Wendy Sarvasy）は，母親年金の立法運動における母性主義者の役割を過度に強調する研究を批判し，当時，男女平等修正条項（Equal Rights Amendment：ERA）や労働保護法をめぐり分裂していたフェミニストも母親年金に関しては支持を固めており，「差異か平等か」といった対立は見られなかったと論じている．サーヴァシーによれば，多くの女性改革者が母子福祉の向上を通して社会におけるジェンダー関係を変革しようと努めていたのであり，とりわけNWPの左派は受給を権利としてすべての母親に保障する普遍的なプログラムへと母親年金を将来的に発展させていく展望を描いていた[3]．

しかし，革新主義の時代の母親年金に関する研究が蓄積されていく一方で，母親年金が1920年代以降，実際にどのように施行され，1935年社会保障法の下で児童扶助へといかに再編されていったのか，その歴史的な継続性や断続性に着目した研究はこれまで十分になされてきたとは言い難い．多くの先行研究は，母親年金が児童扶助へ直線的に連なっており，社会保障法による規定と連邦補助金による財源の確保によって，母親年金は児童扶助へと「格上げ」されたと見ている[4]．

後述するように母親年金は1930年代初めまでに大半の州で導入され，アメリカの社会福祉制度の発展において先駆的な役割を果たした．しかしそれにもかかわらず，母親年金の「後身」である児童扶助は，1935年社会保障法において中心的な地位を与えられることはなかった．すでに第1章で見たように，1935年社会保障法は失業保険と老齢年金保険から成る社会保険を主軸とし，児童扶助は老齢扶助，視覚障害者扶助とならぶ公的扶助として周縁化されてし

まった．このように児童扶助がニューディールによって形成された社会保障制度の重要な柱とはなり得なかった背景には，どのような要因があったのだろうか．

本章では，1935年社会保障法の制定過程において行政府と連邦議会で繰り広げられた対立や論争に着目しながら，母親年金から児童扶助への変容を検討していく．特に，母親年金から児童扶助へそのまま継承されたものと，社会保障法に児童扶助が組み込まれるにあたり新たに示された方向性を区別し，本書の二つ目のテーマであるニューディールを境にした連続性と断続性について考察を深めていきたい．ここで一次史料として用いるのは，児童局の局長を務め，児童扶助の立案に大きな影響を及ぼしたグレース・アボット（Grace Abbott）とキャサリン・F・レンルート（Katherine F. Lenroot）の個人文書やオーラル・ヒストリー・インタビューである．

まず第1節では，児童扶助の前身である母親年金制度について検討するが，母親年金に関してはすでに多くの先行研究が存在するため，ここでは最低限の記述にとどめたい．児童扶助へ移行する直前の母親年金がいかなる問題に直面していたのかという点に的を絞り，ニューディール期に至るまでに，母親年金がどのような制度として認識されていたのかを明らかにしておきたい．第2節では，フランクリン・D・ローズヴェルト（Franklin D. Roosevelt）政権と児童局のメンバーによる児童扶助の立案過程を考察し，母親年金から児童扶助への移行について，児童局が描いていた青写真とそれに対抗する勢力との間に生じた論争を検討する．第3節では，社会保障法案をめぐる連邦議会での審議を分析し，児童扶助が周縁的な公的扶助へと再編成された過程を見ていく．

1. 1920年代の母親年金制度

母親年金は寡婦年金（widows' pension）という別称が示すように，夫と死別した女性に州・地方政府が毎月一定額の現金を給付し，夫の死後も母親が自宅で子供を養育しながら生活できるよう支援することを目的としていた．1911年にイリノイ州で初めて州法に基づいた制度が開始された．その後，女性改革者，少年裁判所判事，ソーシャルワーカー，労働組合，革新的な政治家らの幅

広い支持を受け,「野火が広がる」ように立法が進み[5],わずか2年の間に20州で母親年金法が制定された[6].さらに1920年までに39州で立法が実現し,最終的に社会保障法が成立し児童扶助に取って代わられた1935年までに46州へと広がり,同法を制定していないのはジョージア,サウスカロライナの南部2州だけとなった[7].

母親年金法の立法運動において強調されたのは,次のような点であった.すなわち,父親のいない子供が,経済的な困窮ゆえに施設に入れられるのは,子供の成育上,大きな問題がある.子供を施設に送るのではなく,母親が愛情をもって家庭で養育し,非行や犯罪に走らないようにすることが社会秩序の安定につながり,そこに母親年金の意義があるというものであった.そのため制度の初期には,郡の公的福祉機関ではなく少年裁判所が母親年金を支給する州が多く,少年裁判所の監督の下で家庭崩壊を未然に防止し,少年犯罪を減少させることが大きな目的とされた[8].また母親年金を給付する方が子供を施設で養育するよりも財政的な負担が軽いことも,立法を推進する有力な論拠となった[9].

母親年金が導入された多くの州では,受給資格として居住年数,国籍,経済状況や資産の有無,子供の養育に「適切な家庭」であるか否かなどの基準が細かく規定され,申請者は個別に厳しく審査された.また給付開始後も定期的にソーシャルワーカーが各家庭を訪問し,母親に対し生活全般にわたる指導を行い,白人中産階級的な価値観に基づいた「健全な家庭」の普及が図られた[10].

しかし1920年代になると好景気の下で保守的な風潮が蔓延し,母親年金に対する女性改革者の関心も薄れていった.多くの州で立法が実現すると,母親年金法の立法運動を推進した女性団体は別の問題に関心を移した.例えば,立法運動の中心的な組織であった全国母親会議は,1924年には全国PTA会議へと名称を変更し,女性の福祉よりも教育問題に活動の重点を置くようになった.また女性クラブ連合も社会改革よりも中産階級の女性の「文化的な向上」を目指す活動へと軸足を移した[11].

このような状況下で母親年金制度の運営は,少年裁判所から州や地方の公的福祉機関へ移管されるようになった.こうした変化は,母親年金が福祉行政に組み込まれていくことを意味しており,女性改革者の母親年金への関心を一層失わせることになった.1920年代後半には,受給額の引き上げや母親年金制

度の充実を求める活動はほとんど見られなくなり，全国的な平均受給額も若干の上昇を見るにとどまった．また，母親年金法が制定されても，州内全域で母親年金を導入することを義務付けていた州は少なく，母親年金を受給できる地域は，主に都市部に限られた．こうした地域による格差は，地方政府の慢性的な財源不足を理由に放置された[12]．

　母親年金の拡充が進まない中にあっても，母親年金への関心を持ち続けたのは労働省児童局であった．しかし母親年金は州の制度であったため，児童局は母親年金の受給資格や給付水準を改善するよう，州や地方の福祉行政に介入できる立場にはなかった．児童局の仕事は母親年金に関するデータを収集し，州や地方の公的福祉機関に情報を提供したり助言を与えたりすることに限定された[13]．

　また1920年代には保守的な共和党政権が続き，反共主義が高まる中で，リベラルな勢力の牙城と目された児童局を敵視する者も出て来た．特に1921年にシェパード＝タウナー法が成立し，各州の母子保健プログラムへ連邦補助金が交付されるようになると，プログラムの主導権をめぐって，児童局はアメリカ医師会（American Medical Association：AMA）や保守的な政治家との対立を深めた．さらに児童局を中心に公的福祉省を設立しようとする動きとそれを阻止しようとする勢力の反目もあり，それはのちの児童扶助の管轄省庁をめぐる議論にも大きな影響を及ぼすことになった[14]．

　1929年10月に大恐慌が始まると，母親年金はさらなる窮地に追い込まれた．それまで夫の死後，預貯金を取り崩したり，生命保険を受け取り生活していた女性は，銀行や保険会社の相次ぐ倒産により生活の糧を失った．州・地方の財政状況が悪化の一途をたどったため，地域によっては母親年金への新規の申請がなかなか認められないところも増え，1931年に母親年金を受給していたのは受給資格のある世帯の1/3程度となった．母親年金は，一般的には夫が死亡した場合にその寡婦と遺児に給付されるものであったが，受給資格に幅を持たせ，父親が失踪したり何らかの理由で不在であるため，経済的に困窮している母子家庭も受給の対象として含める地域が徐々に増えていた．そのため，全国的に見ると母親年金の受給世帯は，1921年の約4万6,000から1931年には倍増し，受給している児童数も約12万人から25万人へと増加した．しかしこれは，

1世帯当たりの受給額を減らすことによって,新規の申請者を受け入れる措置が多くの地域でとられたためであった.

また,失業者や経済的な困窮者に対する公的な救済の財源として州から交付された資金を母親年金に充てることを許可していた地域もあり,母親年金と直接救済の境界線が曖昧になった.そして1933年以降は,多くの地方政府が財政難を理由に,母親年金の給付を休止するようになった.州レベルでは1934年にアーカンソー,ミシシッピー,ニューメキシコで給付が停止され,最後の拠り所として連邦緊急救済局(Federal Emergency Relief Administration:FERA)などの直接救済に頼る女性が急激に増えた[15].

2. 社会保障法案における児童扶助

このような状況下で1933年3月にローズヴェルト政権が誕生し,翌年には社会保障法の制定に向けた動きが本格化した.ローズヴェルトは閣僚を中心に経済保障委員会(Committee on Economic Security:CES)を設立し,老齢年金,失業保険,老齢扶助,児童扶助,母子保健プログラムなどから成る包括的な社会保障制度の立案を目指した.児童扶助や母子保健プログラムの構想に際してCESが全幅の信頼を寄せたのが児童局であった.CESの事務局長のエドウィン・E・ウィッテ(Edwin E. Witte)は,1934年8月に児童局局長のレンルートと副局長のマーサ・エリオット(Martha Elliot)に直接会い,原案の作成を要請した.さらにウィッテは,児童局の前局長であるアボットにも連絡をとり,「母親年金と母親・乳児ケア,子供の教育と健康に関する事業の全体像」を教示してくれるよう依頼した[16].

児童局のレンルートらが最も重視したのは,それまで州法の下で運営されてきた母親年金を全国的な制度にすることであった.特に連邦政府の補助金により給付を充実させ,受給の条件や給付額について連邦レベルで規定を設け,標準化することが重要であるとレンルートらは考えていた[17].レンルートらは,女性の母親としての特質や役割を強調する伝統的な母性主義者であり,長年にわたり母親年金の拡充を提唱してきた.彼女たちは社会保障法の下で母親年金が児童扶助へと「格上げ」されることを強く望んでいた.

CESの要請を受けたレンルートらは議論を積み重ねて提言書をまとめ，1934年9月にウィッテへ提出した．この提言書が最も強調したのは，連邦政府が児童扶助の施行に参加することによって，州レベルで実施されるプログラムを調整し，最低ラインの給付が満たされるよう財政的に支援すべきであるという点であった[18]．またレンルートらは，現在州レベルで制定されている母親年金法の問題は，母親年金の給付を州が地方政府に「許可」することになっており，必ずしも義務付けてはいないことにあると考えていた[19]．こうした母親年金制度の欠陥を踏まえて，新たに社会保障法案に盛り込まれる児童扶助では，連邦，州，地方が財源を1/3ずつ負担し，さらに連邦と州が給付の地域間格差を是正するための補助金を地方へ交付すべきであるとした[20]．

　児童局の調査によると，職を求めて家庭を離れる父親の数は大恐慌前に比べて2倍に増え，生計の手段がないまま母親とともに遺棄された子供の数は急増していた[21]．実際に母親年金を受給しているのは全国で約10万世帯にとどまり，年間4,000万ドルが主に地方政府から支出されていた．しかし財源不足のため，受給資格を満たしながら母親年金の受給を断られた女性の数は実際の受給者数の2倍に上ると児童局は推計していた[22]．レンルートらは提言書で，「小さな子供を持つ女性は失業者として計上されてはならず」，政府の失業対策によって母親に雇用を提供するのは的外れであり，母親が家庭で子供の養育に専念できるようにすることが児童扶助の究極的な目的であるとした[23]．こうした女性の母親としての役割を最優先させる見方は，革新主義の時代以来の女性改革者の母性主義的なイデオロギーを強く反映したものであった．

　さらにレンルートらの提言書は，1912年の設立以来，各地の女性団体と協力しながら児童福祉行政に携わってきた唯一の連邦機関である児童局の実績を強調し，今後，児童局が担うべき役割について次のような青写真を描いていた．まず児童局の中に連邦児童扶助部を設け，さらに各州の公的福祉省に児童扶助委員会を設立し，地域の女性団体などと連携しながら児童扶助を運営するのが望ましいとした．このように児童局を頂点に据え，その下で州・地方へと分権化された組織が受給者のニーズを的確に把握することによって，児童扶助を最も理想的な形で施行できるとレンルートらは考えていた[24]．こうした提言書の内容にウィッテも賛同し，それらを法案に盛り込むことをレンルートらに約束

した[25]).

　しかしこうした児童局を中心に据えた立案はその後，FERAから大きな挑戦を受けることになった．CESの委員でもあったFERA長官のハリー・ホプキンズ（Harry Hopkins）は，ひとつの家庭に老人も子供も失業者もいるのが普通であり，それらを切り離して個別に扶助を与えるのではなく，FERAの下で統合的に支援するのが望ましいと考えていた．こうしたFERAの方針をホプキンズらは「一般的アプローチ」（generic approach）と称した．大恐慌に対処するための緊急的な組織であるFERAがそれまで行ってきた失業者への直接救済を公的扶助へと転換し，それを自らの管轄とすることによってFERAを恒常的な行政機関へと昇格させようという目論見がその背後にはあった．これは，レンルートらのように母親年金を児童扶助へ直接，継承させるのではなく，経済的な困窮者全般を対象とする総合的な公的扶助制度の設立を目指す動きであった．

　それに対しレンルートら児童局のメンバーは，母親年金の後身となる児童扶助と母子保健プログラムは，この分野における専門家集団である児童局が一括して担当すべきであるとし，「全児童的アプローチ」（whole child approach）を提唱して対抗した．児童局はFERAが行っている救済はあくまでも大恐慌期の緊急的な施策であり，恒久的な児童扶助とは切り離して考えなければならないと主張し，両者は激しく対立することになった[26]).

　その後，1935年1月15日に提出されたCESの最終報告書では，児童扶助は他の公的扶助プログラムとともにFERAの管轄とされ，ホプキンズに軍配が上がった．その理由としては，当時，大恐慌による財政難に伴い，多くの州で母親年金が事実上破綻しており，FERAの直接救済の方が，より多くの貧困家庭の子供たちを支援しているという現実があった．統計的に見てもその差は歴然としており，1933年10月には18歳未満の子供の約14％がFERAの直接救済を受けていたのに対し，受給者数がピークを迎えた1931年の時点でも母親年金を受給していたのは18歳未満の子供のわずか0.7％にすぎなかった[27]).

　また前述のように母親年金と救済の境界線が曖昧になりつつある地域も多く，大恐慌の下では，給付に際してソーシャルワーカーが母親を指導し「健全な家庭」を維持するといった母親年金の本来の機能は後退し，現金をいかに早

く困窮している家庭へ届け，救済するかという点が重要な関心事となりつつあった[28]．この頃すでにホプキンズらは父親のいない家庭の子供に児童扶助の受給を限定するのではなく，父親がいても失業などで経済的に困窮している家庭も受給対象にすることを提言しており，母親年金から脱却し，「一般的アプローチ」に根差した新しいタイプの公的扶助制度を設立することを考えていた[29]．

CESの最終報告書は，労働省に新設される社会保険局（Social Insurance Boardのちに社会保障局（Social Security Board : SSB）へと改称）が失業保険と老齢年金を，FERAが老齢扶助と児童扶助を運営するべきであるとした．そして，将来的に景気が回復し，FERAが廃止された場合には，大統領が新たに管轄機関を指定するものとした[30]．こうした決定は公的扶助を一元的にFERAの下で管理・運営するのが望ましいというCESの判断に基づくものであった．これは，ローズヴェルトのニューヨーク州知事時代からの腹心の部下であり，レンルートらよりもはるかにローズヴェルトと密接な関係にあったホプキンズの影響力によるところが大きかった．

3. 連邦議会での審議

CESの最終報告書に基づいて作成された社会保障法案は，1935年1月に連邦議会へ提出された．法案の審議全体を通じて児童扶助への関心は低く，議論にあまり多くの時間が割かれることはなかったが，次のような修正案が出された．

（1）最高給付額の設定

下院の歳入委員会では，フレデリック・M・ヴィンソン（Frederick M. Vinson）議員（ケンタッキー，民主党）が児童扶助の給付額に上限を設けることを提案した．ヴィンソンは第一次世界大戦に従軍した兵士の遺族への恩給を定めた退役軍人年金法の規定に倣って，給付額の上限を1人目の子どもについては月18ドル，2人目以降には月12ドルとする修正を出した．同法では遺児への給付とは別に未亡人に月30ドルが支払われていたにもかかわらず，その点が言及されることなくこの修正は採択された[31]．

その後，下院の本会議でハリー・サウソフ（Harry Sauthoff）議員（ウィスコンシン，革新党）がこうした最高給付額を法案に明記することの是非を問い正し，ヴィンソンの修正を削除するよう求めた[32]。サウソフは，経済的に困窮している65歳以上の老人が老齢扶助として受け取る月30ドルに比べてもこの額は低すぎ，物価の高い北部諸州で生活するのは困難だと主張した[33]。彼は「幼い子供を持つ若い母親に月18ドルというのは生活必需品を賄うだけでも不十分であり，ニーズを満たすのに十分な額までこれを引き上げ［るべきであり］，自分と子供を養うために［母親を］家庭の外に無理やり押し出してはならない」と述べ，あまりにも低い給付は母親を低賃金労働に追い立てることになると懸念した[34]。

それに対しヴィンソンは，現行の母親年金の給付額を見ると，サウソフの地元であるウィスコンシン州でも月平均10ドル13セントであり，給付額が18ドルを超えているのはコネチカット州だけであることから，決して月額18ドルが少なすぎるとは言えないと反論した。上述のように母親年金制度はすでに事実上多くの州で破綻するか，生活するに足る額を保障していなかったため，このような「平均給付額」をめぐる議論はほとんど意味をなさなかった。しかし下院本会議でサウソフに同調する者は少なく，同議員の提案は最終的に19対100で否決された[35]。その後，上院の財政委員会でも同様の議論が繰り返されたが，委員長のパット・ハリソン（Pat Harrison）議員（ミシシッピー，民主党）は，最初は最高給付額を低く設定しておき，あとからそれを引き上げるのは簡単なことだとして，ヴィンソンが提案した最高給付額の規定をそのまま残した[36]。

(2)「最低限の生活」に関する規定

連邦議会へ提出された法案には，貧困家庭の子供に「品位ある健康な生活を営むに足る最低限の生活」を保障する額の給付を与えることが児童扶助の目的であると明記され，連邦政府による社会権の保障に連なる規定が盛り込まれていた。しかしこの文言は上院財政委員会で削除され，「貧しい要扶養児童に州の状況に鑑みて現実的な扶助を与える［強調：筆者］」という表現に変えられた[37]。

同様の変更は老齢扶助に関してもなされたが，その背後には連邦政府の公的

扶助への介入を最小限にとどめようとする上院財政委員会の確固たる意思があった．同委員会ではハリソン委員長をはじめ，南部諸州選出の保守的な民主党議員が大きな影響力を持ち，州権を盾に公的扶助の受給資格や条件，運営に関する規定を可能な限り州の裁量に委ねる方向へと法案を修正しようと試みた．地域により生活水準にばらつきがあるため，全国的な基準を定めること自体が無意味であるというのが彼らの主張であったが，その背後には，黒人に公的扶助が行き渡ると，安価な労働力が十分に得られなくなるという懸念があった．とりわけ児童扶助に関しては，生計を維持できる額が母子家庭に給付されると，綿花栽培など安い労賃に支えられた南部特有の商品作物の生産や，白人家庭で働く家政婦や子守，雑役婦など伝統的な「黒人女性の仕事」への就労が妨げられると考えられた[38]．

児童扶助における州の権限については下院の審議でも議論され，そこでも州の裁量性を増す方向へと議論は向けられた．例えば，サミュエル・ヒル（Samuel Hill）議員（ワシントン，民主党）は，社会保障法はあくまでも児童扶助を給付するために連邦から州へ交付される補助金について規定すればよいのであり，「不幸な人々を扶助する第一義的な義務は州にある」とし，連邦政府の介入を牽制した[39]．また児童扶助は「貧しい子どもに与えられる救済ではなく，家庭崩壊を食い止めるための」プログラムであるため，実質的な経済保障の中身よりも児童扶助を「健全な家庭」を維持するための手段として位置付ける必要があるという意見も根強く，児童扶助はあくまでも母親年金の本来の目的に忠実であるべきだと考える議員も少なくなかった[40]．

児童扶助の立案にあたった児童局のメンバーは，分権化されたシステムの方が個々の受給者のニーズを的確に把握できるという考えから母親年金と同様，児童扶助の施行においても州や地方にある程度の裁量を与えることを望んだ．しかし保守派の議員は，こうした児童局の観点とは全く異なる見地，すなわち人種問題や州権論といった観点から児童扶助の分権化を推し進めようとした．ローズヴェルトやCESは，保守派の攻勢に不快感を抱いたが，社会保障法の成立には南部諸州から選出された民主党議員の賛成が不可欠であったため，こうした修正による法案の部分的な骨抜きを，最終的に黙認せざるを得なかった[41]．

(3) 管轄省庁の問題

　児童扶助を運営する機関をめぐり，連邦議会では議論が二転三転した．上述の通りCESの最終報告書とそれに基づいて作成された社会保障法案では，児童扶助はFERAの管轄とされた．しかし，下院の歳入委員会では緊急救済機関であるFERAが児童扶助を運営することに反対意見が出され，最終的には社会保険とともに児童扶助を含めたすべての公的扶助の運営を新設のSSBに委ねることが決定された．また当初，SSBを労働省の一部局とすることが提案されたが，労働省から切り離し，独立した行政機関とすることが歳入委員会で検討された．こうした提案は表向きには，いわゆる縦割り行政による非効率的な運営を避け，社会保険と公的扶助を一括してひとつの独立した機関が運営するのが望ましいという理由で歓迎され，下院の本会議でもほとんど議論されることなく採択された[42]．

　しかしSSBをめぐるこうした決定の背後には，労働省に対する議員の反発があった．当時，労働省は合衆国雇用サービスの人事を公務員試験制度に基づいて決めることを提案しており，猟官制の存続を望む議員と激しく対立していた．とりわけロバート・ドートン（Robert Doughton）議員（ノースカロライナ，民主党）を委員長とする下院歳入委員会のメンバーの間には労働省に対する反感が渦巻いていた．さらにニューディールの労働政策が左翼的で労働組合寄りであるという理由から，労働長官でCESの委員長を務めるフランシス・パーキンズ（Frances Perkins）に対し敵対的な態度をとる議員も少なくなかった．労働次官補のアーサー・J・オルトマイヤー（Arthur J. Altmeyer）は，猟官制をめぐる対立に加えて，パーキンズが「女性でしかも明晰で理知的である」ことから彼女が関わるすべての政策に反対しようとする議員もおり，社会保障法案の審議にはこうしたパーキンズへの反感が如実に反映されていたとのちに回顧している[43]．

　こうした管轄省庁に関する下院での法案の修正に対し，パーキンズをはじめとするCESのメンバーは大いに落胆し，すぐさま反撃に出た．パーキンズは，ホプキンスの主張に押し切られる形で，CESの最終報告書で児童扶助がFERAの管轄にされたことを快く思ってはいなかった．パーキンズはレンルートらに加担し，児童扶助の運営は児童局に任せるべきであると主張し，議会へ圧力を

かけるようローズヴェルトに要請した[44]．ローズヴェルトは議会へ過度に干渉することを躊躇したが，パーキンズは自ら上院財政委員会へ修正を出し，児童扶助をSSBではなく児童局の管轄とするよう要求した[45]．またこの間，ウィテも母子保健プログラムとともに児童扶助を児童局に運営させるべく各方面に働きかけた[46]．

パーキンズとウィテという強力な支援者を得て，レンルートらも児童扶助を児童局の手に取り戻すための活動を展開した．レンルートらが協力を求めたのは，各地で社会福祉に長年携わり，児童局と太いパイプを持つ行政官やソーシャルワーカーであった．そうした人々を中心に形成された人脈は，広範なネットワークを持つ「福祉ロビー」として，議会で大きな影響力を及ぼすことが期待された．レンルートは，その中の幾人かの有力者に，長年の実践的な経験をもとに，上下院の公聴会で児童局が児童扶助を運営することの妥当性について証言してくれるよう依頼した[47]．

下院の公聴会で証言に立ったJ・プレンティス・マーフィー（J. Prentice Murphy）は，児童局のフィラデルフィア支局に所属し，CESにもスタッフとして参加していた人物であった．マーフィーは，児童局が児童扶助の所轄官庁とならなければならない理由を，「児童局の質の高いサービスがなければ……崩壊する家庭は増え続け，その一方で多額の救済が浪費される」ことになると説いた．マーフィーは，公的福祉省を新設してその中に児童局を置き，子供に関するプログラムをすべて総合的に運営させるのが望ましいと述べた[48]．

さらにニューヨークの州慈善扶助協会のホーマー・フォックス（Homer Folks）は児童扶助の受給対象となる子供の年齢を16歳未満から18歳未満へと引き上げることを提案し，母親年金の経験が長く，各州の公的福祉関連の部局ともつながりが深い児童局が児童扶助を運営すべきであるとした[49]．また上院の公聴会でも，ニューヨークの児童福祉連盟のC・W・アレソン（C. W. Areson）が，公的福祉省を設立し児童扶助の運営を児童局に任せることを提言した[50]．

このような強力な援軍を得て，レンルートら児童局のメンバーは法案の行方を楽観的に見守っていた．しかしその後，上院の審議はレンルートらの期待に反した方向へと進んでいった．最終的に上院本会議では，SSBが児童扶助，老

齢扶助，視覚障害者扶助の三つを運営することが決められたのである．また SSB を労働省の組織とする代わりに，その人事に対し労働長官が影響を及ぼすことを禁じるという妥協案も成立した．その後開かれた両院協議会でこの案は退けられ，SSB は労働省から独立した機関として設立されることになった[51]．

最終的に児童扶助が児童局ではなく SSB の管轄になったことに対し，レンルートらは落胆の色を隠さなかった．しかし，「全児童的アプローチ」が頓挫したとはいえ，児童扶助が社会保障法に盛り込まれ，母親年金が児童扶助へと「格上げ」されたことは，レンルートらにとってとりあえず満足のいく結果として受け止められた[52]．

おわりに

1935 年 8 月 14 日にローズヴェルトの署名を得て成立した社会保障法では，巻末資料 2 のように第 4 編に児童扶助に関する規定が置かれ，その最後の部分で「要扶養児童」を次のように定義している．

> 要扶養児童とは，どちらかの親が死亡，長期にわたる不在，身体的・精神的な疾患などの理由で扶養ないしは養育することができない 16 歳未満の子供で，父，母，祖父母，兄弟姉妹，義理の父母，義理の兄弟姉妹，おじ，おばのいずれかの住居で共に暮らしている者とする[53]．

このように「どちらかの親」が不在であることが児童扶助の受給資格となり，親のジェンダーが問われなくなったことは，FERA の構想に近い考え方が受け入れられたことを意味していた．これは，「母への給付」である母親年金からの大きな転換であった．

母親年金から 1935 年社会保障法の下での児童扶助への変容を，より広い観点からニューディールの政策体系に位置付けると，次のように見ることができる．1933 年の政権発足以降，大恐慌に対処するために緊急的な救済を国民へ提供してきたローズヴェルト大統領は，この頃，徐々にそれを縮小する一方で，恒久的な社会保障制度を確立し国民生活の安定を図るという新たな段階へ移行

しようとしていた．ローズヴェルト政権にとって雇用状況が改善しても「就労が不可能」な人々に対する公的扶助は，それまでの直接救済に取って代わる重要なプログラムであった．こうした中で，児童扶助は片親で子供を養育しているために「就労が不可能」な人々への支援策として社会保障法に組み込まれた．家庭で子供の面倒を見なければならないため，外で働くことができないというのが受給の理由となるという点において，児童扶助は母親年金と同じであった．

しかし「子供を扶養する人」を母親に限定せず，あくまでも現金の給付を必要とする子供がその家庭にいるかどうかを判断の基準とするという点で，児童扶助は母親年金と大きく異なっていた．母親による「健全な家庭」の維持という母親年金の当初の理念を離れ，子供のいる貧しい家庭へ現金を給付することが児童扶助の第一義的な目的とされたことで，その施行は児童局よりも所得維持政策として公的扶助を統括するSSBの方が適切であると判断された．

このように児童扶助が社会保障法に組み込まれ，包括的な社会保障制度の一環として連邦レベルで確立されたことは，母親年金からの大きな転換であった．事実，児童扶助の受給者数は1936年には53万人となり，母親年金の時代に比べると急増した[54]．

しかしその一方で，これまで見てきたように連邦議会での審議の過程において，児童扶助の規定から「最低限の生活」の保障という文言が削除され，最高給付額は非現実的なほど低い水準に設定され，受給に値する「適切な家庭」をいかに判断するかを含め，給付内容に関する規定の多くが州の裁量に委ねられた．児童局のメンバーとは全く異なる観点から分権化を推進した保守派の議員によって，受給権の確立や社会権といった概念は否定されてしまった．ローズヴェルト政権は，児童扶助の意義を過小評価していたわけではなかったが，州の裁量性を増す方向に法案が変えられてしまったことは，この問題に対する政権側の意思がそれほど強いものではなかったことを示している．

こうした分権的な性格ゆえに，実際に施行された児童扶助の内実はきわめて選別的で限定的なものとなった．依然として受給者の大半は夫と死別した女性で占められ，母親年金時代に定められた受給資格の認定基準や給付額の算定方法などが，多くの州で踏襲された．その後，離婚したり未婚のシングルマザーが受給者の多くを占めるようになると，児童扶助は社会的な批判を浴びるよう

になった．また，州・地方政府の慢性的な財政難，福祉行政組織の未発達，党派的な官職任命制度によって福祉行政に携わる人材が確保されたことなど，施行上の問題が児童扶助への批判を助長した．その結果，児童扶助はスティグマを伴う，社会保険よりも劣位の「福祉」プログラムと見なされるようになり，社会保障制度の二層構造の中で周縁化されていった．

註

1) Barbara Nelson, "The Origins of the Two-Channel Welfare State: Workmen's Compensation and Mothers' Aid", in Linda Gordon (ed.) *Women, the State, and Welfare* (Madison: University of Wisconsin Press, 1990); Theda Skocpol, *Protecting Soldiers and Mothers: The Political Origins of Social Policy in the United States* (Cambridge, Mass.: Belknap Press of Harvard University Press, 1992); Seth Koven & Sonya Michel (eds.), *Mothers of a New World: Maternalist Politics and the Origins of Welfare States* (New York: Routledge, 1993); Molly Ladd-Taylor, *Mother-Work: Women, Child Welfare, and the State, 1890-1930* (Urbana: University of Illinois Press, 1994); Linda Gordon, *Pitied But Not Entitled: Single Mothers and the History of Welfare* (New York: The Free Press, 1994); Gwendolyn Mink, *The Wages of Motherhood: Inequality in the Welfare State, 1917-1942* (Ithaca: Cornell University Press, 1996); Joanne L. Goodwin, *Gender and the Politics of Welfare Reform: Mothers' Pensions in Chicago, 1911-1929* (Chicago: University of Chicago Press, 1997); 松本悠子「『他者』としての貧困─革新主義時代における母性主義的福祉政策とアメリカ化運動─」『中央大学文学部史学科紀要』第42号（1997年3月）: 45-73.
2) Ladd-Taylor, 136.
3) Wendy Sarvasy, "Beyond the Difference versus Equality Policy Debate: Post Suffrage Feminism, Citizenship, and the Quest for a Feminist Welfare States", *Signs*, vol.17 no.2 (1992): 346-347.
4) Christopher Howard, "Sowing the Seeds of 'Welfare': The Transformation of Mothers' Pensions, 1900-1940", *Journal of Policy History*, vol.4 no.2 (1992); Kriste Lindenmeyer, *"A Right to Childhood": The U.S. Children's Bureau and Child Welfare, 1912-1946* (Urbana: University of Illinois Press, 1997); Suzanne Mettler, *Dividing Citizens: Gender and Federalism in New Deal Public Policy* (Ithaca: Cornell University Press, 1998).
5) Edna Bullock (ed.), *Selected Articles on Mothers' Pensions* (White Plains, NY: H.W. Wilson Co., 1915): 87-89.
6) Mark Leff, "Consensus for Reform: The Mothers' Pension Movement in the Progressive Era", *Social Service Review*, vol.47 no.3 (1973): 399-400.
7) Goodwin, 36-39; Walter I. Trattner, *From Poor Law to Welfare State: A History of Social Welfare in America* (New York: The Free Press, 1974): 178; Ladd-Taylor, 143; Leff, 405-407.
8) Leff, 401.

9) Ladd-Taylor, 144; Susan Tiffin, *In Whose Best Interest?* (Westport, Conn.: Greenwood Press, 1982): 125.
10) Ada J. Davis, "The Evolution of the Institution of Mothers' Pensions in the United States", *The American Journal of Sociology*, vol.XXXV no.4 (1930): 577, 584; Ladd-Taylor, 138; Tiffin, 126-128, 130.
11) Leff, 408. 皮肉なことに女性参政権の獲得後，母親年金のような「女性の問題」への関心が低下し，女性団体の求心力も低下した．また女性が参政権を獲得すると，団結して女性を受益者とする政策を支持するのではないかという憶測から，それまで母親年金に同調的な立場をとってきた政治家も，実際に女性が投票するようになると，必ずしもそうではないことがわかり，次第に母親年金に冷淡になっていった．Howard, 207.
12) Howard, 196-197.
13) Ladd-Taylor, 138.
14) Robyn Muncy, *Creating a Female Dominion in American Reform, 1890-1935* (Oxford: Oxford University Press, 1991): 129-144.
15) Leff, 414; Children's Bureau, *Mothers' Aid, 1931* [Children's Bureau Publication no.220] (Washington D.C.: Government Printing Office, 1933): 8, 14; Tiffin, 135; Grace Abbott, "Recent Trends in Mothers' Aid", *Social Service Review*, vol.8 no.2 (1934): 204-205; Children's Bureau, *Monthly Bulletin on Social Statistics*, vol.II no.6 (June 1934): 2; Children's Bureau, *Monthly Bulletin on Social Statistics*, vol.II no.2 (February 1934): 2.
16) Lenroot to Abbott, August 17, 1934; Witte to Abbott, August 17, 1934 in Edith and Grace Abbott Papers, 1870-1967, Special Collections Research Center, University of Chicago Library, Chicago, Illinois.
17) Lela B. Costin, *Two Sisters for Social Justice: A Biography of Grace and Edith Abbott* (Urbana: University of Illinois Press, 2003): 221-223. その他にもレンルートらは，1921年に時限立法としてスタートし1929年に失効したシェパード＝タウナー法の下で交付されていた母子保健プログラムへの連邦補助金を社会保障法によって復活させることを重要な課題と見なしていた．
18) "Preliminary and Confidential Suggestions for Development of a Children's Program as Part of a Federal Security Program", 1, Abbott Papers.
19) Lenroot, "Special Measures for Children's Security", n.d., 2-3, Abbott Papers.
20) "Preliminary and Confidential Suggestions", 10.
21) Katherin Lenroot, Oral History Collection of Columbia University, 42.
22) Grace Abbott, *The Child and the State, vol. II* (Chicago: University of Chicago Press, 1938): 237.
23) "Preliminary and Confidential Suggestions", 3; Lenroot, "Special Measures for Children's Security", 3.
24) "Preliminary and Confidential Suggestions", 4-6.
25) Lenroot to Abbott, October 13, 1934, Abbott Papers.
26) Lenroot Oral History, 52-54.
27) Corrington Gill, "A Study of the Three Million Families on Relief in October 1933", *The Annals of the American Academy of Political and Social Science*, vol. 176 (November

1934): 30-33.
28) Josephine Brown, *Public Relief, 1929-1939* (New York: Holt & Co., 1940): 273-301, 312-318.
29) Frances Fox Piven & Richard Cloward, *Regulating the Poor: The Functions of Public Welfare* (New York: Vintage Books, 1972): 75.
30) *Report of the Committee on Economic Security of 1935* (Washington D.C.: National Conference on Social Welfare, 1985): 27.
31) Edwin E. Witte, *The Development of the Social Security Act* (Madison: University of Wisconsin Press, 1962): 163.
32) Congressional Record, House of Representatives, 74th Congress, 1st Session (Washington D.C.: GPO, 1935): 6040.
33) Ibid., 6040.
34) Congressional Record, House, 5553-5554.
35) Congressional Record, House, 6040.
36) Witte, 164. CESのウィッテも，低所得の高齢者が月30ドル受給するのに，16歳以下の子供と未亡人が18ドルで暮らすのはおかしいと主張したが，連邦議会での児童扶助への関心は低く，それ以上審議は進まなかった．その結果，児童扶助は老齢扶助に比べて不利な状況に置かれ，連邦の補助率も老齢扶助は1/2であるのに対し，児童扶助は1/3とされた．連邦政府の児童扶助への補助率を1/2へ引き上げることを提案すべきであったが，そうすると児童扶助が社会保障法案から削除されるのではないかという恐れから，ウィッテはそうした意見を述べるのを控えたとのちに回顧している．Witte, 162-165.
37) Congressional Record, Senate, 74th Congress, 1st Session (Washington D.C.: GPO, 1935): 9355.
38) Winifred Bell, *Aid to Dependent Children* (New York: Columbia University Press, 1965): 21 ; Jill Quadagno, *The Transformation of Old Age Security: Class and Politics in the American Welfare State* (Chicago: University of Chicago Press, 1988): 115; Howard, 212.
39) Congressional Record, House, 6040.
40) Congressional Record, Senate, 9269.
41) Howard, 211.
42) Witte, 139-140, 163.
43) Arthur J. Altmeyer, *The Formative Years of Social Security* (Madison: University of Wisconsin Press, 1968): 36-37.
44) Perkins to Roosevelt, February 25, 1935 in George McJimsey (ed.), *Documentary History of the Franklin D. Roosevelt Presidency, vol.5.* (Bethesda: University Publications of America, 2001): 540; Witte, 101-102.
45) Congressional Record, Senate, 9355.
46) Witte to Abbott, February 27, 1935, Abbott Papers.
47) Lenroot to Abbott, April 25, 1935; Abbott to Lenroot, April 26, 1935, Abbott Papers.
48) House Hearings, 74th Congress, 1st Session on H.R. 4120 (Washington D.C.: GPO, 1935): 532-534, 541.
49) House Hearings, 501.

50) Senate Hearings, 74th Congress, 1st Session on S. 1130 (Washington D.C.: GPO, 1935): 782-784.
51) Witte, 142-143.
52) Costin, 223-224; Howard, 213. のちにパーキンズはアボットに SSB の委員への就任を要請したが，アボットは健康上の理由から断っている．Costin, 226.
53) Social Security Act, Title IV Section 406 (a).
54) Jerry K. Cates, *Insuring Insecurity: Administrative Leadership in Social Security, 1935-1954* (Ann Arbor: University of Michigan Press, 1983): 133.

第4章

エイブラハム・エプスタインと 1935年社会保障法の制定

―オルターナティブの封じ込めについて―

はじめに

　すでに第1章で見たように，社会保障法の立案のために1934年6月に設立された経済保障委員会（Committee on Economic Security：CES）は，フランクリン・D・ローズヴェルト（Franklin D. Roosevelt）大統領から，早急に法案の提出に向けた作業を行うよう要請されたため，わずか半年ほどの短い期間で最終報告書を完成しなければならなかった．立案においては，CES委員長のフランシス・パーキンズ（Frances Perkins）労働長官とウィスコンシン派を中心とした少数の専門家が既定路線を提示し，それを基本的に承認していく形で，限られた時間内で立法に向けた作業が進められた．こうした中で，CESに対し批判的な意見を持つ人々は，立案過程から巧みに排除されていった．

　本章では，CESに対抗的な立場を貫いた社会保障の専門家のひとりであるエイブラハム・エプスタイン（Abraham Epstein）に着目し，CESが社会保障法の立案過程においてどのような選択を行ったのかという問題を検討していく．エプスタインを通じて，本書の三つ目のテーマである1935年社会保障法のオルターナティブがどのようなものであり，それがいかにして立案において封じ込められたのかを明らかにすることが本章の目的である．

　エプスタインはユダヤ系ロシア人の移民として1910年にアメリカへ渡り，その後，働きながら苦学して大学教育を受け，高齢者問題や社会保障の専門家になった異色の人物である．エプスタインは，執筆や講演で身を立てながら，アメリカ老齢保障協会（American Association for Old Age Security：AAOAS，

のちにアメリカ社会保障協会（American Association for Social Security：AASS）へと名称を変更）を設立し，その代表として在野で活動した．社会保障法の制定過程においては，CESの批判者として頻繁にメディアに登場し広く知られていた．

本章でエプスタインを取り上げる理由は，彼のこうした経歴や思想がただ単に興味深いということだけではない．当時，エプスタインが社会保障法の制定に際して主張していた事柄は，今日に至るまでアメリカの社会保障制度が抱える問題として残存しており，そうした観点からエプスタインの構想を，今ここで改めて検討する価値があると考えられるからである．

すでに序論と第1章で見たように，アメリカの社会保障制度の限界や問題とされているのは，次のような諸点である．失業保険や老齢年金保険は拠出率が低く，政府が一般財源から拠出しないため，全体的に給付水準が低く抑えられている．そのため，社会保険の所得再分配効果や購買力の拡大に対する寄与が小さく，景気補整的な機能も限定的である．また，社会保険の第一義的な目的は，失業や老齢といったリスクに機能的に対処することに求められ，労働者が貧困に陥るのを未然に「防止」することが最も重要な課題と見なされているため，社会的な権利に基づいて最低限の生活を保障するという発想に乏しい．

こうしたアメリカの社会保障制度の問題は，すでに1930年代にエプスタインが指摘しており，CESの立案に対抗するような形での社会保障法の制定に向けてエプスタインは活動していた．したがって，エプスタインの思想や行動を検討することによって，これらの問題が生み出された歴史的状況を明らかにすることができると思われる．

これまでエプスタインは，社会保障法の制定に直接携わった人々による回顧的な著作の中で，しばしば取り上げられてきた．そうした著作の中でエプスタインは，CESに助言を求められたり，法案の審議に際して公聴会で証言するなど，社会保障の専門家として活躍しながらも，決して政権側に迎え入れられることはなかった人物として描かれている[1]．また，社会保障制度史研究においては，1935年社会保障法の成立に際し，一種の抵抗勢力として活動したフランシス・タウンゼント（Frances Townsend）などとともにエプスタインを異端視するような記述も多く見られる[2]．

しかし，エプスタインの生涯と思想を検討した研究は皆無に等しく，唯一，ルイース・レオッタ・ジュニア（Louis Leotta, Jr.）の論文が一次史料を用いて，エプスタインの活動を詳細に追っている．だがレオッタの研究も，CESを中心とした当時の政策決定者との対抗関係という観点から，エプスタインの社会保障法の構想を位置付けているわけではない．また2006年には，エプスタインの息子であるピエール・エプスタイン（Pierre Epstein）が『エイブラハム・エプスタイン―社会保障の忘れ去られた父―』と題した父親の回想録を出版し，エプスタインの公的な活動だけではなく，私人としての姿を明らかにしている[3]．

本章では，こうした先行研究では扱われてこなかった社会保障法の制定過程におけるエプスタインの発言や活動を，コーネル大学のキールセンター文書館に所蔵されているアメリカ老齢保障協会・アメリカ社会保障協会の文書やアイザック・M・ルビノー（Isaac M. Rubinow）[4]の個人文書などを一次史料として用いながら検討していきたい．

本章の構成は以下の通りである．まず第1節では，アメリカ老齢保障協会（AAOAS）の設立に至るまでのエプスタインの経歴を概観し，つづく第2節で，同協会が1933年にアメリカ社会保障協会（AASS）へと名称を変更した後，エプスタインがアメリカ労働立法協会（American Association for Labor Legislation：AALL）やCESと対立するに至った経緯を考察する．そして第3節では，法案作成の段階から1939年の改正までの時期にエプスタインが行った社会保障法への批判を詳細に検討し，エプスタインが当時，どのような代案を提示し，いかなる社会保障制度を構想していたのかを明らかにしていく．

1. エプスタインの経歴とアメリカ老齢保障協会の設立

（1）エプスタインの経歴

エイブラハム・エプスタインは，1892年にロシアのルーバンで貧しいユダヤ人の家庭に生まれた．18歳で叔父を頼って渡米し，ニューヨークの縫製工場や薬局で働いた．当初からエプスタインは，故郷では望むべくもなかった高等教育をアメリカで受けることを切望し，働きながら学べる機会を求めていた．その後，知人の紹介でピッツバーグの裕福なユダヤ人の子弟にヘブライ語を教

えることになり，そのかたわら，私立男子校のイースト・リバティー・アカデミーで学ぶチャンスを得た．アカデミー卒業後は奨学金を得てピッツバーグ大学へ進学し，1917年に学士号を得た．同年にアメリカ国籍を取得し，同大学の大学院へ進学して経済学を専攻した．エプスタインは大学院での研究テーマとして，ピッツバーグの黒人の雇用と居住に関する実態調査を選び，1918年に修士論文『ピッツバーグの黒人移住者』を完成させた[5]．

　黒人の貧困問題と人種差別に鋭く切り込んだエプスタインの研究は，ピッツバーグ大学の教授陣から高く評価され，一冊の書籍として出版された[6]．するとこれがペンシルヴェニア州議会議員のジェームズ・マウラー (James Maurer) の目にとまり，エプスタインは彼が設立した老齢年金委員会の書記兼リサーチディレクターとして雇われることになった[7]．この委員会でのエプスタインの仕事は，州内の60の老人施設を視察し，3,405人の入所者を面接して，老人施設での生活実態を解明することであった．それによって明らかになったのは，老人施設で健康で満足のいく生活を送っている入所者は全体のわずか13％にとどまり，大半の施設では，高齢者の介護に全く無知で，職業意識の低い監督官がずさんな経営を行っていることであった[8]．このような実地調査を通じて，高齢者の終の棲家の悲惨な状況を目の当たりにしたことが，エプスタインの生涯の仕事との出合いとなった[9]．

　この調査をもとにエプスタインは1922年に『老齢に直面して』(*Facing Old Age*) を出版し，高齢者問題の専門家として一躍，有名になった．出版からほどなくして，老齢扶助や老齢年金保険の設立を推進していたイーグルズ友愛会から誘いを受け，インディアナ州サウスベンドにある同団体の本部で働くことになった[10]．イーグルズ友愛会でのエプスタインの仕事は，全米各地の州議会への老齢扶助法案の提出に向けたキャンペーン用の資料を作成したり，マスコミ向けの記事を書いたり，州議会の公聴会で証言することなどであった[11]．

　しかし「老齢扶助」や「年金」[12]と名がつきさえすれば，従来の貧困者への救済と内実はほとんど変わらないような法案にも賛同してしまう会長のフランク・ヘリング (Frank Herring) とことごとく対立し，エプスタインは翌年7月にイーグルズ友愛会を解雇された．エプスタインとヘリングの仲たがいは社会保障の専門家の間で瞬く間に知れ渡り，エプスタインは有能ではあるが，気難

しく協調性のない人物だという評判が立った[13]．

　当時，老齢扶助法の立法運動において国内で最も有力な組織であったイーグルズ友愛会と決別したエプスタインは，数年の準備期間を経て，高齢者問題の専門家として自ら組織を設立し，活動する決心をした．そして，1927年1月にニューヨークで20人の賛同者を得て，アメリカ老齢保障協会（AAOAS）を設立し，エプスタインは1943年に死去するまで，この団体の代表として精力的に活動した[14]．

(2) アメリカ老齢保障協会の基本方針と初期の活動内容

　AAOASは設立当初から200人以上の会員を獲得し，会費や機関誌の販売，賛同者からの寄付によって財政的な基盤を固めた．また早くも1927年5月には最初の全国会議を開催し，順調なスタートを切った[15]．AAOASのトップとしては，ペンシルヴェニア州ベツレヘムのエセルバート・タルボット（Ethelbert Talbot）主教が理事長に就任したが，高齢と病気のため1927年12月に辞任し，ピッツバーグのフランシス・J・マッコーネル（Frances J. McConnell）主教が新たに理事長となった．エプスタイン自身は，事務局長という地位に就き，事実上の代表となった[16]．AAOASには理事長，事務局長，経理のほかに10人（のちに12人）の理事が置かれ，理事会が最高の意思決定機関とされた．設立当初は，理事にジェーン・アダムス（Jane Adams）やジョン・R・コモンズ（John R. Commons），ルビノーらの著名人を迎え，高齢者の問題を専門とする唯一の全国的な組織であることをアピールした．AAOASの目的は「州で老齢扶助や拠出制の老齢年金保険を設立し，経済的に困窮している高齢者に適切な保護を与えること」とされ，パンフレットや機関誌，書籍の出版，講演や執筆による啓蒙活動，専門家による会議の開催，モデル法案の作成など幅広い活動に取り組んだ[17]．

　エプスタインは，農村での自律的な生活から工業化した社会で人に雇われる生活へと変わり，急速な技術革新が進む中で高齢者の持つ技術や職能の価値が低下したことが，経済的に困窮している高齢者が増加の一途をたどっている原因であると考えていた[18]．エプスタインによると，当時，全米で200万人の高齢者が資産を持たず，5人に2人が自活できない状況にあった[19]．長年，勤勉

に働き社会に貢献してきた人々は老後の生活不安から解放される権利があり，貧しい高齢者に老齢扶助を給付することは州政府の義務であるというのがエプスタインの主張であった．

エプスタインは，老齢扶助が支払われると子供が年老いた親の面倒を見なくなり，家庭の崩壊につながるという見方は全くの誤りであり，老齢扶助は高齢者に経済的な安定をもたらし，むしろ家族の絆を強めることになるとした[20]．またさらに，ペンシルヴェニア州の調査によると，1人の高齢者が施設に入る資金で3人の高齢者が自宅で生活できるようになるため，財政的にも大きな利点があるとエプスタインは考えていた[21]．エプスタインがAAOASの目標としたのは，州レベルで老齢扶助法の制定を進めることであり，まず州法の制定から始め，その後，各州の老齢扶助法を連邦法で統轄するのが最も望ましい道筋であると見ていた[22]．

(3) アメリカ老齢保障協会とニューヨーク州老齢扶助法

こうしたエプスタインの考えを，実践に移す機会は意外にも早く到来した．AAOAS設立の翌年，地元のニューヨーク州の知事選で民主党のローズヴェルトが当選し，老齢扶助法案の提出へ向けた準備が進められることになったのである．ローズヴェルトは当選すると，すぐさまエプスタインらと会談し，老齢扶助法の制定に向けて尽力することを約束した[23]．そして1929年1月に州知事に就任すると，ローズヴェルトは，最初の教書で老齢扶助の重要性に言及し，専門家から成る委員会を設立することを明らかにした[24]．さらに1月の特別教書では，拠出制の老齢年金保険と非拠出制の老齢扶助の2制度について詳しく調査する必要性について述べるとともに，2月の特別教書でも老人施設の運営にかかるコストと老齢扶助の給付額を比較し，後者が財政的にも有利であると説いた[25]．その後，6月になるとローズヴェルトは老齢扶助について検討するために老齢保障委員会を設立しAAOASの理事長であるマッコーネルを委員に任命した[26]．

当初，エプスタインらはAAOASが独自に老齢扶助法案を作成することを考えていたが，ローズヴェルトの州知事就任後は，老齢保障委員会の委員長であるシーバリー・C・マスティック（Seabury C. Mastic）州上院議員とフランク・

バーナード（Frank Bernard）州下院議員が提出した法案を，より実現性が高いという理由から支持するようになった[27]．同法案の公聴会でエプスタインは，将来的には拠出制の老齢年金保険制度を設立し，財政上の負担を軽減していく必要はあるが，直ちに対策を講じなければならないのは，3万5,000人に上る貧しい高齢者の問題であると述べた．エプスタインは，同法案の成立はAAOASが長年提唱してきた老齢扶助制度の実現に向けた第一歩であるとし，それは「現行の救貧法からの明確な決別」を意味しており，慈善による「施しではなく社会正義という概念を老齢保障に与えた」点を高く評価した[28]．

マスティックとバーナードが提出した法案は，1930年4月10日にニューヨーク州老齢扶助法として成立した．同法は，70歳以上で自活することができず，生活の面倒を見てもらえる家族や親族がいないアメリカ市民を対象とし，同州に10年以上居住し，同一の公的福祉行政区に1年以上居住し，老人施設などに入所していないことなどが受給の条件とされた．同法は，郡や都市を基本的な単位とする公的福祉行政区（全79区）によって施行され，申請者の受給資格の審査も各区で行われる．州の社会福祉省はすべての区を監督し，財政的には給付額の半分を州が負担し，残りの半分を各区が負担する．それまで地域によって大きな格差が見られた低所得の高齢者への扶助を州内全域で標準化し，州政府の監督指導の下で制度を運営することに大きな意義があった[29]．

エプスタインは同法の成立に際して，「アメリカで最も豊かで最も人口の多い州が貧しい高齢者に対し新たな義務を負うことを表明したことは，高齢者のための活動において非常に重要な一歩である」と述べた．しかしエプスタインは，必ずしもその内容に満足していたわけではなかった．エプスタインは同法の限界として，受給開始年齢が65歳ではなく70歳となっていることや給付額が低いことを問題視した．また受給資格として市民権を持つことが明記されており，長年アメリカに居住している移民に不利になっていることや，受給資格の審査に際して資産調査が行われることなども問題があると見ていた．こうした問題点を踏まえて，AAOASはいくつかの関連団体と協力しながら，州議会の次の会期で同法を改善するための取り組みを始めた[30]．

ローズヴェルト州知事も，法案の提出者であるマスティック州上院議員とバーナード州下院議員の功績を称える一方で，同法の成立は「我々が目指して

いるゴールへの第一歩にすぎない．次の州議会で同法がさらに改善され，真の老齢扶助法になることを期待している」と述べた[31]．エプスタインと同様にローズヴェルトも同法の内容には「落胆」しており，「すでに郡レベルで導入されている制度を拡大するにすぎず」，また州の社会福祉省に施行上の権限を持たせていないことが最も大きな欠点であると発言している[32]．このようにローズヴェルトとエプスタインは，ニューヨーク州の老齢扶助法の内容が不十分であり，より寛大な給付を与えて，高齢者を経済的な困窮から救い出すべきだという点において同意見であった．

さらにローズヴェルトは，老齢扶助法の成立以前から拠出制の老齢年金保険の設立にも関心を寄せており，とりわけ老齢扶助法の成立後は同法への落胆から，より積極的に老齢年金保険の実現に向けた取り組みに関心を向けるようになった．ローズヴェルトは，州知事選では，「相互拠出の原則に基づいた現実的な方法がニューヨーク州でうまくいくことを確信して」いるとし[33]，さらに就任後は老齢年金保険に関する調査委員会の設立を求める演説で，「労働者と政府が老後のニーズに備えて等しく負担を負うような制度が諸外国で導入されている」と発言している．

しかしこの段階では，諸外国のような老齢年金保険をアメリカでも直ちに導入すべきであるとは言っておらず，こうした海外の制度について学ぶ必要があるという発言にとどまっている[34]．またローズヴェルトは，「労働者が老後に備えて貯蓄する動機を与えるような制度が必要」であり[35]，「拠出額に基づいた保険を受け取り，拠出制の年金を受給できない人が最低限の救済として老齢扶助を受け取るように徐々にしていくのが望ましい」とも述べている[36]．

ローズヴェルトは州の老齢扶助法成立後に，「若年期に拠出を始める保険の原則に基づいた制度の設立が次のステップでなければならない」[37]とし，「労使からの拠出と州政府の拠出によって賄われる保険制度が望ましい」という発言もしている[38]．こうした発言からわかることは，州知事時代のローズヴェルトは，老齢年金保険にも労使だけでなく，何らかの形での政府の拠出が必要であると見ており，それは後述するようにエプスタインの考えとかなり近いものであったということである．

2. アメリカ労働立法協会，経済保障委員会との対立

(1) アメリカ老齢保障協会の名称変更とアメリカ労働立法協会との軋轢

　大恐慌に何ら有効な手立てを講じることができなかったハーバート・フーヴァー（Herbert Hoover）を大差で破り，1933年3月にローズヴェルトが大統領に就任すると，AAOASはローズヴェルトとの州知事時代からの親密な関係を強調し支持を表明した．エプスタインは，連邦レベルでの立法の可能性が高まったとして，ローズヴェルト政権に大きな期待を寄せた[39]．

　こうした中で，AAOASも大きな転換期を迎えた．1933年5月に名称をアメリカ老齢保障協会（AAOAS）からアメリカ社会保障協会（AASS）へと変更し，「アメリカの労働者にとって，人生を不安定にする悪夢のようなリスクの主だったものをすべてカバーするような包括的な社会保険制度を設立する」ことを宣言した．すでに多くの州で老齢扶助法が制定されAAOASの当初の目的が達成されつつあったこと，また高齢者の貧困は，他の社会問題とも密接に関連しているため，失業保険や健康保険も含めたより広い分野へ活動を広げていきたいという思いから，エプスタインは名称の変更を決断した[40]．

　しかしこうした組織名の変更は，長年にわたり労働立法を推進してきたAALLとの対立を決定的なものにすることになった．AALLはAAOASが老齢保障に特化することをやめ，社会保障全般に活動の範囲を広げたことを脅威と見なし，厳しく反発した[41]．両組織は，1928年にシカゴ大学の経済学教授であるポール・ダグラス（Paul Douglas）を仲介者としてAALLがAAOASを傘下に入れようと試みた時点から険悪な関係にあった．その際，ダグラスがエプスタインに提示した条件は，AAOASをAALLの中の一部局とし，活動の基本方針や予算，人事をAALLが決定するというものであり，エプスタインもAALLの下で2年間の契約スタッフとして働くことが提案された．当然のことながらエプスタインは，こうした提案を全く「考慮に値しないもの」として拒絶した．エプスタインは「AALLの事務局長の下で単なる勤め人になる」つもりは毛頭なく，「老齢保障に関する政策に発言権を持たない」地位など受け入れるつもりはないと反発した[42]．

　その後，エプスタインは，何度かAALLの事務局長であるジョン・アンド

リュース（John Andrews）にAAOASの活動への協力を求めたが，アンドリュースは一切応じることはなかった．類似した二つの組織が少ない寄付金をめぐって競合することを危惧するとともに，エプスタインのはっきりと物を言う性格をアンドリュースは嫌っていた．また企業経営者の協力を得ながら，州レベルで社会保険を導入すべきであると考えていたアンドリュースと，連邦政府が全国的な制度を設立すべきであると考えていたエプスタインの意見の相違は決定的であった[43]．

　アンドリュース以外のAALLのメンバーもAAOASの名称変更に強く反発した．AAOASの設立当初から理事を務めてきたウィスコンシン大学の経済学者コモンズは，AAOASの名称変更を聞かされると激怒し理事を辞任した[44]．また同じくウィスコンシン大学の経済学部教授であるポール・ラウシェンブッシュ（Paul Raushenbush）もAALLが長年活動を続けてきた分野にAAOASが参入することは「二重の」あるいは「競合する」組織が存在することになり，無駄な努力や混乱が生じることになると強く抗議した[45]．こうしてエプスタインとAALLの対立は決定的なものになり，AALLはCESと近い関係にあったため，社会保障法案の作成過程からエプスタインが排除されていく構図が作り出された[46]．

（2）失業保険をめぐるウィスコンシン派との対立
　AAOASの名称の変更後，エプスタインは失業保険の立案にも積極的に取り組むようになった．エプスタインは失業保険において重要な点は，負担とリスクの双方を可能な限り分散させることであると考えていた．そのため全国的な制度を設立し，労使の拠出だけでなく政府も一般財源から拠出し，失業保険給付を通じて所得の再分配を行うべきであると見ていた[47]．

　こうしたエプスタインの構想は，ウィスコンシン派の提唱する失業保険とは大きく異なるものであった．ウィスコンシン州で1932年に成立した失業補償法と同様の法律を他州にも広げようとするウィスコンシン派に対抗すべく，エプスタインは1933年7月に専門家会議を開き，失業保険のモデル法案の作成を試みた．その主な内容は，まず州が基金を作り，そこへ雇用主が給与支払総額の2％，州と連邦政府がそれぞれ1％ずつ，労働者が給与の1％を拠出し，4週

間の待機期間の後，失業者に平均給与の40％に相当する額を給付するというものであった[48]．その後，エプスタインは同年9月に2回目の専門家会議を開き，この案を「失業保険スタンダード」として採択し，それをもとにAASSのモデル法案を作成した[49]．

エプスタインは当初，ウィスコンシン派のラウシェンブッシュにこの専門家会議への出席を依頼した．しかしラウシェンブッシュはこの会議が単に「あなたとAASSの比較的小さなワーキンググループが事前に準備した法案をただ承認するだけのもの」であり，反対意見を表明する場にはならないであろうとして，出席を拒否した．ラウシェンブッシュは，「AASSが活動の場を広げることは，特定のタイプの社会保険の導入を推進するためであるとの印象を受けて」おり，それはウィスコンシン州の失業補償法を支持する自分の立場とは合い入れないものであると返答している[50]．

また，AALLのアンドリュースもAASSのモデル法案を厳しく批判した．前掲の表7 (p.65) のように，AALLは産業別の基金を設立することを提唱していたが，それ以外の点ではほとんどウィスコンシン・プランに同調していたため，エプスタインとの対立は必然的であった．アンドリュースは，AALLやウィスコンシン派に敵対するエプスタインの行動は，明らかに「協調」を目指したものではなく，失業保険に反対する勢力に対抗するために「統一戦線」を形成する必要があるにもかかわらず，さらなる混乱を生み出しているだけだと非難した[51]．

ちょうどこの頃，エプスタインとアンドリュースは，誌上でも失業保険のあり方をめぐり論争を繰り広げていた．エプスタインは，雇用の安定化を目的とするウィスコンシン型の失業補償法は，1920年代にコモンズがそれを提唱していた頃は景気循環的で比較的短期の不況や季節的な失業が主であったため，まだ意義があった．しかしすでに大恐慌が始まってから4年近くが経ち，いまだに景気回復の兆しが見えない今日の状況では，そのやり方は全くのナンセンスであり，失業者の生活保障を第一に考えた失業保険を設立すべきであると論じた．そして社会保険の原理では，保険の負担は社会のすべての人に広げられなければならないのであり，政府が拠出すると納税者が反対し，法案が議会を通過しないというウィスコンシン派の主張は全くの誤りであるとした[52]．

それに対しアンドリュースは，AALLの機関誌で次のように反論した．「我々は，失業者の救済と［失業の］防止の双方」を実現することに関心を寄せており，失業の防止か失業者の救済かという二者択一的な議論は無意味である．そして「無責任で全面的な否定ではなく，率直な意見を持ち，人の意見に理性的な寛容を示すことが社会立法において望まれる」にもかかわらず，エプスタインはまるで「心の平静を失ってしまった人のようだ」と応酬した[53]．

(3) 経済保障委員会との対立

1934年6月にローズヴェルトは5人の閣僚を中心にCESを設立し，連邦レベルでの包括的な社会保障制度を実現するための法案の準備に取りかかった．エプスタインにとって政権側のこうした動きは，自分の専門的な知識を生かし，長年，提唱してきたプログラムを実行に移すための好機に思われたが，上述のようなウィスコンシン派やAALLとの対立は，ローズヴェルト政権とエプスタインの間に深刻な軋轢を生み出すことになった．

エプスタインは当初，CESの事務局長に就任したエドウィン・E・ウィッテ（Edwin E. Witte）とは比較的良好な関係を築いていた．ウィッテはウィスコンシン派に属しながらも，エプスタインのこれまでの活動を高く評価しており，連邦議会への法案の作成に際して，エプスタインの助言を仰ぎたいと直接連絡をとり，エプスタインもウィッテの要請に快く応じた[54]．またその他のCESのスタッフからも，広報や啓蒙活動においてAASSと「非公式なリエゾン」を結びたいとの提案がなされ，エプスタインは必要な資料の提供など，できる限りの協力をしたいという旨の返答をした[55]．

しかしこうしたウィッテらとの友好的な関係とは対照的に，エプスタインは労働長官でCESの委員長を務めていたパーキンズとはことごとく対立した．パーキンズはニューヨーク州知事時代からのローズヴェルトの側近であり，エプスタインとパーキンズの対立は，最終的にはエプスタインとローズヴェルトの関係悪化につながっていった．

エプスタインとパーキンズの確執が最初に明らかになったのは，1934年2月に開催された社会保険に関する全国会議であった．老齢保障の専門家でありながら，エプスタインは当初この会議へ招待されておらず，その理由を関係者に

問い合わせると，連邦議会の代表と労働省の関係者だけの会議であるとの返答を得た．しかしエプスタインはその後，一般の団体も招かれていることを知り，その点について労働省に問い質した．すると，労働省からは単にAASSを見落としていたとの連絡があり，会議の当日の朝，招待状がエプスタインのもとに届いた．後日，エプスタインは，その会議に招待されたのはパーキンズの「個人的な友人とゲスト」だけであり，AALLの関係者は皆，招かれたのに対し，パーキンズの命によって自分は最初から除外されていたと述べている[56]．

その後，専門家の意見を聴取するためにCESが主催した経済保障に関する全国協議会が11月14日に開かれたが，そこにはエプスタインは最初から招待された．エプスタインは体調が優れなかったが，待ちに待ったCESからの招聘であったため，無理を押して出席しスピーチをした[57]．そのスピーチでエプスタインは，100％完璧な社会保障制度を現段階で設立するのは不可能であるが，たとえ不完全なものでも第一歩を踏み出すことが重要であると熱弁をふるった[58]．しかし300人以上の専門家を一同に集めながら，ただ形式的に一通り意見を述べさせるだけのCESのやり方にエプスタインは深く失望し，この会議を「一日のサーカス」にすぎなかったと辛辣に批判した[59]．

エプスタインはこうした経験から，CESが「プログラムの準備に向けて我々を避けていることは確実」であり，パーキンズはウィスコンシン派やAALLのメンバーなど「古くからの知り合いで信頼できる人々」だけを選んでいると考えるようになった．エプスタインは，パーキンズの「偏見と人の噂話が好きな態度」が諸悪の根源であるとして[60]，その「頑固な性格」を非難するとともに，ローズヴェルトが「彼女の言葉を語り，彼女に白紙委任状を与えている」ことこそが重大な問題であると認識するようになった[61]．

こうしたエプスタインのパーキンズへの批判は，彼の著書である『老後の不安』(*Insecurity*) の1933年版にパーキンズが序文を寄せ，温かい賞賛の言葉を贈っていることを考えると，たいへん奇妙に思われる．CESが設立される前年に書かれたこの序文でパーキンズは，「生活に必要なものを獲得するための手段を消費者に与えるために，このような方法［社会保険のこと：筆者注］で国民所得を分配することは不可欠であり」，社会保険の実現が「平等な富の分配」に向けた重要な第一歩になると述べており，エプスタインはその言葉に感激し

ている[62]．

　エプスタインとパーキンズの関係が1934年6月のCES設立後，急速に悪化したのはなぜなのだろうか．そこにはやはり，AASSとAALLの対立が深く関わっているものと思われる．この頃，エプスタインはパーキンズについて，彼女は「様々な見解を調停しようと」せず，「明らかに偏見と中傷に基づいて行動し，一度たりとも人々を集め妥協させようと努力していない」と評している．ここでエプスタインが指摘している様々な立場や意見とは，社会保険に対するAASSやウィスコンシン派，AALLの異なる見方を意味しており，明らかにパーキンズがウィスコンシン派やAALLに同調していることから，エプスタインはパーキンズに反発し，確執を深めていったものと考えられる[63]．

3．社会保障法案に対するエプスタインの批判

（1）包括的な社会保障法案への反対

　すでに第1章で見たように，CESが提出した最終報告書に基づいて作成された社会保障法案は，老齢，失業，貧困など様々なリスクに対処するための社会保険と公的扶助が盛り込まれ，ひとつの法案で，包括的な社会保障制度を一気に設立しようとするものであった．このようなCESの決断には，ニューディールの改革の柱として，社会保障法を成立させようとしていたローズヴェルトの意向が強く反映されていた．

　しかしローズヴェルトとは対照的に，エプスタインはこのような立法は非現実的であると考えており，最終的にまとめられた法案を厳しく批判した．エプスタインは，「社会保険の成立に向けて20年近く戦ってきた経験から……この立法は危急の課題ではあるが，現実的には無理がある」と主張した[64]．法案が連邦議会で審議されていた1935年2月にルビノーへ宛てた手紙で，エプスタインはこの問題について次のように述べている．

　　もしこの法案が念入りに作成され，それぞれのセクションが明確に書かれていたとしても，私個人としては行政上の経験がないまま，これほど大きなプログラムを一度に導入するのは賢明ではないと思う．す

でに委員会［CESのこと：筆者注］に対して指摘したように，一挙にこれだけ多くのプログラムを導入した国はこれまでなく，同質的で小さなヨーロッパ諸国よりも，わが国が行政上，より多くの困難を抱えていることを我々は皆，理解しているはずである[65]．

　この問題でもエプスタインはパーキンズとの対立を鮮明にした．エプスタインは，「全体をオムニバスな形」にした法案を作成しないようパーキンズに再三助言したにもかかわらず，CESが最終的に包括的な法案を作成したことに対し，失望と怒りをあらわにした．そして，「現在提出されている法案は完全な失敗であり，単なるジェスチャーで終わるか，社会保険への反対の声を呼び起こすのに役立つだけである」とし，この法案を成立させるのは賢明ではないと主張した[66]．

　それではエプスタインが理想とする法案はどのようなものであったのだろうか．エプスタインは，基本的にそれぞれのプログラムを独立した法案として提出し，個別に連邦法を制定していくのが望ましいと考えていた．それに対しローズヴェルトは，「様々なタイプの社会保障は相互に関連しており，個別に解決するのは難しい」とし，ひとつひとつ法案の可決を待っていたのでは，政治的な効果も薄いと見ていた[67]．

　こうしたローズヴェルトの考えは，第1章で見たように1934年にワグナー＝ルイス法案やディル＝コナリー法案を見送ったことで一層，明確になった．最終的に政権側が個別的な立法を断念したことによって，エプスタインが望んでいたような漸進的な社会保障制度の設立は選択肢から外された．

（2）社会保険と政府拠出

　エプスタインは社会保障法案に含まれている二つの社会保険——失業保険と老齢年金保険——に関して，受給者となる労働者本人と雇用主の拠出に加えて，一般財源からの政府拠出が不可欠であると考えていた．政府の拠出がなく，労使の拠出だけで賄われる保険は，社会保険と見なすことはできないというのがエプスタインの持論であった．CESの最終報告書に基づいて作成された社会保障法案では，失業保険も老齢年金保険も労使の拠出のみで運営されるものと

され，政府の拠出は考慮されていなかった．こうした法案を見てエプスタインは，「本当の悲劇は実のところわが国には社会保険が何であるのかを理解している人がいないことにあり」，社会保険の専門家でさえも誤った考えを持っていると批判した[68]．

エプスタインの社会保険に対する考え方は，ルビノーとの書簡で繰り返し述べられており，ドイツとイギリスの失業保険を対比させ，政府が拠出している後者を理想的な社会保険のあり方と見なしている点が特徴的である．

エプスタインは，好景気の際に労使の拠出を基金に積み立てておくという古典的なドイツの社会保険は欠陥が多く，労使の拠出だけでは不況をさらに悪化させてしまうと考えていた．ドイツでは給与の6.5％の拠出を労使に課しているにもかかわらず，500万人の失業者のうち実際に給付を受け取ることができたのはわずか60万人にとどまり，大恐慌の影響でその給付も減額された．

それに対し政府が一般財源から総費用の1/3を拠出し，さらに1920年から1930年には政府が1億1,500万ポンドを追加支出したイギリスの失業保険は成功しているとエプスタインは見ていた．イギリスでは1921年から1931年の間も失業率は最高でも13％にとどまり，高額所得者に課される所得税や相続税が一般財源に入り，そこから政府が拠出するため，信用の過度な拡大が抑制され，景気の過熱に歯止めがかけられた．アメリカではイギリスの失業保険制度が失敗であるという「意図的なプロパガンダ」が氾濫し，それを「施し」と見なす論調が独り歩きしているが，実際にイギリスの失業者の大半は3週間から4週間程度，給付を受けた後，再就職しているとエプスタインは主張した[69]．

エプスタインにとって「政府の参加は近代的な社会保険の要」であり，ドイツ型の制度をアメリカで導入するのは「犯罪的な無知」にほかならなかった．政府の一般財源を国民に再分配し，購買力を高めることが社会保険の最も重要な機能であり，労使の拠出は「二次的な財源」にすぎないとエプスタインは見ていた．また社会保険への雇用主の拠出は最終的には消費者に転嫁されるため，労働者は自らの拠出分を負担するばかりでなく，消費者としての負担も増すことになり，購買力を著しく減退させることになると論じた[70]．

CESの報告書に基づいて作成された社会保障法案は「ビスマルクの考え方に従って」おり，ドイツの社会保険の失敗は，ナチスの台頭につながったとエプ

スタインは信じていた．ユダヤ系であるエプスタインにとって，これは単に社会保険の形態の問題にとどまらなかった．アメリカはそれがもたらした政治的な結末にも目を向け，ドイツの誤った経験から学ばなければならないとエプスタインは主張した[71]．

（3）拠出制老齢年金保険

拠出制の老齢年金保険は社会保障法案において，州レベルでの立法によらない唯一の全国的な制度であった．労使の拠出を連邦の基金へ積み立て，そこから退職後の高齢者に対し給付が支払われるというのが，その基本的な仕組みであった．こうした形態の拠出制老齢年金保険に対し，エプスタインは次のような問題点を指摘した[72]．

① 老齢年金保険の1か月の給付が，老齢扶助のそれを超えるにはこれから数十年かかるため，拠出制の老齢年金保険は高齢者の経済的な問題にすぐさま対処できない[73]．
② 加入者の扶養家族，特に妻への給付がない．
③ 年金の給付はその時の連邦議会の判断に委ねられているため，積立基金が他の目的に使われてしまう可能性がないとは言えない．
④ 若い労働者は三重の負担を負うことになる．すなわち納税者として老齢扶助を支え，自分の老齢年金保険に拠出し，現在の高齢者の老齢年金保険を支えなければならない．
⑤ 連邦政府が拠出しない限り，社会保障法は「現在の所得配分の不均衡をさらに助長」し購買力を減退させる．

それではエプスタインにとって，どのような老齢年金保険が望ましいものであったのだろうか．エプスタインは社会保障法案の修正として，次の3点をあげている．(1) これから20年から30年間は，労使の拠出率の合計を6％から3～4％へと引き下げ，双方の負担を減らすとともに，1980年までに470億ドルに上ると推計される積立基金を小さくする．(2) これから10年から15年間は，老齢年金保険の移行期間として老齢扶助の給付を寛大にする．(3) 1942年の時点で月40ドルの老齢年金保険を政府が高齢者に保障し，その費用は政府が一般財源から出す．

この最後の点に関しては，最終的な社会保障法案では，老齢年金保険への政府の拠出が将来的には必要になると見込まれており，人口動態や景気の変動にもよるが，おそらく1965年から1970年までの間に政府が拠出を開始することになると試算されていた．しかし，それはあくまでも老齢年金保険制度を健全に保つための財政上の措置として捉えられているにすぎなかった．それに対しエプスタインは，最初から労使の拠出に加えて，政府も拠出するべきであると考えていた[74]．

連邦議会での社会保障法案の審議では，こうした主張に真っ向から逆らうような修正が出され，エプスタインは激しく反発した．すでに第1章で述べたように，CESのメンバーであるヘンリー・モーゲンソー（Henry Morgenthau）財務長官が1935年2月に下院の歳出委員会へ，「将来の世代に大きな負担をかけることなく適切で健全な財政基盤に基づいた制度を継続させることができるような拠出と給付を実現する」ためのプランを提出した．このいわゆるモーゲンソー修正は，将来にわたり政府が拠出しないですむように，労使の拠出率をそれぞれ最初の3年間は1％とし，その後は3年ごとに0.5％ずつ引き上げ，最終的に1949年以降は労使がそれぞれ3％ずつ拠出するという内容であった．これはローズヴェルトの要請を受けてなされた提案であり，財政赤字の抑制を目的としたものであった．しかしこの方式によると1980年には積立基金が500億ドルにも上ると推計され，景気をさらに後退させることが懸念された[75]．

だが，社会保障法成立後の動きを見てみると，エプスタインの主張は徐々に政権側にその意義が認識され，同法の改正に際していくらか考慮されていったことがわかる．1937年になると，最高裁が社会保障法に合憲判決を下し，ローズヴェルトが再選され連邦議会の上下両院で民主党が多数を占めたことが追い風となって，5月には労使の代表と専門家から構成される社会保障諮問会議が設立され，改正に向けた作業が開始された．エプスタインは諮問会議のメンバーには任命されなかったが，専門的な立場から助言する機会を与えられた．エプスタインはAASSの機関誌や雑誌などでの執筆を通じて改正への提言を続けた[76]．

こうした動きを受けて1939年に社会保障法改正が成立すると，エプスタインは，それをAASSの長年の主張が認められたと捉え，「より社会的に適切で

現実的な老齢年金保険」の実現に近づいたとして自らの貢献を称えた[77]．

　エプスタインの主張のうち，1939年の改正に実際に盛り込まれたのは主に次の4点であった．①給付額の算定の基礎を1935年法では総賃金に求めていたのを，改正では平均賃金によるものとした．それによってすでに高齢である者や貧しい人々に有利な形で給付額が決められるようになった．また，最低給付額の保証も定められた．②扶養家族として65歳以上の妻と18歳未満の子供への給付が導入された．1935年社会保障法では，加入者が死亡した場合，わずかな額の給付が一括して遺族に支払われていたが，それを廃止し，新たに加入者の生前の給付額をもとに遺族への給付が行われることになった．③給付の開始が1935年社会保障法では1942年とされていたが，改正では1940年に早められた．④1935年社会保障法では除外されていた職種の一部が1939年の改正で加入の対象となった[78]．

　またエプスタインは，積立基金が膨大になり，デフレ効果をもたらしていることも指摘していた．とりわけ1937年の景気後退の原因のひとつとして，社会保障税（失業保険と老齢保険への拠出）による購買力の低下がさかんに議論されるようになると，エプスタインは，景気対策の面からも労使の拠出だけに頼った積立方式が大きな問題をはらんでいると主張するようになった[79]．

　しかし現実には1939年改正とエプスタインの主張には，依然として大きな隔たりがあった．なかでもエプスタインの最も中心的な提案である政府の拠出に関しては，1939年の改正においても導入されなかった．社会保障局（Social Security Board: SSB）は今後，約15年間は政府の拠出がなくてもすむと推計していたが，エプスタインは，景気回復がかなり早く進まなければそれほど長い間，政府の拠出なしではすまないと考えていた[80]．1939年の改正後も，「大衆に課税を限定していては，最も貧しい人々にさらに貧しさを配分する」ことになり，課税されてもそれほど購買力が減退しない高額所得者からの税収を増やし，政府が一般財源から拠出するのが望ましいと主張し続けた[81]．

おわりに

　1939年の社会保障法改正以降，AASSの活動は停滞した．社会保障法が最高

裁によって合憲と判断され，社会保険の給付も開始されると，多くの人々が社会保障をめぐる問題はすでに解決されたと考えるようになったことがその主な原因であった．また第二次世界大戦が勃発し，国内の社会改革への関心が急速に薄れていったことも，AASSの活動に歯止めをかける一因となった．こうした状況下で寄付金が急激に減り，AASSは財政難に直面した．さらにエプスタインも，健康上の理由から以前のように精力的にAASSの活動に取り組むことが難しくなっていた．1942年4月にはAASSの創立15周年を祝う式典が開かれ，エプスタインは久しぶりに人々の注目を集めたが，それも一夜限りの出来事であった．AASSが以前のような勢いを取り戻すことがないまま，エプスタインは1943年5月に50歳の若さでこの世を去った[82]．

これまで見てきたように，エプスタインの社会保障に対する基本的な考え方は，労使の拠出だけではなく，政府が一般財源から拠出することで初めて真の意味での社会保険が成立するというものであった．それによって所得の再分配を図り，より平等な社会を実現することをエプスタインは強く望んでいた．しかしローズヴェルトは，エプスタインが構想するような社会保障制度は，財政赤字を増大させ，富裕層の反発を招くと考えていた．ローズヴェルトの意向を強く反映していたCESとその中心的なメンバーであったウィスコンシン派やAALLはエプスタインと対立しており，その関係は社会保障法の立案過程においてさらに悪化した．

ここで注目しなければならないのは，エプスタインが提唱した「民主主義的で正義にかなった社会保険」は，単に所得分配の平準化を促すだけでなく，労働者の購買力を増大させることによって，大恐慌の克服につながるような経済システムの構築につながっていたという点である．こうした視点からの議論が政権内で十分に尽くされなかったことが，景気回復策としてのニューディールの失敗に結びついていると見ることもできる．

アメリカの社会保障制度は，社会保険と公的扶助という二層構造から成り，前者は労働者が自ら拠出し，失業や退職に際して「権利」として受給するものであるのに対し，後者は低所得者への一般財源からの給付であり，スティグマを伴う「福祉」と位置付けられている．このように公的扶助が社会保険よりも劣位に置かれ，その境界線が明確であることが，アメリカの社会保障制度の特

徴となっている．

　こうした社会保険と公的扶助の境界線を曖昧にし，両者の連関を強めようとしたのがエプスタインであった．彼の構想がCESの政策決定から排除されたことは，福祉国家としてのアメリカの脆弱性を一層，増大させることにつながっていった．ヨーロッパ諸国での経験，特にイギリスの社会保険との決別を示すことで，アメリカ独自の社会保障制度を構築しようとしたローズヴェルトにとって，まさにエプスタインの構想は，アメリカの思想的情況から異端として排除されるべきものであった．

註

1) Arthur J. Altmeyer, *The Formative Years of Social Security* (Madison: University of Wisconsin Press, 1968); Edwin E. Witte, *The Development of the Social Security Act* (Madison: University of Wisconsin Press, 1962); Paul H. Douglas, *Social Security in the United States* (New York: McGraw Hill, 1936); Theron F. Schlabach, *Edwin E. Witte: Cautious Reformer* (Madison: State Historical Society of Wisconsin, 1969).
2) Roy Lubove, *The Struggle for Social Security, 1900-1935* (Cambridge Mass.: Harvard University Press, 1968)（古川孝順訳『アメリカ社会保障前史』（川島書店，1982年））; Walter I. Trattner, *From Poor Law to Welfare State: A History of Social Welfare in America* (New York: The Free Press, 1974)（古川孝順訳『アメリカ社会福祉の歴史──救貧法から福祉国家へ──』（川島書店，1978年））; Carolyn L. Weaver, *The Crisis in Social Security: Economic and Political Origins* (Durham: Duke University Press, 1982).
3) Louis Leotta, Jr., *Abraham Epstein and the Movement for Social Security, 1920-1939* (unpublished Ph. D. dissertation, Columbia University, 1965); Pierre Epstein, *Abraham Epstein: The Forgotten Father of Social Security* (Columbia, MO: University of Missouri Press, 2006).
4) アイザック・マックス・ルビノー（1875-1936）は，ロシア系ユダヤ人で1893年に渡米し，医師，社会保険の理論家として活躍した．エプスタインの最もよき理解者であり，AAOAS・AASSの活動に協力した．ルビノーの代表的な論文・著作としては以下のようなものがある．"The Movement toward Unemployment Insurance in Ohio", *Social Service Review*, vol. 7 no. 7 (June 1933); "The Ohio Idea: Unemployment Insurance", *The Annals of the American Academy of Political and Social Science*, vol.170 (November 1933); *The Quest for Security* (New York: Arno Press, 1976).
5) *New York Times*, Abraham Epstein (Obituary), May 3, 1942; Leotta, 30-35.
6) Abraham Epstein, *The Negro Migrant in Pittsburgh* (Pittsburg: School of Economics, University of Pittsburgh, 1918).
7) Pierre Epstein, 36; Leotta, 35. マウラーは社会党員であり，ペンシルヴェニア州労働連盟の代表を務めていた．

8) Leotta, 36-37.
9) Pierre Epstein, 37-38.
10) Pierre Epstein, 53. イーグルズ友愛会は1898年に設立された「老齢年金」の設立を目指す民間団体．1920年代までに公称100万人の会員と1,700の支部を持ち，3,000ドル以上の資産がなく困窮している70歳以上の高齢者に1日1ドルを支給する制度の設立を提唱した．Leotta, 55-56, 59-61.
11) Leotta, 63-64.
12) 当時，経済的に困窮している高齢者への現金給付を"pension"と呼ぶことが多かったが，内容的には非拠出制でのちの老齢扶助に相当するものであるため，本書では特別な場合を除いて「老齢扶助」と表記し，拠出制のものを「老齢年金保険」として区別する．
13) Pierre Epstein, 54-55; Leotta, 65-66, 83, 86.
14) Pierre Epstein, 78-79; Leotta, 92.
15) *Bulletin of American Association for Old-Age Security*, vol.I no.1, June 1927, American Association for Social Security Records, Kheel Center Archives, Cornell University, Ithaca, New York. AAOASの収入としては，最初の1年半は7,000ドル，1929年は2万3,501ドル74セント，1930年は3万4,965ドル12セント，1931年は3万8,804ドル5セントが計上されている．また機関誌の定期購読者は6,000人から7,000人程度であった．Leotta, 105, 107.
16) *Bulletin of AAOAS*, vol.I no.3, December 1927.
17) *Bulletin of AAOAS*, vol.I no.1, June 1927; The Constitution of AAOAS, Adopted at the Annual Meeting on April 10, 1931, Box 1 Folder 21, Rubinow Papers, Kheel Center Archives, Cornell University.
18) Abraham Epstein, *Facing Old Age* (New York: Alfred A. Knopf, 1922): 213-214, 223-224.
19) Abraham Epstein, *Facing Old Age*, n.d., Box 8, American Association for Labor Legislation (AALL) Pamphlets Bibliography, Kheel Center Archives, Cornell University.
20) *Facing Old Age*, 225-226, 227.
21) The AAOAS, A National Organization, n.d., Box 8, AALL Pamphlets Bibliography.
22) *Facing Old Age*, 228.
23) Leotta, 118, note 1.
24) The Annual Message to the Legislature, January 2, 1929, Samuel I. Rosenman (comp.), *The Public Papers and Addresses of Franklin D. Roosevelt, vol.1* (New York: Russell & Russell, 1938): 83; *New York Times*, January 3, 1929, 18:6; *New York Times*, January 2, 1929, 26:1; Leotta, 118.
25) Leotta, 118-119, 121; *New York Times*, January 21, 1929, 2:6; *New York Times*, March 1, 1929, 1:7.
26) Leotta, 123-124. 上下院の議長が3人ずつ，知事が3人任命し，合計9人から成る．委員の名前と所属については *New York Times*, June 9, 1929, 1:3 を参照のこと．
27) 1928年1月にはAAOAS法案が州議会へ提出されたが否決された．Leotta, 120, 139. AAOASの法案とマスティック法案の違いについては次を参照のこと．Louis Leotta, Jr., "Abraham Epstein and the Movement for Old Age Security", *Labor History*, vol.16 no.3

(Summer 1975): 368.
28) *New York Times*, February 19, 1930; *New York Times*, September 19, 1929; Leotta (dissertation), 126-130.
29) State of New York, Department of Social Welfare, Annual Report of the Division of Old Age Security, 1930-1931, Box 8, American Association for Social Security(AASS) Records; State of New York, Department of Social Welfare, Public Welfare Law, Revised on June 1, 1931 (Albany: J.B. Lyon Company, Printers, 1931), Box 8, AASS Records.
30) Epstein, "Facing Old Age", *The American Scholar*, vol. III no.2 (March 1934):199-200. AAOASは9月1日に申請が開始されるにあたり，ニューヨーク年金情報センターを設立し，無料で申請者への援助や相談に乗ることを決めた（実際の給付の開始は1931年1月1日からであった）．最初の1年間に1万4,000人がこのセンターを利用した．*Herald*, May 1930, 4, *Herald*, September-October 1931, 1, AASS Records.
31) *Herald*, May 1930, 1,4.
32) Leotta, 142; *New York Times*, February 24, 1930, 1:6; *New York Times*, April 1, 1930, 4:4; *New York Times*, April 11, 1930, 3:2, Governor's Statement on the Report of the Commission on Old-Age Assistance, February 24, 1930; "A Radio Report to the 1930 Session of the Legislature, March 26, 1930", Rosenman (comp.), vol.1, 216, 552-553.
33) "Campaign Address, Rochester, October 22, 1928", Rosenman (comp.), vol.1, 43-44.
34) "The Governor Recommends the Creation of a Commission to Study the Problem of Old Age Assistance, February 28, 1929", Rosenman (comp.), vol.1, 210.
35) Governor's Statement on the Report of the Commission on Old-Age Assistance, February 24, 1930, Rosenman (comp.), vol.1, 217.
36) *New York Times*, February 24, 1930.
37) "The Annual Message to the Legislature, January 7, 1931", Rosenman (comp.), vol.1,103. 拠出による老齢年金保険の導入を求める発言は次の教書にも見られる．"The Annual Message to the Legislature, Jannuary 6, 1932", Rosenman (comp.), vol.1, 121-122.
38) "Campaign Address, Rochester, Oct. 21, 1930", Rosenman (comp.), vol.1, 417.
39) *Herald*, November 1932; December 1932; March 1933.
40) *Herald*, June 1933 ; Minutes of a Special Meeting of the Voting Members of the AAOAS, May 18, 1933, Box 3 Folder 28, Rubinow Papers, Kheel Center Archives, Cornell University.
41) アメリカ労働立法協会 (AALL) は，1906年に国際労働立法協会のアメリカ支部として ニューヨーク市に設立された．事務局長のジョン・アンドリュースを中心に，老齢扶助や 社会保険の設立を推進する運動を展開した．
42) Douglas to Epstein, February 24, 1928, Epstein to Douglas, February 27, 1928, Box 3 Folder 24, Rubinow Papers; Pierre Epstein, 81-82.
43) Pierre Epstein, 79-81; Leotta, 90-91, 94-97, 101-104.
44) Commons to Epstein, May 22, 1933, Reel 49, American Association for Labor Legislation Records [microfilms].
45) Raushenbush to Epstein, June 25, 1933, Box 5 Folder 1, AASS Records.
46) 制度学派の経済学者であるウィスコンシン大学のジョン・R・コモンズとその弟子たち

が，全米初の失業補償法を 1932 年にウィスコンシン州で制定した．彼らはウィスコンシン派と称された．ウィスコンシン州失業補償法では企業別の勘定が設立され，そこへ雇用主だけが拠出した．同法の制定については，本書の第 2 章を参照のこと．

47) Abraham Epstein, "Do We Need Compulsory Public Unemployment Insurance? Yes", *The Annals of the American Academy of Political and Social Science*, vol.170 (November 1933): 7.

48) 配偶者や未成年の子供にも追加的な給付が設けられた．また，開始から 2 年目以降に，雇用実績に基づいて 1％から 4％の範囲内で雇用主の拠出率を変動させることもあるとした．"Explanatory Note by American Association for Social Security", n.d.; "Proposed Standards for an Unemployment Insurance System", n.d., Box 8, AALL Pamphlets Bibliography.

49) *Social Security*, September-October 1933, AASS Records.

50) Raushenbush to Epstein, June 25, 1933, Epstein to Raushenbush, June 29, 1933, Box 5 Folder 1, AASS Records.

51) Andrews to Stone, August 1, 1933, Epstein to Stone, August 16, 1933, Box 5 Folder 16a, AASS Records.

52) Abraham Epstein, "Enemies of Unemployment Insurance", *New Republic* (September 6, 1933): 94-96.

53) John Andrews,"Enemies of Unemployment Insurance", *American Labor Legislation Review*, vol. 23 no.3 (September. 1933): 155-158. エプスタインは 10 月 24 日付のアンドリュースへの手紙で，ニューリパブリックの論文のタイトルは編集者が勝手につけたものであり，自分には責任がないこと，またそのことをすでにアンドリュースらは知っていながら自分を攻撃したとして強く反発した．Epstein to Andrews, Oct. 24, 1933, Reel 50, AALL Records.

54) Witte to Epstein, August 23, 1934, Epstein to Witte, August 31, 1934, Box 6 Folder 20, AASS Records.

55) M. B. Schnapper to Epstein, December 6, 1934, Epstein to Schnapper, December 7, 1934, Box 6 Folder 20, AASS Recods.

56) Epstein to McConnell, Angell, Fox, Goldstein, Gray, Gruening, and Soule, February 17, 1934, Box 3 Folder 30, Rubinow Papers.

57) Perkins to Epstein, October 30, November 3, 1934, Epstein to Perkins, November 5, 6, 1934, Henrietta C. Epstein to Armstrong, November 7, 1934, Box 6 Folder 20, AASS Records.

58) Address by Abraham Epstein before National Conference on Economic Security, Box 6 Folder 20, AASS Records. エプスタインは CES の諮問会議の委員にイーグルズ友愛会のジョージ・H・ノードリン（George H. Nordlin）が選ばれたことにも憤慨していた．Witte, 52, note 31.

59) Abraham Epstein, "' Social Security' under the New Deal", *The Nation* (September 4, 1935): 2.

60) Epstein to Rubinow, August 31, 1934, Box 3 Folder 29, Epstein to Rubinow, October 16, 1934, Box 3 Folder 29, Rubinow Papers.

61) Epstein to Rubinow, February 18, 1935, Box 3 Folder 31, Rubinow Papers.
62) Pierre Epstein, 119-120; Abraham Epstein, *Insecurity: A Challenge to America* (New York: Random House, 1933): xii.
63) Epstein to Rubinow, May 3, 1934, Box 3 Folder 30, Rubinow Papers.「残念なことにほとんどの人々はパーキンズの女野郎が銀の皿の上に完璧なプログラムを乗せて出してくれていると信じて」おり，そのせいでAASSの会員数が激減してしまったとエプスタインは述べている．Epstein to Rubinow, May 17, 1935, Box 3 Folder 31, Rubinow Papers.
64) Abraham Epstein, "Social Security: Fiction or Fact?", *The American Mercury* (October 1934):136; *Insecurity*, 1938 ed., 683.
65) Rubinow to Epstein, February 20, 1935, Box 3 Folder 31, Rubinow Papers.
66) Ibid.
67) *Herald*, June-July 1934, 1, 5.
68) Epstein to Rubinow, April 12, 1934, Box 3 Folder 30, Rubinow Papers.
69) 1923年10月から1930年末までの間に，失業保険の加入者の44.2％は給付を全く受けておらず，23.9％が1日から100日の間，10.6％が101日から200日の間，1.3％が延べ1,001日以上給付を受けた．Epstein, "Do We Need Compulsory Public Unemployment Insurance? Yes", 8, 9.
70) Epstein to Rubinow, October 15, 1935, Box 3 Folder 31, Rubinow Papers.
71) Epstein to Rubinow, October 4, 1935, Box 3 Folder 31, Rubinow Papers; *Social Security*, November 1933, August-September 1934, November 1934; "Our Social Insecurity Act", *Harper's Magazine* (December 1935): 56-58; "Social Security-Where Are We Now?", *Harper's Magazine* (June 1940): 37. こうしたエプスタインの主張に対しルビノーは，まずビスマルクはドイツの失業保険と直接関係がないこと，ドイツの失業保険制度は積立方式ではないこと，失業保険制度が成立してから1, 2年後にドイツは恐慌になったため，制度がうまくいかなかったことなどを指摘している．雇用主の拠出がすべて消費者に転嫁されるわけではなく，必ずしも消費者イコール労働者ではない．農民や高額所得者もまた消費者であるとし，エプスタインの「感情的な態度」を戒めた．Rubinow to Epstein, October, 22, 1935, Box 3 Folder 31, Rubinow Papers.
72) Abraham Epstein, "Social Security Act: Reality", *The Nation* (October 10, 1936).
73) 現在45歳の労働者が月32ドル50セントの給付を得るには，65歳になるまでに少なくとも月収100ドルを稼がなくてはならず，老齢扶助の最高給付額である85ドルを得るには，43年間にわたって3,000ドルの年収がなくてはならないとエプスタインは算出していた．Ibid.
74) Insecurity, 1938 ed.: 725; Abraham Epstein, "The Future of Social Security", *The Nation* (October 17, 1936).
75) Insecurity, 1938 ed.: 734-737; Armstrong to Epstein, February 8, 1935, Box 6 Folder 20, AASS Records; Abraham Epstein, "Our Social Insecurity Act", *Harper's Magazine* (December, 1935): 62; Douglas, 96-99; Witte, 150-153; Mark H. Leff, "Taxing the 'Forgotten Man': The Politics of Social Security Finance in the New Deal", *Journal of American History*, vol.70 no.2 (September 1983): 368-370.
76) Weaver, 113-114.

77) *Social Security*, September-October 1939; November 1938; "Victories of 1939 Greatest in Association's History", *Social Security*, September-October 1939:1.
78) "Social Security-Where Are We Now?", *Harper's Magazine* (June 1940) : 34-35. 1939年社会保障法改正については次も参照した．藤田伍一「アメリカ老齢・遺族年金保険の成立―1939年社会保障連邦法の改正意図―」『一橋論叢』第72巻5号（1974年11月）：503-518；菊池馨実『年金保険の基本構造―アメリカ社会保障制度の展開と自由の理念―』（北海道大学図書刊行会，1998年）：第2章．
79) "How Shall the Social Security Act Be Amended?", *Social Security*, November 1938, 3.
80) *Social Security*, September-October 1939, 3.
81) "Social Security-Where Are We Now?", 37.
82) Pierre Epstein, 254-255, 262-273; *New York Times*, Abraham Epstein (Obituary), May 3, 1942.

CHAPTER 5
第5章

1935年社会保障法と健康保険をめぐる議論

―エドガー・サイデンストリッカーとイジドール・S・フォークの構想を中心に―

はじめに

　1929年10月のニューヨーク株式市場における株価の大暴落に端を発した大恐慌は，その後長い間，アメリカ社会に様々な歪みや混乱をもたらした．失業や賃金の大幅なカットにより，最低限の衣食住の確保もままならず，貧しい生活の中で病に苦しむ人も増えた．1933年に賃金労働者を対象に全米の10の工業都市で行われた調査によると，1929年から1932年の間に罹病率が最も高かったのは，所得の減少率が最大のグループであった．これらの人々は，病気になっても経済的な困窮ゆえに病院へ行くことができず，医師や医療機関の数は足りていながら，医療の恩恵に浴することができない人が増加するという深刻な事態が発生していた[1]．

　フランクリン・D・ローズヴェルト（Franklin D. Roosevelt）大統領は，国民が直面している生活上の困難に対処するために社会保障制度を設立する必要があると考え，1934年6月に主要閣僚から成る経済保障委員会（Committee on Economic Security：CES）を設立した．その際，失業保険や老齢年金保険とならんで大きな期待が寄せられたのが健康保険制度の導入であった．当時のアメリカでは，民間企業や非営利団体による健康保険が少しずつ普及しつつあったが，所得が低い人々には手が届かなかった．医療制度の改革を唱えていた政治家や専門家は，CESの設立を公的な健康保険制度を導入する好機と捉え，健康保険の具体的なあり方をめぐって活発な議論を展開するようになった．

　しかし，第1章でも述べたように，その後，1935年8月に成立した社会保障

法に健康保険は盛り込まれず，アメリカでは今日に至るまで国民皆保険の原則に基づいた公的な健康保険制度は導入されていない．この問題については，当時，ニューディール政策の重要課題として健康保険の導入が政権内外で前向きに検討されていたにもかかわらず，社会保障法案に健康保険を入れる試みが頓挫したのは，アメリカ医師会（American Medical Association：AMA）を中心とした医師たちが「医療の社会化」に反対したためであるとされている．特にいくつかの先行研究は，CESの中でも特に医療関連の立案を主導した2人の公衆衛生学者，エドガー・サイデンストリッカー（Edgar Sydenstricker）とイジドール・S・フォーク（Isidore S. Falk）とAMAの対立に焦点を当て，両者の反目が健康保険の導入を阻んだことを明らかにしている[2]．

　しかし，これらの研究は，CESに登用された公衆衛生の専門家とAMAを中心とした医師の間に見られた健康保険をめぐる対立を，最初から全く相いれず，妥協の余地がないものであったと捉える傾向が強い．社会保障法の制定過程において，健康保険の立案の中心となったサイデンストリッカーとフォークが，どのように自らの構想を表明し，それに反対する医師たちとのいかなる力関係の下で意見を変えることを迫られ，それにローズヴェルトやCESなど政権側の人々がどう対処したのかという点については，これまで十分に考察されてきたとは言い難い．また，健康保険に関してCESが最終的に下した決断は，単に1935年の時点で社会保障法の限界を明らかにしただけでなく，その後のアメリカにおける健康保険をめぐる議論を大きく制約することになっており，そうした観点からも，この問題は再検討されなければならない．

　本章では，1934年から翌年にかけて健康保険をめぐる主な議論の場となったCESの医療諮問委員会（Medical Advisory Board：MAB）に着目し，イェール大学図書館に所蔵されているフォークやMABの委員長を務めたハーヴェイ・クッシング（Harvey Cushing）の個人文書などを一次史料として用いながら，サイデンストリッカーとフォークの構想がAMAの医師を中心とした反対派の圧力を受けながらどのように変化し，最終的にいかなる状況の下でCESが健康保険の実現を見送ったのかを明らかにしていく．第4章では，エプスタインという外部の専門家の構想がCESによって排除されていった状況を追ったが，本章ではCESのスタッフであるサイデンストリッカーとフォークの構

想が，なぜCESにおいて徐々に後退させられ，最終的に放棄されたのかを考察し，本書の三つ目のテーマであるオルターナティブの封じ込めがCESの内部でもなされたことを考察していきたい．

まず第1節では，サイデンストリッカーとフォークの健康保険に関する構想を検討し，第2節でMABの設立の経緯を明らかにする．つづく第3節では，健康保険をめぐるMABでの討議とそれに対するCESとローズヴェルトの反応を考察する．そして第4節で，サイデンストリッカーとフォークが提出した最終報告書とAMAの対応を検討し，CESが健康保険を社会保障法案に盛り込むことを断念した経緯とその歴史的な意義について論じる．

1. サイデンストリッカーとフォークの構想

1934年6月に大統領命令によって設立されたCESは，8月に入ると社会保障法案の作成に向けた具体的な作業の概要を明らかにした．そこではCESが取り組むべき課題として13の項目が示され，その4番目に「賃金労働者の疾病と医療」があげられた．またこの分野の立案を進める専門スタッフとして，ミルバンク記念基金から公衆衛生学者のサイデンストリッカーとフォークがCESへ出向することが公表された[3]．

この2人がCESで医療分野の立案に携わることになったのは，ローズヴェルトの人脈によるところが大きかった．ミルバンク記念基金の理事長ジョン・A・キングスベリー (John A. Kingsbury) は，ローズヴェルトのニューヨーク州知事時代からの友人であり，同州の保健行政や貧困者の救済事業を通じて，フランシス・パーキンズ (Frances Perkins) やハリー・ホプキンズ (Harry Hopkins) とも懇意な間柄にあった．ローズヴェルトが大統領に当選すると，キングスベリーは直ちに「全国健康計画」と題した政策提言書を部下であるサイデンストリッカーとフォークに作成させ，ローズヴェルトへ送った．その文書は，公衆衛生の普及や医療の質の向上の重要性について述べたものであり，ローズヴェルトはそれを読み，「全国的な視点から，総合的に医療や保健の問題に取り組んでいきたい」と関心を示した．こうしたやり取りを通じて，最終的にはホプキンズの要請により，医療分野の専門家としてサイデンストリッ

カーとフォークがCESのスタッフに登用されることになった[4]．

　サイデンストリッカーとフォークは医師ではなく公衆衛生の専門家でありながら，医療分野の立案の中でも特に健康保険制度の導入に熱意を燃やしていた．その理由は，医学が進歩し医療が専門化するにつれて医療費が高騰し，ある程度の収入がある者でも医療費の支払いに苦慮していることが大きな問題であると2人が見ていたためであった．

　こうした考えは，サイデンストリッカーとフォークが，それまでミルバンク記念基金で携わってきた医療問題に関する社会経済学的な調査に裏付けられたものであった．フォークが1928年から1931年の間に8,758世帯を対象に行った調査によると，1世帯当たりの平均年収が2,605ドルであるのに対し，医療費は平均104ドルで収入の約4％を占めていた．フォークによると問題なのはこの比率ではなく，医療費の特殊性であった．すなわち食費や住居費など家計で予算を組むことができる支出とは異なり，医療費はある日突然，必要となり，しかも病気の種類や程度によりその額が大きく異なるため，事前に予算を立てて備えることが困難である．こうした医療費をめぐる問題は，大恐慌によって失業者が増えたり，労働者の所得が大幅に減少するにつれて深刻化していた．サイデンストリッカーとフォークは公的な健康保険制度を導入してリスクを分散し，疾病に備えるとともに，税金を投入し，負担能力に応じて医療費を支払うことができるようにする必要があると考えていた[5]．

　さらに2人は患者側の利便だけではなく，大恐慌により経営が難しくなっている開業医や病院の収入確保という観点からも，健康保険制度の導入が望ましいと信じていた．フォークの調査によると，1929年から1932年の間に医師の収入は40％減少し，1932年の開業医の平均年収は3,450ドルであった．医師は高収入であるという一般的なイメージとは裏腹に，大恐慌が始まる直前でも医師の33％は年収が2,500ドル以下であり，患者を安定的に獲得できる医師とそうでない医師との間の所得格差は大きかった．また病院も全国的に見ると受け入れ可能な患者数の65％しか確保できておらず，寄付や税金に頼りながら何とか経営されている病院も少なくなかった．不況の長期化により患者数が減ったり，医療費を支払うことができない患者を診なければならないケースが増えると，経営難に陥る開業医や病院が今後，ますます増加することが予測された．

こうした医療をめぐる状況を改善するには，大胆な医療制度の改革が必要であると2人は考えていた．なかでも，これまでのような独立自営的な医師による診療方式を大幅に変革し，いわゆるグループ診療を普及させることが，問題の解決に不可欠であると2人は見ていた．具体的には，医師が医療法人と契約を結び，経費を分担しながら毎月一定の収入を得たり，複数の医師が施設や設備を共同利用しながら，診療協力するような方法が，今後の望ましい医療のあり方であるとしていた[6]．

　サイデンストリッカーとフォークは9月に入ると予備的レポートを作成し，CESの専門委員会の医療保障委員会へ提出した．そのレポートでは健康保険について，次のような基本方針が提示された[7]．

①健康保険制度の設立は州レベルでの立法による．

②所得の限度額を定め，それ以下の者を強制加入とし，それ以上の所得がある者を任意加入とする．加入者本人だけでなく，扶養家族も制度の対象とする．

③労使がともに拠出し，一般の診療と専門的な診療，入院，看護，歯科などすべての医療サービスをカバーする．

④疾病による所得の喪失を補填する制度を併設し，失業保険と同じ組織が運営する．ただし，その基金は失業保険の基金とは別にする．

⑤疾病の予防に重点を置き，公衆衛生の普及と健康保険の導入を統合的に捉える．

　こうした健康保険の基本的な枠組みは，アメリカ労働立法協会（American Association for Labor Legislation : AALL）が1915年に発表したモデル法案以来，長年，労働法の専門家を中心に広く提唱されてきたものであり，決して目新しいものではなかった[8]．AALLのモデル法案からサイデンストリッカーとフォークの構想へと連なる継続性は，次の4点に見られる．

　第一に，州レベルで健康保険制度を設立することに主眼が置かれていた．社会保障法は各州の健康保険制度について最低限の基準を定めるものとされ，同法の下で，全国的な国民皆保険制度を設立することは最初から想定されていなかった．

　第二に，健康保険の加入者が所得に基づいて限定されていた．AALLのモデ

ル法案では強制加入の対象になるのは所得が月収100ドル以下の労働者とされ,それ以外の人々は任意加入とされた.また農業や自営業に従事している者,日雇いなど非正規の雇用にある者は任意で加入できるが,強制加入の対象とはされていなかった.サイデンストリッカーとフォークのレポートでは,具体的な所得限度額は定められていなかったが,それほど所得が高くない賃金労働者を対象とする健康保険制度を想定しており,その意味でAALLのモデル法案も2人のレポートも労働立法として健康保険を捉えていた.

　第三に,健康保険は二つの柱から成るとされ,医療費の補助のほかに,病気で仕事ができなくなり,収入が減少した場合の所得補償が併設されていた.この二つは「車の両輪」のように機能し,病気により貧困に陥る人をなくしていくことが期待された.特にAALLのモデル法案でもサイデンストリッカーとフォークのレポートでも,一家の稼ぎ手である男性労働者に対する所得補償が不可欠であると考えられていた.

　第四に,健康保険制度の導入によって疾病を予防すべきであるという発想が両者に共通して見られた.人々が健康保険に加入すると健康管理に対する意識が高まり,病気の早期発見・治療につながるというのが,その基本的な考え方であった.サイデンストリッカーとフォークは公衆衛生の専門家であり,疾病の予防という観点から,公衆衛生の普及と健康保険制度の設立を一体的に捉え,ヨーロッパ諸国のような「疾病保険」ではなく,あくまでも「健康保険」であることの意義を説いた[9].またこの点は,失業を「防止」する機能を失業保険に求めていたウィスコンシン派の考え方と対をなすものであった.

　このようにAALLのモデル法案とサイデンストリッカーとフォークの構想は双方とも労働立法としての性格が強く,すべての国民が加入を義務付けられる普遍的な健康保険への関心に基づいたものではなかった.労働立法としての健康保険というアプローチは,CESの委員長である労働長官パーキンズや労働次官補でCESの専門委員会の委員長を務めていたアーサー・J・オルトマイヤー(Arthur J. Altmeyer),事務局長のエドウィン・E・ウィッテ(Edwin E. Witte)らの労働立法の経験が長いウィスコンシン派や,かつてAALLで活躍していたCESのメンバーの志向と合致するものであった[10].

　CESでは,連邦緊急救済局(Federal Emergency Relief Administration:

FERA）長官として失業者や貧困者への医療救済の提供を行っていたホプキンズが健康保険の導入に最も積極的であった．しかし，それ以外の委員の健康保険への関心はそれほど高くなく，社会保障法の制定によって国民皆保険を実現しようという考えは最初からなかった．特にパーキンズとウィッテは失業保険を最も重視しており，健康保険については，大恐慌により失業したり，所得が減少した労働者への経済的な支援という観点から，その必要性を副次的に認識していたにすぎなかった[11]．そのため，サイデンストリッカーとフォークにとって，CESの中心的なメンバーに受け入れられやすいタイプの健康保険をこの段階で原案として提示しておくことは，非常に重要な意味を持っていた．このように労働立法としての性格が強い健康保険が構想され，失業保険を補完する役割が期待されていたという点は，第1章で述べた社会保障法の性格にも連なるものであり，ニューディールの雇用・失業対策の中に同法が位置付けられていたことの証左となる．

2. 医療諮問委員会の設立

1934年8月にフォークとサイデンストリッカーがCESの専門スタッフに任命され，健康保険の立案を進めていることが公になると，政府へ抗議が殺到した[12]．2人の登用に反対する理由は，次の2点にあった．まず，2人が医師ではなく公衆衛生の専門家であり，医療現場を知らない「門外漢」が，健康保険という政府の医療への介入に直接関わる問題について，重大な決定をしようとしていることに対する反発であった．AMAを中心とする医師団体は，医師こそが健康保険をめぐる議論を主導すべきであると考えていた．AMAの機関誌は次のように述べている．

> もしサイデンストリッカー氏が医療に関する提言をする[CESの]唯一の権威であるならば，医師たちは疾病保険のいかなる計画の立案にも自分たちが適切に代表されているとは見なさないであろう．（中略）アメリカの医師たちは立案の最初の段階から助言や協力を求められ，十分に認められることを望んでいる[13]．

第二の理由として考えられるのは，サイデンストリッカーとフォークがミルバンク記念基金から出向していたことであった．同基金は，1927年に医療費委員会（Committee on the Cost of Medical Care：CCMC）を設立し，5年計画で「医療と疾病予防の経済的な側面」について全国的な調査を行い，1932年に公表した最終報告書でグループ診療と公衆衛生の普及を提言していた．サイデンストリッカーとフォークは，この委員会の中心的なメンバーであった[14]．CCMCは，健康保険に関しては具体的な提案を避けたが，委員の中には低所得者のための健康保険を直ちに導入すべきであると主張する者が少なからずいた．なかでも，キングスベリーとフォークは連邦政府が補助金を交付して，低所得者を強制加入とする健康保険制度を設立することを提言していた[15]．また，サイデンストリッカーも健康保険の導入が「根本的な経済問題」を解決するために不可欠であると主張していた[16]．

　こうした動きに対しCCMCの医師である9人の委員は，少数派の意見書を提出して対抗した．彼らは，健康保険が導入されると医療費のさらなる高騰を招くという理由で，任意であれ強制であれ，あらゆるタイプの健康保険に反対した．AMAも機関誌上でこの少数派の意見を支持し，CCMCの最終報告書は，「社会主義，共産主義，革命を引き起こす」可能性さえあると厳しく非難した[17]．

　このように健康保険をめぐるCCMC内部の亀裂は，健康保険に賛成するサイデンストリッカーやフォークらミルバンク記念基金を中心とする公衆衛生学の専門家と，健康保険に反対するAMAの医師たちの衝突と当時，見なされた[18]．こうした対立がまだ記憶に新しい1934年の夏にCESがサイデンストリッカーとフォークを医療分野の専門スタッフとして任命し，立案を任せたことは，「医療の社会化」，「医療への公的介入」に強く反対する医師たちにとっては許し難いことであった．

　2人の人選への抗議を受けて，それまで静観していたローズヴェルトは，健康保険がきわめて論争的でデリケートな問題であることを改めて認識するようになった．そして，なるべく衝突を避け，注意深く健康保険に関する立案を進めるようCESに指示を出した[19]．CESはこれを受けて，どのような方法をとれば，AMAを中心とした医師の不満を抑えることができるのか，新たな対策を練った．

表8　医療諮問委員会の委員

氏　名	所　属	地　域
ウォルター・ビアリング	アメリカ医師会会長	アイオワ州デモイン
ロート・グリーンノウ	アメリカ外科医学会会長	マサチューセッツ州ボストン
ジョージ・ピアソル	アメリカ医師学会会長，ジェファソン医大教授	ペンシルヴェニア州フィラデルフィア
レクスワルド・ブラウン	サンタバーバラ・クリニック	カリフォルニア州サンタバーバラ
ジェームズ・ブルース	ミシガン大学教授，ミシガン州医師会評議員	ミシガン州アナーバー
ハーヴェー・クッシング	イェール大学教授，脳外科医	コネチカット州ニューヘイブン
ジェームズ・ミラー	コロンビア大学教授，内科医	ニューヨーク州ニューヨーク
トマス・パーラン	ニューヨーク州保健省長官，公衆衛生学，医師	ニューヨーク州オルバニー
スチュウート・ロバーツ	エモリー大学教授，内科医	ジョージア州アトランタ
ジョージ・カーライル	クリーブランド・クリニック	オハイオ州クリーブランド
シェルトン・ホースレイ	セント・エリザベス病院，外科医	ヴァージニア州リッチモンド

出典："Medical Advisory Board, Committee on Economic Security", Box 42 Folder 234, I.S. Falk Papers より作成．

　最終的にCESが到達した結論は，MABを設立し，そこで健康保険に関して医師の助言を仰ぎ，妥協点を探ろうというものであった[20]．入念な人選の結果選ばれたのが，表8の11人の委員である．主要な医師団体の会長や医学界の重鎮が名を連ね，委員長にはイェール大学教授で著名な脳外科医であるクッシングが任命された[21]．クッシングは，医師の理解が得られないまま健康保険制度を導入することには反対していたが，何らかの医療改革は必要であると考えていた人物であった．そのためCESは，クッシングが健康保険の賛成派と反対派の間に立ち，融和的な役割を果たしてくれることを期待した[22]．
　しかし結果としてこうした人選も，CESへの非難を静めることにはならなかった．11月初めにMABのメンバーが新聞に掲載されると，さらなる抗議がCESへ寄せられた．特にMABに医師が正当に代表されていないという抗議や，委員の地域的な偏りを指摘する手紙が多数送られてきた．それらの手紙の多くはほぼ同じ文面であり，地域の医師会などが組織的に出したものであると推察される．だれがMABに任命されようと，サイデンストリッカーとフォークが

立案のトップに立つ限り，医師が納得するような医療改革はなされないというAMAの見方は，その後も払拭されることはなかった[23]．

3. 医療諮問委員会での議論

1934年11月14, 15日に最初のMABの会合が開かれ，サイデンストリッカーとフォークと上述の11人の委員のほか，AMAの医療経済局のR・G・リーランド (R. G. Leland) とM・A・サイモンズ (M. A. Simons) が招かれ出席した．まず会合の冒頭でパーキンズとウィッテが演説し，健康保険の立案に際して今まさに医師からの適切な助言と協力が必要とされていることを説いた[24]．

このようにCESが医師たちに対して謙虚な態度をとったことが功を奏したのか，その後の2日間の討議では，MABを建設的な対話の場としていかなければならない旨の発言が相次いだ．その中で，健康保険の導入に頑なに反対の立場をとるAMAに対して批判的な意見も出され，委員長のクッシングが，AMA会長のウォルター・ビアリング (Walter Biering) に対し，もう少し柔軟にこの問題にアプローチするよう求めた[25]．こうしてMABの第1回会合では，健康保険の導入に前向きな雰囲気が作られ，サイデンストリッカーとフォークが作成した予備的レポートについても表立って異議が唱えられることはなく閉会した．

このような状況下で，CESは徐々に健康保険の実現に楽観的な見通しを持つようになった．それは翌年の1月15日に提出されたCESの最終報告書にも端的に表れていた．そこには，健康保険に関する基本的な方針として11項目があげられ，サイデンストリッカーとフォークが予備的レポートで提示したものを骨子として，健康保険の導入に向けて順調に準備を進めていることを広く国民にアピールする内容となっていた[26]．この時点では，CESが描いていたシナリオに沿って，すべてが順調にいくかのように思われた．

しかし，CESが最終報告書を公表した2日後にローズヴェルトが行った社会保障に関する議会への教書演説が，思わぬ事態を招くことになった．この教書でローズヴェルトは，「疾病により生じる経済的なリスク」に対処するための政策として，合衆国公衆衛生サービス (Public Health Service: PHS) の権限

を強化し，州へ連邦補助金を交付して公衆衛生サービスを充実させることを明言した．しかしその一方で，健康保険については慎重な態度をとり，「今後も専門家による検討を続けるが，私は現時点では導入を勧めない」と述べたのである[27]．先のMABの人選に対する反発の強さが，こうした消極的な態度をローズヴェルトにとらせたのではないかと思われる．

CESの最終報告書が健康保険の導入を提言しておきながら，ローズヴェルトが健康保険を社会保障法案に盛り込むのを見送ることを示唆するような発言をしたことで，1月29日と30日に開かれたMABの第2回会合は紛糾した．会合の冒頭で，議長を務めたサイデンストリッカーと委員長のクッシングの間で激しい応酬が繰り広げられ，政権内部の意見の不一致と健康保険に対する曖昧な態度が槍玉に挙げられた．

そもそもクッシングは，MABが健康保険の導入について最終的な判断を下していないにもかかわらず，CESの最終報告書がそれを既定路線であるかのように述べていることを苦々しく思っていた．クッシングは，「我々は健康保険に賛成すると言った覚えはないのにもかかわらず（中略），健康保険に賛成しているかのような印象を世間に与える」ことになり，とても困惑している．MABに参加した自分たちは，政権側に単なる「見せかけ」として利用されているにすぎないのではないかと抗議した[28]．

それに対しサイデンストリッカーは，ローズヴェルトが健康保険を法案へ入れることを望んでいることは間違いないとし，「それ［に応えるの］が我々の任務である．我々はあなたがたの助言を必要としているだけだ」と応酬した[29]．さらにサイデンストリッカーは，この会合に出席している「どのメンバーも，（中略）健康保険の是非を問う完全な権利を有して」おり，もし健康保険に反対する意見が出されれば，「私はそれを喜んでCESへ伝える．しかし［最終的な］報告書は［我々］スタッフの報告書であり，この会合の報告書ではない」と発言し，クッシングらを牽制した[30]．

こうした対立は，MABの第2回会合での議論を大きく制約することになった．サイデンストリッカーとフォークは，クッシングをはじめとする反対派の言い分を表立って受け入れることはなかったが，会合の決裂はどうしても避けたいと考えていた．そうしたことから2人は，当初の健康保険に関する自らの

構想を後退させ，医師たちから譲歩を引き出そうと試みた．MABの第2回会合で決められた次のような事項から，こうした2人の姿勢を見てとることができる．

当初，予備的レポートでは，健康保険の加入対象を「賃金労働者」としていたが，MABの会合では週給60ドル以下であれば特に職種を限定せず，工場労働者，ホワイトカラー，農民などを加入させることが話し合われた．サイデンストリッカーは，従業員が4人未満の事業所で働く者，自営業者，家事労働者などを任意加入とし，それ以外の被雇用者を収入に応じて強制加入の対象にすることを提案した[31]．またフォークも「労働者」という表現で加入者の線引きをするよりも，年収で2,500ドルから3,000ドルあたりで区切り，より多くの人を強制加入させる方が望ましいとした[32]．

MABによると当時の工場労働者の平均所得は1,507ドルであり，年収2,500ドルから3,000ドルという所得の上限は，所得がかなり高い者まで健康保険制度に組み込もうとするものであった．このように所得の上限を引き上げる理由として，次のようなことが提示された．すなわち加入者の平均的な所得が低くなると，給与の一定比率を拠出する方式では基金が小さくなり，医師への支払いに向けられる資金が少なくなるため，医師は収入を維持するのに患者の数を増やさなければならなくなる．そうした事態を回避するには，比較的高い水準に所得の上限を定めておくのが望ましいと考えられた．

その一方で，所得の下限についても新たに議論された．低所得者に関してはFERAなどの医療救済や地域の慈善事業を利用すれば，低額ないしは無料で医療サービスを受けることができるため，健康保険制度に無理に加入させる必要はないというのが大方の意見であった．最終的にサイデンストリッカーとフォークもこれに同意し，各州の判断で加入者の所得の下限を定め，低所得者を除外することができるようになった[33]．

その他にもMABの第2回会合では，強制加入の人々の給付に限定する形で，連邦政府から補助金を交付することが話し合われた．連邦補助金が充てられる部分についてはその条件を社会保障法で規定し，州レベルで制定する健康保険法では，強制加入以外の人々について細則を定めるとされた．こうした取り決めは，連邦政府の財政負担が及ぶ範囲を限定し，それ以外の点に関しては州の

裁量を大きくすることによって，連邦政府による統制を嫌う医師たちの反発を和らげることが意図されていた[34]．

また，サイデンストリッカーとフォークは，農民を強制加入とすることを提案したが，自営農民や過疎地に住む人々から実際どのように保険料を徴収すればよいのか，具体的な案を持ってはいなかった．会合ではトマス・パーラン（Thomas Pharan）が，ヴァージニア州をはじめとする南部諸州で農民が運営している綿花協同組合のような組織を基本単位として健康保険に加入させてはどうかと提案した．しかしフォークは，特定の組織を通じて人々を健康保険制度に組み込むと，イギリスの友愛組合のように無駄や不正を助長することにつながるため望ましくないとした．結局，この問題についても，「それぞれの地域の実情に応じた」形で農民や過疎地に住む人々を健康保険制度へ組み込むことで合意がなされ，保険料の徴収方法等に関しては州や地域の判断に委ねることになった[35]．

このようにMABの第2回会合では，健康保険の対象となる職種を拡大するとともに加入対象者の所得の上限が設定されたが，それは医師の収入確保という観点からの変更であり，健康保険の普遍性を増すという発想に基づいたものではなかった．また，所得の下限を定めて低所得者を制度から排除することが容認され，所得の少ない者へは社会福祉の一環として医療を提供するという方針が確認された．さらに連邦補助金を強制加入の者への給付に対してのみ充てることで，連邦政府の財政負担を限定的なものにし，州の裁量性を増す方向が選択された．

4. 最終報告書とアメリカ医師会の対応

前節で見たように，MABの第2回会合では，医師である委員からの反発に配慮して，サイデンストリッカーとフォークが健康保険に関する構想を変化させた．しかしそれにもかかわらず，医師であるMABの委員は歩み寄ることなく，AMAと連携しながら健康保険に反対する姿勢をさらに強めていった．

MABの委員でAMAの会長を務めるビアリングは，MABの第2回会合の直後に健康保険の導入にあくまでも反対することをウィッテに伝えた．ビアリン

グは，健康保険の導入はアメリカにおける医療のあり方を「革命化」するほどの大きな変化であり，「この会合を通じて，連邦や州の統制下で医療を提供することは今日の我が国では勧められない（中略）ことをさらに確信した」と述べている[36]．またMABの委員長であるクッシングは，健康保険が導入されれば，「医師は堕落し，専門家としての規律は乱れ，医師という職業を政治的な官僚制度の下に置くことになる」にもかかわらず，MABの会合ではそうした重大な問題について議論することさえ許されなかったとウィッテに抗議した[37]．

　AMAはこうしたMABへの批判を公式見解にし，広く医療関係者や国民にアピールしようと試みた．1935年2月に第一次世界大戦期以来初となる臨時評議会をシカゴで開き，AMAは「連邦政府，州政府，産業，地域，その他いかなる組織によって運営されるものであれ，あらゆる形態の強制的な健康保険に反対の立場をとることを再確認」する決議を採択した．AMAは健康保険制度が設立されれば，医師による自律的な診療が脅かされ，医師と患者間のプライベートな関係に政府が不当に介入することになると主張した[38]．また健康保険の導入に伴い，サイデンストリッカーとフォークが提唱しているグループ診療制が取り入れられるのではないかという懸念も表明した．AMAは，これまでのような出来高払いではなく固定給方式で医師に報酬が支払われたり，医師が医療法人に雇用されるようになると，医師という職業が貶められ，優秀な人材が医師にならなくなるとした．

　AMAがこのように態度を硬化させたことは，その後のCESによる健康保険への取り組みに重大な影響を及ぼすことになった．サイデンストリッカーとフォークは，当初の期限から大幅に遅れて1935年3月1日にCESへ「病気による経済保障へのリスクに関する最終報告書」を提出した．この最終報告書は，これまでの健康保険をめぐる議論を総括するものであったが，AMAの反発を受けて，内容は以前よりもさらに大きく後退していた．

　特に報告書の冒頭では，健康保険制度の導入に向けて，これから注意深く実験を行い，経験を蓄積することの必要性が強調された．そして社会保障法の目的は，まず「いくつかの州で」健康保険法の制定を促すことにあるとされ[39]，すべての州に健康保険法を制定させるという当初の目的が放棄された．

また以前よりもさらに州の裁量性が増され，特に次の3点について，連邦法ではなく州法で規定することができるようにされた[40]．
　①保険料の拠出については，基本的にはMABでの議論が踏襲されたが，労働者だけが拠出するのか，あるいは労使がともに拠出するのか，さらに州も拠出するのかという点に関しては，各州に任せることになった．労働者の拠出率についても，給与の4％ほどで十分であるとしながらも，社会保障法で一律のパーセンテージを定めるのを避けた．
　②所得が週給60ドル（あるいは月給250ドル）以下の人を基本的に強制加入とし，一応の目安として，州の人口の少なくとも15％がカバーされるような州法を制定させるとした．しかし州の判断により，一定の所得水準以下の人々を強制加入としないことも可能とされた．また強制加入となる職種の決定も州に任された．
　③健康保険でカバーされる医療サービスの種類も州の判断に任せるが，少なくとも一般診療，専門的な診療，入院はカバーされるべきであるとした．また1人の医師が担当する患者数は600人から2,000人程度とされ，医師へ適切な額の報酬が支払われるように州法が細則を定めるとした．これまで通り医師と患者双方に選択の自由が保証され，健康保険が導入されても医師は今までと全く同じように診療を続けられることが強調された．

　この最終報告書を提出した後，サイデンストリッカーとフォークは，すでに連邦議会へ提出されていた社会保障法案を修正し，健康保険を追加項目として入れるべきだとCESへ申し入れた．しかし3月15日に開かれたCESの会合では，これに対し意見が分かれた．法案の修正に賛成したのはホプキンスFERA長官，レクスフォード・タグウェル（Rexford Tugwell）農務次官[41]，ジョセイフィン・ロッシェ（Josephine Roche）財務次官[42]であり，反対したのはパーキンズ労働長官，ウィッテCES事務局長，トマス・エリオット（Thomas Elliot）労働省法務次官であった．

　ウィッテは，この問題の最終的な判断をローズヴェルトに仰ぐことにした．ローズヴェルトは，医師であるMABの委員やAMAが健康保険に強く反対していることに加えて，共和党や南部諸州選出の民主党議員を中心とした反ニューディール勢力が攻勢を強めつつあることを非常に懸念していた．そして

もし今，強引に健康保険を社会保障法案に盛り込むと，法案全体が連邦議会で廃案に追い込まれる可能性が十分あると認識していた．ローズヴェルトやCESの中心的なメンバーの関心は，あくまでも失業保険と老齢年金保険の実現にあり，それらに対して優先順位が劣り，失業者を減らすというニューディールの政策目標とは直接，関係しない健康保険に固執して，社会保障法の成立を見送る理由は見当たらなかった．こうしたことからローズヴェルトは，健康保険を今から法案へ盛り込むという2人の提案を退けた[43]．

その一方で，こうした健康保険の結末とは対照的に，1935年社会保障法の第6編に盛り込まれることになった公衆衛生事業に関しては，PHSの予算が200万ドルに増やされ，各州で公衆衛生行政を司る機関へ800万ドルの連邦補助金が交付されることになった．これは社会保障法の中でも最も潤沢で州と地方の裁量性が大きく認められた連邦補助金となった[44]．

公衆衛生事業の立案にも，サイデンストリッカーとフォークは深く関わっていた．しかし健康保険とは全く対照的に，公衆衛生に関する2人の提案はMABで反対されることはなく，AMAからも支持された[45]．公衆衛生事業への連邦補助金は，州の財政状況や保健・衛生状況などを加味して交付額が決められるため[46]，南部諸州，特に貧困地域への財政的な支援が大きな比重を占め，多くの黒人が受益者になるという，きわめて人種的な性格の強いプログラムであった．それにもかかわらず，公衆衛生事業は立案の段階でも，また連邦議会での審議でも表立った反対に遭わなかった．これは一体なぜなのだろうか．

その理由として考えられるのは，公衆衛生事業には革新主義の時代以来，長年の経験の蓄積があり，ソーシャルワーカーを中心とする強力な推進勢力が存在していたことがある．特に結核をはじめとする伝染病の予防と管理，予防接種の実施，健康や栄養に関する知識の普及，出産に伴う母子死亡率を下げるための対策，定期的な健康診断の実施など，多岐にわたる公衆衛生事業が州・地方レベルで長年行われ，成果を上げていた．また，母子保健サービスの拡充を目的としたシェパード＝タウナー法に見られるように，連邦補助金による事業支援もすでにニューディール以前から行われていた．公衆衛生事業の必要性は大恐慌の下でさらに高まり，MABの委員の中には，限定的で不完全な健康保険よりも公衆衛生事業の拡充の方が，国民の健康にはるかに良い影響を及ぼす

4. 最終報告書とアメリカ医師会の対応　　151

と考える者も少なくなかった[47]。

　しかしサイデンストリッカーとフォークは，こうした公衆衛生か健康保険かといった二者択一的な捉え方をしてはいなかった。サイデンストリッカーは「保険は万能薬ではない」とし，健康保険の導入を公衆衛生サービスの普及と組み合わせることで，医療を向上させていかなければならないと考えていた[48]。また彼は，公衆衛生の専門家と医師が協力しながら，病気の予防と治療にあたる必要があることを説き，それは決して「医療の社会化」，「医師の統制」，「ソヴィエト化」などではないと主張した[49]。サイデンストリッカーとフォークの考えは，公衆衛生を「すべての人が健康に生きる権利」を保障するための施策と非常に広く捉え，公衆衛生事業と健康保険制度を統合的に機能させるというものであった。

　だが，クッシングをはじめとする医師であるMABの委員は，そのような考えを受け入れることはなく，公衆衛生事業予算の拡大を，健康保険を廃案にするための手段と見なした。事実，パーランはMABの第2回会合で，公衆衛生事業を低所得層へ医療を与えるために拡充するのであれば，それは健康保険の代替となりうると発言している[50]。このような発言の背後には，医師たちが公衆衛生学を医学とは全く別の領域と見なし，公衆衛生学は医学に比べて二流の地位を占めているにすぎないと信じていたことがあった。医師であるMABのメンバーは，公衆衛生の普及は自分たちの職業的な領域を侵すことにはつながらないと考えていた。そして，健康保険の導入を見送るかわりに社会保障法案に公衆衛生プログラムの拡充を盛り込むのであれば，妥協が可能だと見ていたのである[51]。

　その後，サイデンストリッカーとフォークは6月に最後の報告書をCESへ提出したが，パーキンズは8月に社会保障法が成立するまでそれを公表することはなかった。彼女は11月になってやっと，この報告書が健康保険をめぐる今後の議論の出発点になるという旨の書簡を送った[52]。またローズヴェルトはこの報告書を翌年1月に社会保障局 (Social Security Board：SSB) へ送り，健康保険に関する検討を続けるよう指示した。サイデンストリッカーは1936年3月に急死したが，10月にはフォークがSSBの調査・統計部門に迎え入れられ，引き続き健康保険の立案に従事することになった[53]。

フォークは，1938年の夏に全国保健会議が開催されると，健康保険について骨子となる案を発表した．そして翌年5月には，ロバート・ワグナー（Robert Wagner）上院議員がそれに基づいた全国健康法案を連邦議会へ提出した[54]．しかしこの頃にはすでに全米で約1,000万人が民間企業や非営利団体によって運営されている健康保険に加入しており，AMAも民間の健康保険の普及を進めるようになっていた．

なかでも1929年にテキサス州でベイラー大学の教職員を対象に始められた入院保険ブルークロスは目覚ましい発展を遂げており，こうした民間の健康保険へ加入する人が今後さらに増えれば，医療費の問題は解決されると多くの人々が考えるようになっていた．そうした状況下で，ワグナー法案は十分な支持を得ることなく廃案に追い込まれ，その後，健康保険をめぐる議論は第二次世界大戦後まで大きな進展を見ることはなかった[55]．

おわりに

これまで見てきたように，サイデンストリッカーとフォークの健康保険に関する構想は，AALLの労働法の流れを受け，CESのメンバーには失業保険に次いで受け入れやすいものであった．しかし2人が作成した原案は，MABの医師である委員やAMAの反発を受けて，大きく後退することを余儀なくされた．とりわけ所得制限を設けることで，強制加入の対象が限定されたことは，中産階級の勤労者が民間の健康保険に加入しさえすれば，公的な健康保険は不要であるという保険会社やAMAの主張に一定の根拠を与えることになった．また，MABでの議論を経て，低所得者を強制加入の対象から排除することが可能になり，低所得者には公的な健康保険ではなく，福祉の一環として医療費の扶助が行われればよいというコンセンサスを国民の間に作り出すことになった．

こうした議論は，戦後のアメリカにおける健康保険をめぐる次のような展開にも色濃く反映されている．例えば，1960年代の民主党政権の下で連邦レベルでの公的な健康保険制度の導入が検討されたが，最終的には高齢者と障害者に対するメディケアと低所得者を対象とするメディケイドが実現されるにとど

まった.これは高齢者や障害者,民間の保険を購入することができない低所得者といった「特別な人々」だけを公的な健康保険でカバーしさえすれば,医療費の問題は解決するのだという考え方を踏襲するものであった.また,2010年3月にオバマ政権の下で成立した医療保険改革法も,民間保険の加入基準の緩和や連邦補助金の交付などによって,医療保険への加入率を引き上げることを目的としており,公的な健康保険制度の下で国民皆保険を実現させるものではなかった.

　1935年社会保障法を出発点とするアメリカの社会保障制度は,拠出に基づく社会保険を主とし,税金を財源とする公的扶助を劣位に置くという特徴を有している.しかし本章で検討した健康保険については,拠出に基づく社会保険でありながら設立が見送られ,一般財源による公衆衛生事業に手厚い予算が充てられており,社会保障制度の二層構造の原則から逸脱している.

　こうした例外的な結末がもたらされた理由は,本章で見たように健康保険をめぐる討論の場となったMABにおいて,公衆衛生事業が「健康保険の代替」になり得るという議論が展開されたことに寄るところが大きい.AMAという強力な組織の後ろ盾を得ながら,自らの職業を守ろうとしたMABの医師たちは,こうした代替論を主張し,公衆衛生サービスを拡充することの見返りにサイデンストリッカーとフォークによる健康保険の構想を葬ったのである.

　サイデンストリッカーとフォークは,CESのスタッフとして健康保険の原案の作成を任されたが,健康保険と公衆衛生事業を統合的に機能させようとした2人の構想はCESやローズヴェルトによって最終的に却下され,健康保険が含まれない形で社会保障法は成立した.健康保険の欠落という社会保障法の大きな欠陥は,このようにCESの内部においてオルターナティブが封じ込められた結果,生み出されたものであった.

註

1) Edgar Sydenstricker, "Health and the New Deal", *The Annals of the American Academy of Political and Social Sciences*, vol.176 (November 1934): 133.
2) こうした点に着目した先行研究としては次のようなものがある.Daniel S. Hirshfield, *The Lost Reform: The Campaign for Compulsory Health Insurance in the United States from 1932 to 1943* (Cambridge: Harvard University Press, 1970); Jaap Kooijman, "Sooner

or Later On: Franklin D. Roosevelt and National Health Insurance", *Presidential Studies Quarterly*, vol.29 (July 1999): 336-350; Jaap Kooijman, *And the Pursuit of National Health: The Incremental Strategy toward National Health Insurance in the United States of America* (Amsterdam: Rodopi, 1999). 健康保険をめぐる議論を戦後まで含めて検討した先行研究としては, 以下のものがある. Daniel M. Fox, *Health Policies, Health Politics: The British and American Experience, 1911 – 1965* (Princeton: Princeton University Press, 1986); Jonathan Engel, *Doctors and Reformers: Discussion and Debate over Health Policy, 1925 – 1950* (Columbia, S.C.: University of South Carolina Press, 2002); Rich Mayes, *Universal Coverage: The Elusive Quest for National Health Insurance* (Ann Arbor: University of Michigan Press, 2004); Alan Derickson, *Health Security for All: Dreams of Universal Health Care in America* (Baltimore: Johns Hopkins University Press, 2005); Jennifer Klein, *For All These Rights: Business, Labor, and the Shaping of America's Public Private Welfare State* (Princeton: Princeton University Press, 2006).

3) "Preliminary Outline of the Work of the Staff of the CES: Submitted to the Technical Board, August 10, 1934, and Informally Agreed Upon as Basis for Beginning Work", Box 44 Folder 274, I.S. Falk Papers, Yale University, New Haven, Connecticut. ミルバンク記念基金は, 保健や医療に関する調査・研究を行い, 政策を提言する財団として1905年に設立された. サイデンストリッカーは社会調査や統計学的な分析を専門とする公衆衛生学の研究者であり, 合衆国公衆衛生サービス (Public Health Service: PHS) を経て, 1928年からミルバンク記念基金の調査部長を務めていた. また, サイデンストリッカーのアシスタントとしてCESへ出向したフォークは, イェール大学で公衆衛生学の博士号を取得し, シカゴ大学で公衆衛生学と細菌学の研究に従事した後, 1933年から研究員としてミルバンク記念基金に所属していた. Daniel M. Fox, "The Significance of the Milbank Memorial Fund for Policy: An Assessment at Its Centennial", *The Milbank Quarterly*, vol.84 no.1 (2006); R. V. Kasisu (ed.), *The Challenge of Facts: Selected Public Health Papers of Edgar Sydenstricker* (New York: Milbank, Memorial Fund, 1974): 4-11; I. S. Falk Papers, Finding Aid, Yale University Library, 4.

4) Fox, "The Significance of the Milbank Memorial Fund for Policy", 14-15; Kooijman, "Sooner or Later On", 337-338.

5) I.S. Falk, Margaret C. Klem, & Nathan Sinai, *The Incidence of Illness and the Receipt and Costs of Medical Care among Representative Families* (Chicago: University of Chicago Press, 1933, reprinted by Arno Press, 1976): 231-235, 240.

6) I.S. Falk, "The Present and Future Organization of Medicine", *The Milbank Quarterly*, vol.83 no.4 (2005): 4, 5, 7, 8; Michael M. Davis, "The American Approach to Health Insurance", *The Milbank Quarterly*, vol.83 no.4 (2005): 542, 543, 544; I.S. Falk, *Security against Sickness: A Study of Health Insurance* (Garden City, NY: Doubleday, Doran & Co., Inc., 1936): 25-30.

7) "Preliminary Report of the Technical Board to the CES", Box 44 Folder 269, Falk Papers; Committee on Medical Care of the Technical Board of the Committee on Economic Security, "Minutes of Meeting, September 26, 1934", Box 44 Folder 269, Falk Papers.

8) サイデンストリッカーとフォークもAALLの会員であった. "Health Insurance Stan-

dards", *American Labor Legislation Review*, vol.VI no.2 (June 1916): 237-238; "Health Insurance: Tentative Draft of an Act", *American Labor Legislation Review*, vol. VI no. 2 (June 1916): 239-268.
9) こうした「予防」の発想は，労働災害補償法が職場での労働災害を防止するための制度として機能しているという理解に基づいていた．藤田伍一「アメリカにおける強制健康保険運動の挫折」『国際社会保障研究』34 (1984 年): 15-27.
10) オルトマイヤーとウィッテはウィスコンシン大学出身の経済学者であり，制度学派のJ・R・コモンズ (John R. Commons) の流れを汲み，ウィスコンシン州で失業補償法の制定に尽力した．ウィスコンシン派と失業補償法については，本書の第2章を参照のこと．
11) Edwin E. Witte, *The Development of the Social Security Act* (Madison: University of Wisconsin Press, 1962): 174; Peter A. Corning, *The Evolution of Medicare: From Idea to Law* (Washington D.C.: U.S. Social Security Administration, Office of Research and Statistics, 1969): 32-33.
12) Witte, 174.
13) "Memorandum to Mr. Witte from Edgar Sydenstricker and I.S. Falk, August 28, 1934", Box 42 Folder 231, Falk Papers.
14) I.S. Falk, "Lessons from the Fifty Years Since the CCMC Final Report, 1932", *Journal of Public Health Policy*, vol. 4 no. 2 (June 1983): 137.
15) Fox, "The Significance of the Milbank Memorial Fund for Policy", 14.
16) CCMC, *Medical Care for the American People: The Final Report of the CCMC* (Chicago: University of Chicago Press, 1932): 127-128, 201.
17) "Editorials", *Journal of American Medical Association* (以下，*JAMA*), vol.99 no.23 (December 3, 1932): 1952.
18) Cushing to Sydenstricker, February 14, 1935, Reel 66, Harvey Cushing Papers [microfilm], Yale University.
19) Interview with Arthur Altmeyer by Peter A. Coming, 1966, Columbia University Oral History Collection, Columbia University, New York, New York.
20) Witte, 175.
21) クッシングは，ローズヴェルトの息子の義父であり，彼の起用はローズヴェルトの強い意向によるものであった．クッシングについては次を参照した．John F. Fulton, *Harvey Cushing, A Biography* (Springfield, Ill.: C.C. Thomas, 1946); Elizabeth H. Thomson, *Harvey Cushing: Surgeon, Author, Artist* (New York: Henry Schuman, 1950) (塩月正雄訳『ハーヴェイ クッシング―脳外科の父―』（新生新社，1966 年)); Michael Bliss, *Harvey Cushing: A Life in Surgery* (Oxford: Oxford University Press, 2007).
22) Cushing to Sydenstricker, November 17, 1934, Reel 66, Cushing Papers; Corning, 34; Witte, 175-176; "Medical Advisory Board, Committee on Economic Security", Box 42 Folder 235, Falk Papers; "Memorandum to Mr. Witte, From Dr. I.S. Falk", September 19, 1934, Box 42 Folder 231, Falk Papers.
23) Witte, 177; Sydenstricker to Witte, November 5, 1934, Box 42 Folder 231, Falk Papers; Witte to Olin West, December 21, 1934, Box 42 Folder 231, Falk Papers.
24) *JAMA*, vol.103 no.21 (November 24, 1934), 1627.

25) Witte, 179-180; Sydenstricker to Perkins, November 19, 1934, Reel 66, Cushing Papers; Sydenstricker to Cushing, December 7, 1934, Reel 66, Cushing Papers.
26) *The Report of the Committee on Economic Security of 1935* (Washington D.C.: National Conference on Social Welfare, 1985): 41-43.
27) "A Message to Congress on Social Security, January 17, 1935", Samuel I. Rosenman (comp.), *Public Papers and Addresses of Franklin D. Roosevelt, vol. 4* (New York: Random House, 1938): 45.
28) "Committee on Economic Security, Medical Advisory Board, January 29, 1935", 1-2, Box 42 Folder 236, Falk Papers; Cushing to Sydenstricker, January 21, 1934, Cushing to Bob (?), January 21, 1934, West to Cushing, January 28, 1934, Cushing to Roosevelt, February 1, 1935, Reel 66, Cushing Papers.
29) "Committee on Economic Security, Medical Advisory Board, January 29, 1935", 2-3.
30) Ibid., 4.
31) "Committee on Economic Security, Medical Advisory Board, January 29, 1935", 163, Box 42 Folder 236, Falk Papers; "Medical Advisory Board-Minutes of Meetings, Part 4 Wednesday Morning Session, January 30, 1935" (http://www.ssa.gov/history/reports/ces/ces7minutes4.html/ accessed April 3, 2009).
32) "Committee on Economic Security, Medical Advisory Board, January 29, 1935", 179.
33) "Medical Advisory Board-Minutes of Meetings, Part 4 Wednesday Morning Session, January 30, 1935".
34) "Committee on Economic Security, Medical Advisory Board, January 29, 1935", 148; "Medical Advisory Board-Minutes of Meetings, Part 4 Wednesday Morning Session, January 30, 1935".
35) "Committee on Economic Security, Medical Advisory Board, January 29, 1935", 153, 157, 158, 159.
36) Bierring to Witte, February 4, 1935, Box 42 Folder 231, Falk Papers.
37) Cushing to Witte, February 4, 1935, Box 42 Folder 231, Falk Papers.
38) *JAMA*, 104-108 (February 23, 1935), 652; Witte, 182,183.
39) "Health Insurance, February 13, 1935", 13, Box 41 Folder 192, Falk Papers; "The Unpublished 1935 Report on Health Insurance & Disability: Final Report on Risks to Economic Security Arising out of Ill Health" (March 7, 1935) (http://www.ssa.gov/history/reports/health.html/ accessed July 4, 2010).
40) "Health Insurance, February 13, 1935", 9,10,11,14.
41) ヘンリー・ウォーレス (Henry Wallace) 農務長官の代理として出席していた．
42) ホーマー・カミングス (Homer Cummings) 司法長官の代理として出席していた．
43) Hirshfield, 58; Witte 187-188.
44) Witte, 173.
45) Ibid., 172-173.
46) 公衆衛生プログラムへの連邦補助金の分配基準については，次に詳しい．藤田伍一「アメリカにおける公衆衛生の展開過程」『一橋論叢』第 94 巻 3 号（1985 年 9 月）: 331-333.
47) "Medical Advisory Board-Minutes of Meetings, Part 4 Wednesday Morning Session,

January 30, 1935".
48) Edgar Sydenstricker, "Health Insurance and the Public Health", in R. V. Kasisu (ed.), 144-145.
49) Edgar Sydenstricker, "Health Under the Social Security Act", in R. V. Kasisu (ed.), 157-158.
50) Kooijman, *And the Pursuit of National Health*, 68.
51) Witte, 172-173.
52) Witte, 188, Appendix III, 205-210; Hirshfield, 59.
53) Kooijman, *And the Pursuit of National Health*, 75.
54) Mayes, 33-34; Fox "The Significance of the Milbank Memorial Fund for Policy", 89; Derickson, 185-187.
55) 1935年以降の健康保険をめぐる動きについては次を参照のこと．Arthur J. Altmeyer, *The Formative Years of Social Security* (Madison: University of Wisconsin Press, 1966): Chapters 3 & 4.

第6章

直接救済・社会保険・公的扶助をめぐる相剋

―1935年社会保障法のヴァージニア州への導入―

はじめに

　1935年社会保障法は，アメリカで初の全国的な社会保障制度を設立した法律であったが，連邦が運営する老齢年金保険以外のプログラムについては，すべて州レベルでの立法が必要とされた．特に同法の下で導入された失業保険と公的扶助は，連邦と州の連携の下で運営される形をとったため，連邦法である社会保障法に加えて，下位立法として各州が個別に法律を制定しなければ，実際にプログラムを施行することはできなかった．そのため社会保障法が成立した1935年8月以降，少なくとも数年間は，いかなる形で社会保障制度を受容し，導入していくかが，各州で大きな政治課題となった．

　こうした連邦と州による「二重立法」により生じた問題としては，州権論や州政府の財政保守主義などのために，州法の制定が遅れたり，州法の内容によって，プログラムに州間格差が生み出されるといった点があった．もちろん社会保障法は，連邦基準を満たすプログラムを州法の下で設立することを要求しており，社会保障局（Social Security Board：SSB）の認可を得なければ，州で失業保険や公的扶助を実施するのは不可能であった．しかし州によっては，保守的な政治指導者の下で，給付を可能な限り低い水準に設定し，財政上の負担を軽減しようとする試みがなされ，社会改革的なニューディール政策への抵抗が見られた[1]．

　本章では，こうした問題を，ある特定の州における社会保障制度の受容過程を検討することによって明らかにしていきたい．ここで取り上げるのは，保守

的なマシーン政治が州政治を支配し，アメリカの中でも当時，最も社会福祉プログラムの導入が遅れていたヴァージニア州である．同州は，1935年社会保障法が定めた基準に見合う公的扶助の導入を最後まで拒んだ州であった．

本章は，こうした政治状況にあったヴァージニア州における三つのプロセス，すなわち連邦政府による直接救済事業（失業者や経済的な困窮者に対する現金の給付）の導入，社会保障法の下での州失業保険法と州老齢扶助法の制定に着目し，同州においてそれぞれのプログラムがどのような経緯で受容されていったのかを検討していく．それによって本書の四つ目のテーマである連邦主義と州権論が，社会保障法の施行にいかなる影響を与えたのかを考察したい．

ヴァージニア州政府の社会保障法への対応に関する先行研究はいくつかあるが，個々のプログラムの受け入れを比較し，州政府が選択的な対応をしていたことを明らかにした研究はこれまでなされていない[2]．

ここでは，ヴァージニア大学図書館に所蔵されているハリー・バード（Harry Byrd）の個人文書やヴァージニア州立図書館にあるジョージ・C・ペリー（George C. Peery）州知事の文書，州議会の記録などを一次史料として用いながら，まず第1節で，同州の政治指導者の公的福祉に関する見解を明らかにした上で，第2節では，ニューディールの初期に行われた直接救済事業へのヴァージニア州の対応を見ていく．そして第3節では，州レベルでの立法が必要とされた失業保険を，同州の政治指導者がどのように受容したのかという問題を，ヴァージニア州失業補償法の制定過程を追うことによって明らかにする．さらに第4節では，失業保険と同様，州レベルでの立法が必要とされた公的扶助について，ここでは特に老齢扶助に焦点を当てながら，同州の政治指導者が見せた頑なな拒絶と最終的な妥協に至るまでのプロセスを検討していく．

1. バードマシーンと社会福祉

ヴァージニア州では民主党のマシーン政治が強固な基盤を持ち，伝統的なイデオロギーが長い間，州政治を貫いていた．なかでも，1920年代にハリー・バードによって確立されたバードマシーンは，同州の政治を40年以上にわたり支配し続けた．ヴァージニア民主党による一党支配と党派主義について，南部史

家のV・O・キー（V. O. Key）は，次のように述べている．

> 全米すべての州の中で，ヴァージニアは寡頭政治による支配が最も強固な州である．少数の政治家とその前任者が保持してきた政治権力によって，民主的な諸制度は破壊され，多くの州民は，政治への発言権を奪われてきた．南部の他の州に比べて，今日のヴァージニアは，1832年の権利章典の頃の英国に最も似た状況にある．ヴァージニアは，政治的な博物館の展示物である[3]．

またさらにキーは，ヴァージニア州のマシーン政治家が，企業の利益を代弁し，富裕階層の安寧を追求していることを指摘し，「マシーンを支持することによって得られる対価は，企業に有利な税制と労働者に敵対的な政策に加えて，教育，公衆衛生，福祉などの社会的サービスの抑制であった」と述べている[4]．

長年，ヴァージニア州の寡頭政治を支配してきたバードは，連邦議会でも上院議員として，ニューディール政策に賛成票を投じることは，ほとんどなかった．彼の連邦議会での投票行動を分析したジェームズ・T・パターソン（James T. Patterson）によると，1933年から1939年の間，バードは5番目に保守的な民主党の上院議員であったという[5]．バードはまた，上院財政委員会の有力メンバーであり，1933年から33年間，その地位を保持し，歳出入の決定に大きな影響力を及ぼしていた．バードは，南部の後進地域の発展に寄与するような，過疎地の電化や土壌保全などのニューディール政策には賛成したが，失業者や貧困者の救済事業，社会保障制度の導入，労働立法などには，連邦議会で繰り返し反対票を投じた[6]．

バードは自らを，「最後のオリジナルなニューディーラー」と称していた．その言葉が意味するところは，歳出削減によって均衡財政を実現することを目指し，まだ改革的な政策を盛り込んでいなかった1932年の大統領選挙時の民主党綱領を厳密に解釈し，支持するという姿勢であった[7]．

チャールズ・ミチェルソン（Charles Michelson）によると，バードは，1932年の民主党予備選挙で副大統領候補に指名されなかったため，フランクリン・D・ローズヴェルト（Franklin D. Roosevelt）大統領に反感を抱くようになり，

ニューディールに敵対的な態度を取り続けたという[8]．このような指摘も，バードがローズヴェルトを敵視していたことを考えると，ある程度の信憑性はあるが，ここで見落としてはならないのは，バードは決して一貫した反ニューディール派ではなく，救済や社会保障・福祉，労働政策など，特定領域の政策に対して強く反発していたという点である．バードは，1930年代半ばには，アメリカ経済がすでに深刻な状態から脱しつつあると見ており，実業界の信頼を回復するためには，今こそ，健全な財政政策へ復帰すべきであると信じていたため，社会経済的な弱者の救済には，ほとんど関心を示さなかった．

とりわけ「救済」と「福祉」は，バードが最も嫌悪した言葉であった．彼は，ニューディールが作り出そうとしている福祉国家は，「地平線を越えて民主主義的な自由の光が消えていく黄昏であり，社会主義の暗黒かさらにそれよりもひどい状態に我々を落とし入れてしまう」だろうと述べている．バードは，「財政赤字という形で，金銭への幻想を安易に求めること」を戒め，連邦政府が行う救済事業に対し，強い警戒心をあらわにした．バードにとって最も重要な政治課題は，健全な財政の維持であり，企業による自由な経済活動の促進であった．そして，このような姿勢は，同じヴァージニア州選出のカーター・グラス（Carter Glass）上院議員，A・ウィルス・ロバートソン（A. Willis Robertson），ハワード・ワース・スミス（Howard Worth Smith），コルゲート・ダーデン（Colgate Darden）下院議員や，その他の南部諸州選出の民主党議員によって強く支持されていた[9]．

1935年社会保障法制定以前の，ヴァージニア州における公的福祉プログラムの実態は，全米の平均的な水準から，大きく後れをとっていた．1926年に行われたニューヨークの市政調査局の調査は，当時のヴァージニア州における福祉行政の実情を，次のように評価している．ヴァージニア州では，「公的福祉事業に対する責任が分散しているため，資金や努力の無駄が常に生じており……現代的な概念には，全くそぐわないような公的福祉事業が行われている」[10]．この市政調査会は，福祉行政を司る単一の省を設立し，公的福祉プログラムを統括することを提言しており，それに基づいてヴァージニア州では翌年，公的福祉省が新設され，州知事がその長官を任命することになった[11]．公的福祉省には，公的扶助局，児童局，精神衛生局，兵役局，統計調査局の5局が設置され，

組織の整備が行われた[12]．

　しかしその後も地方レベルでは，全く時代遅れの救貧法の下で，公的福祉プログラムが運営され続けた．1930年代に入っても依然として，公的福祉プログラムを監督する福祉長官がいるのは，12の郡と五つの都市に限られ，その他の地域では経済的な困窮者の救済は，主として民間の慈善団体に委ねられていた[13]．

　なかでも特に後れをとっていたのは，母親年金であった．ヴァージニア州では1920年代初めに制定された公的福祉法の下で母親年金が施行されていたが，1930年代初めには，110世帯，309人の子供が受給しているにすぎなかった．この数は同州の全世帯のわずか0.4％にすぎず，実際に給付を受けていたのは受給資格のある母子家庭の4％だけであった．母親年金の支出額は2万1,300ドルで，1世帯当たりの平均月額給付額は16.52ドルにすぎなかった．他州に比べると，ヴァージニア州は受給世帯の比率では全米で最低の8州に入り，月額給付では最低の10州に入るという状況であった[14]．

　しかしヴァージニア州がこのような状況にあったにもかかわらず，公的福祉省のウィリアム・スタッファー（William Stauffer）長官は，公的福祉に関して時代錯誤的な考えを持ち続けた．彼によると公的福祉とは，「反社会的であったり，道徳的・精神的に不能であったり，あるいは政府の介入や扶助を必要とするほど経済状態が悪い人々に，ケアや治療，救済を与えることを目的とした一連のサービス」であった．そして，スタッファーはこのような人々を，過失者，欠陥者，被扶養者とよび，ヴァージニアの州民が支払う税金1ドル当たり13セントが，彼らのために費やされており，州の財政的な負担になっていると考えていた[15]．

　このようにヴァージニア州の公的福祉制度はニューディール期に入っても，非常に後進的であり，こうした状況は次に見るように，ローズヴェルト政権の誕生直後から実施された直接救済事業への同州の対応にも端的に表れることになった．

2. ヴァージニア緊急救済局と救済事業——直接救済の拒絶

バードをはじめとするヴァージニア州の政治家は,「福祉」とともに貧困者の「救済」を州政府の責任と見なすことに対し強い抵抗感を持っていた.だがその一方で,大恐慌により経済状態が悪化するにつれて,ヴァージニア州政府もニューディール政策の下で,州内の困窮者や失業者の救済にあたる必要性を認識せざるを得ない状況に追い込まれていた.連邦レベルでは,ローズヴェルトの大統領就任直後の1933年5月に制定された連邦緊急救済法によって,連邦緊急救済局(Federal Emergency Relief Administration：FERA)が設立され,5億ドルの予算が計上された.同法は,ローズヴェルト政権の救済政策に対する姿勢を明確に示していた.すなわち政府による救済事業は,ハーバート・フーヴァー(Herbert Hoover)政権が1932年に設立した復興金融公社(Reconstruction Finance Corporation：RFC)ではなく,独立した連邦機関によって行われるべきであり,失業や経済的な困窮を全国的な問題として捉え,その解決のために公的資金を投入し,連邦・州・地方政府の連携によって,救済事業を推し進めることを国民に約束したのであった.

連邦緊急救済法に基づいてFERAは,救済を目的として州へ直接,補助金を与えることが可能になり,州や地方の資金が十分でなければ,連邦政府がその一部を負担することになった.ローズヴェルトは同法に署名する際,まず州政府と地方政府が,失業者や貧困者を救済すべく最大限の努力をし,それによって問題が解決しない場合に限り,連邦政府が財政的な支援を与えるという点を強調した.しかし現実には,独自の資金で十分な救済政策を実施できるような州は,当時,ほとんどなく,同法の制定から10日後にハリー・ホプキンズ(Harry Hopkins)がFERAの局長に就任すると,直ちにその日のうちに7州へ補助金が交付された[16].

ヴァージニア州では,FERAの成立から約1か月後に,ヴァージニア緊急救済局(Virginia Emergency Relief Administration：VERA)がFERAの業務を行う州の組織として設立された.同州の公共福祉省のアーサー・W・ジェイムズ(Arthur W. James)がVERAの局長に就任した.さらにVERAの下に,州内の主要都市や郡で担当の部署が設立され,個々の救済ケースにきめ細かく対

応するためのシステムが確立された[17]．

しかしこのように制度上の整備が急ピッチで進められていったにもかかわらず，連邦政府とヴァージニア州政府との間には，救済事業の財政上の負担をめぐり，当初から対立が絶えなかった．同州の政治家の多くは，財政保守主義の観点から，救済事業に多額の州の財源を支出することに反対した．ヴァージニア州では伝統的に貧困者や失業者の救済が軽視され，その責任を地方政府や慈善事業に負わせてきた．そして大恐慌の最中にも，ヴァージニア州の政治指導者は，高速道路建設のための支出を増加させて，雇用を創出することによって失業者を救済していると主張し，州政府が失業者に現金を給付する直接救済には消極的な姿勢を取り続けた．

同州では，1934年1月に新しい州知事が誕生した．就任演説で新知事のジョージ・ペリーは，次のような基本方針を述べた．「今日の危機的な状況の中で我々に示されている教訓は，あらゆる分野において節約を試みることである．……我々はかつてないほど今日，政府の財政的な引き締めを必要としている」[18]．ペリーは，均衡財政と行政の効率化，自助努力を州政治の柱とし，経済的な困難に立ち向かおうとしていた．ペリーは，あらゆる革新的な政策に反対するような反動的な政治家ではなかったが，バードマシーンの忠実なメンバーであり，ヴァージニア州の進歩は，健全な財政の上に築かれなければならないと確信していた[19]．

このような政治状況の下で，FERAとVERAの対立は繰り広げられた．両者の対立は，1933年の秋にFERAのアラン・ジョンストン（Alan Johnston）が，バード上院議員と知事に当選したペリーとワシントンで会談した際に，まず表出した．バードとペリーは，ヴァージニア州が財政赤字を抱えており，すでに公立学校と精神病院を改修するためのプログラムを始めているので，救済には予算を計上できないと述べた．するとジョンストンは，VERAはもっと効率的に組織されなければならず，ヴァージニア州の救済の水準は，経済的困窮者の現実的な要求に見合うレベルにまで引き上げられるべきであると二人に告げた[20]．

しかしこのようなジョンストンの提言にもかかわらず，その後のVERAの対応は，FERAにとって決して満足のいくものではなかった．そのため，1933

年10月28日にジョンストンはVERAの事務局に電報を打ち，ヴァージニア州が連邦補助金を「全く弁護の余地がないほど不十分な救済プログラムを実施するために」用いているので，同州へこれ以上補助金を交付しない旨を通告した[21]．

VERAが救済プログラムへの支出を渋ったのは，次のような目論見からであった．FERAは，各州へ交付する連邦補助金の額を算出するにあたり，州の人口だけでなく1人当たりの所得，財産，税額などを考慮したマッチング方式を用いていた．FERA長官のホプキンズは，それぞれの州への補助金額を算出する際，ある程度の裁量を与えられており，何らかの理由で財政上の問題がある州には，例外的な措置をとることができた．VERAはそれを逆手にとり，同州が財政上の理由をもとに州の負担分を支払えないと言い続ければ，ホプキンズが譲歩して，連邦補助金を多く拠出してくれるのではないかと期待していたのである[22]．

そしてVERAの目論見通りホプキンズは，VERAへの補助金の交付が完全に停止されるのを回避するために，1934年3月に妥協案を示した．彼はVERAが400万ドルの連邦補助金を得るための条件として，ヴァージニア州が200万ドルを負担し，それ以外の費用を地方政府に肩代わりさせることを提案した．しかしVERAは，この案にも断固として応じなかった[23]．

その後，1934年4月12日にホプキンズは，バードおよびペリーとワシントンで会談した．この会談では最終的にホプキンズが，約600万ドルの連邦補助金を1935年2月までVERAへ与えることに同意させられ，バードとペリーの要求に屈することになった．その後，FERAのジョンストンは，バードを説得してVERAに財政上の負担を負わせるよう，ローズヴェルトに働きかけたが，これもまた失敗に終わった[24]．

さらに1934年10月にも再びホプキンズとペリーは補助金の額をめぐって対立し，VERAへの補助金の交付が中断される事態を招いた．ペリーは，過去2年間に300万ドルを高速道路に，1,400万ドルを雇用の創出に充てるなど，ヴァージニア州は独自の方法で経済的困窮者に救済を与えていると説明した．また，ウエストヴァージニアやノースカロライナなど同じような人口を持つ周辺の諸州は，ヴァージニア州よりも多くの補助金を交付されており，FERAが

用いているマッチング方式は公平さを欠いているのではないかと不満を述べた．しかし，ホプキンズはこのようなペリーの申し立てに対し，それぞれの州がどれほど財政上の負担を負うことができるかに基づいて，各州への交付額を決めていると反論した．そして，ヴァージニア州は相対的に財政赤字が少ないので，財政上の負担を大きくする責任があるとした[25]．

ヴァージニア州政府の救済への支出がいかに不十分であるかは，以下のようなデータからも明らかであった．まず，FERAがVERAへ交付した2,630万3,851ドルは，同州の救済費用の90％を占めたのに対し，州が負担したのは運営費の3万4,452ドルだけであり，地方政府は，地域で独自の救済プログラムのために，224万8,924ドルもの負担を負わされていた[26]．

さらに救済を受けている州民の数を見ても，ヴァージニア州の救済は不十分であった．1934年9月の統計によると，ヴァージニア州で救済を受けた人の数は，約15万7,000人であり，総人口に受給者が占める割合はわずか6.4％にすぎなかった．その後，1935年5月に受給者は約25万人となりピークを迎えたが，依然として，ヴァージニア州で救済を受けている人の比率は，周辺諸州に比べてはるかに低かった．このことは決して，同州の人々の暮らし向きが他州よりも良かったためではなく，受給資格が非常に厳しく設定されていたことを意味していた[27]．

また1世帯当たりの月額給付も9ドル50セントと低く，これを受給者1人当たりに換算すると2ドル20セントであった．それに対し，全国平均は世帯当たり20ドルであり，ヴァージニア州の2倍以上だった．周辺の州の1世帯当たりの給付額は，ノースカロライナとウエストヴァージニアが14ドル42セント，メリーランドが30ドル24セントであった．これらと比べてもヴァージニア州の給付額の低さは際立っており，大恐慌の只中で貧困にあえいでいる人々にとって生活するに足る額からは程遠いものであった[28]．

このように，ニューディール初期に行われたFERA-VERAの直接救済には，ヴァージニア州の保守的な政治に体現されたイデオロギーが鮮明に表れていた．ヴァージニア州政府は，大恐慌の最中で困窮している州民を救済するために連邦政府から与えられる補助金を受け取る一方で，ローズヴェルト政権が導入した新しい救済事業のルールに応じて，自らが支出することを頑なに拒んだ．

そして，州レベルでまず最大限の努力をして失業者や困窮者を救済し，その上で足りない部分を連邦政府が財政的に支援するというFERAの基本方針を無視し続けた．

FERAはVERAのスタッフの採用に関して，ある程度の条件を課すことができたが，VERAの局長を任命したり，解職する権限は州知事にあり，FERAが決定権を持っているわけではなかった．そのためFERAが人事権を行使することによって，VERAを変革する道も閉ざされていた．このような状況下で，FERAとVERAの対立は絶えることなく，その廃止まで2年余にわたって続いた．

3. ヴァージニア州失業補償法の制定——社会保険の受容

1935年8月に連邦議会で社会保障法が制定されると，それをどのような形で受け入れ，施行していくのかという問題が，ヴァージニア州において大きな政治課題となった．連邦議会での法案の最終的な投票では，バードとグラスが，そろって上院で反対票を投じ，シュイラー・ブランド (Schuyler Bland)，トマス・バーチ (Thomas Burch)，ダーデン，ロバートソンも，他の9人の民主党下院議員とともに社会保障法案に反対したため，同州における社会保障法の受容は難航することが予測された[29]．

社会保障法の下で導入されることになったプログラムに対する州政府の対応は，選別的であった．すなわち，拠出に基づく社会保険である失業保険については，日程的には遅れながらも，その意義を根本的に問うことなく，ヴァージニア州失業補償法を成立させた．それに対し次節で詳しく見るように，公的扶助に関しては上述の直接救済と同様，連邦政府の政策的な意図を歪める試みが執拗になされた．

すでに失業保険に関しては，1935年春に州レベルでの失業保険の実施に関する詳しい調査が行われ，ペリー知事によって任命された司法諮問委員会が報告書を作成していた．その内容は，州失業保険法の制定を知事に進言し，法案の作成を要請するものであった．ペリーは1936年1月の州議会の開催演説で，この提言を基本的に受け入れる旨を明らかにした[30]．

だが，州への失業保険制度の導入は，必然的に増税を伴うため，それまでペリーが堅持してきた財政保守主義とは矛盾していた．1935年社会保障法によると，8人以上の従業員を雇用している企業が支払う給与に対して1936年には1％，1937年には2％，それ以降は3％の税率（拠出率）で，連邦税が課されることになっていた．しかし同法の規定では，もし州が失業保険制度を設立しなければ，州内の企業が連邦の失業信託基金に入れた拠出金の全額を失うとされていた．最終的にペリーは，拠出金を失うよりは多少の増税をして，州の失業保険制度を設立する方が政治的にもリスクが少ないと主張し，州議員の支持を取り付けようとした[31]．

ヴァージニア州議会では，1936年1月15日に州上院議員のジョン・S・バトル（John S. Battle）とモーガン・R・ミルズ（Morgan R. Mills）が失業補償法案を提出した．同法案は直ちに上院の財政委員会に付託され，審議が開始された[32]．この法案の審議においては，失業保険の形態など実質的な内容よりも，社会保障法の合憲性が議論の的となった．法案提出者であるバトルは，社会保障法が合憲であるか否かに関わらず，ヴァージニア州は連邦の失業保険制度に参加すべきであり，万が一，最高裁が違憲判決を下しても，州法を無効にして，拠出金を雇用主へ返還することが可能であると説いた．

それに対し，真っ向から異議を唱える議員もいた．オブレイ・ウィーヴァー（Obrey Weaver）州上院議員は，もし最高裁が社会保障法の合憲性について近いうちに最終的な判断を下すのであれば，その結果が出るまで州法を制定すべきではないと主張した．激しい議論の末，上院議員の多数がバトルの側につき，法案は2月25日に22対14で上院を通過した[33]．

その2日後，同法案は下院の財政委員会へ付託された．下院でもやはり，法案の内容よりも社会保障法の合憲性が議論の焦点となった．そして，社会保障法が最高裁によって違憲判決を受けた場合，雇用主の拠出金を払い戻すことができるような方法を明記した修正が出された．しかし全体として下院では，州権論に基づいて法案に反対する意見が根強く，消極的な姿勢を取り続ける議員が少なからずいた．またペリーも同法案の重要性を認めながらも，この段階に至ってもなお，社会保障法が本当に施行されるのかどうか強い疑念を抱いていた．その結果，3月の初めに下院で投票が行われたが，48対40で法案は否決さ

れてしまった[34].

　この会期では，失業補償法案に加えて，その他にも二つの社会福祉関連法，すなわち老齢扶助法案と視覚障害者扶助法案が否決されており，『リッチモンド・タイムズ・ディスパッチ』紙は，「1936年の州議会は，1619年に新大陸で初めての議会がジェームズタウンで開催されて以来，最も反動的な会期のひとつであった」と酷評した[35].

　この頃，州議会の外でも，州の失業補償法への賛否をめぐり，活発な議論が展開されていた．反対派の要は，経営者の利益を代表する州内最大の団体であるヴァージニア製造業者協会（Virginia Manufacturers' Association: VMA）だった．VMAは州議会に法案が上程される前から，失業補償法の制定に反対するロビー活動を繰り広げていた．VMAが失業保険制度の導入に反対した理由は，同法が制定されれば，給与総額の1%に当たる額の税負担が増えるというものであった．1935年社会保障法の連邦老齢年金は，労使双方にそれぞれ給与額の1%に相当する額を拠出させることを規定しており，さらに失業保険制度への拠出が加わると，雇用主の税負担は給与総額の2%に達する．大恐慌の只中で厳しい経営状況に直面している企業にとって，このような税負担は決して小さくなく，投資意欲を削ぐことになるとして，VMAは失業保険の導入に反対した．VMAは，州議会で失業補償法案が提出されると，反対派のウィーヴァー州上院議員を支持し，近い将来，最高裁が社会保障法に違憲判決を下す可能性が高いため，同法案を通過させる意味がないと説いて回った[36].

　それに対し，失業保険制度の設立を推進する立場から活発なロビー活動を展開したのは，全国消費者連盟の地方支部であるヴァージニア消費者連盟（Virginia Consumers' League : VCL）であった．この団体は以前から，失業保険法や労働者の保護を目的とした立法全般を強く支持してきた．VCLは州議会が，老齢扶助法や女性のための8時間労働法，最低賃金法の制定，鉱山安全法の強化，労働災害補償法の改正などを見送っており，労働者の権利に対する意識が希薄であることを強く非難していた．同州で活躍していた著名なジャーナリスト，ヴァージニアス・ダブネイ（Virginius Dabney），ダグラス・サウスオール・フリーマン（Douglas Southwall Freeman）らが，VCLの中心的なメンバーとなって世論を喚起すべく，様々なキャンペーンを行った．VCLは，

1936年11月の大統領選挙でローズヴェルトが圧勝するとそれに勢いを得て，ヴァージニア州議会に特別会期の開催を求めた[37]．

その後，特別会期を求める声は州内で大きくなり，12月には両院の2/3が開催を支持したため，特別会期が召集されることになった．その頃にはすでにペリーも，失業補償法の制定に本格的に取り組まざるを得ない状況に追い込まれたことを理解し，法制化の実現へ向けて，司法調査局の局長と司法長官，税務長官に，この会期に提出する法案を作成するよう命じた[38]．

新しく作成された法案では，社会保障法の規定に従い，1週間の給付額の最高が週給の50%になるよう定められたが，5ドル未満15ドル以上にはならないとされた．雇用主からの拠出は，1936年には給与支払額の0.9%，1937年には1.8%，1938年には2.7%と定められた．この拠出金は最初，州の失業補償基金に入れられ，その後，社会保障法によって設立された連邦の失業信託基金へ支払われるものとされた．また，もし社会保障法が違憲判決を受けた場合，州は雇用主に拠出金を返還することを定めた規定も盛り込まれた[39]．

州上院では当初，法案に反対していた議員の多くは，ペリーが本格的に失業補償法の制定に取組み始めたのを見て，立法がもはや不可避であると考え，この会期では賛成に回った．またこの頃には，すでに社会保障法の下で，最初の社会保障税が徴収されており，失業保険制度の施行に向けて事態は着々と進展していた．このような状況下で，1936年12月17日に，上院は失業補償法案を39対1の大差で可決した．その後，同法案は下院へ回され，短い審議の後，93対1で可決された．連邦の失業保険制度に加入するための期限が1936年12月末に迫っていたため，直ちに同法のコピーがSSBへ送られ認可を受けた[40]．

4. ヴァージニア州公的扶助法の制定——公的扶助の歪曲

前述のように，ヴァージニア州では1920年代初めから母親年金制度が施行されていたが，それ以外の公的扶助に関しては，1935年社会保障法の制定まで，ほとんど進展が見られなかった．とりわけ低所得の高齢者を対象とした老齢扶助制度は，多くの州で1930年代前半までに導入されていたが，ヴァージニア州では実現されず，1937年までに同州は全米で社会保障法の規定にかなう老

齢扶助法を制定していない唯一の州となった．

　しかし，同州でも老齢扶助法の制定を推進する動きは，すでに1934年にペリーが知事に就任して以来，次第に高まっており，多くの人々が老齢扶助制度の導入に強い関心を寄せていた．なかには，ローズヴェルトの知事在任中に，ニューヨーク州で制定された老齢扶助法と同じものをヴァージニア州でも制定するようペリーに働きかける者や，タウンゼント・クラブやイーグルズ友愛会のヴァージニア支部に所属し，老齢扶助法の制定をペリーに訴える者もいた．それに対しペリーは，経済的な困難に直面している高齢者に同情を寄せないわけではなかったが，「ヴァージニア州は財政赤字を抱えており，このような法の負担に耐えられるような財政状況にはない」とう公式見解を繰り返した[41]．

　ペリーが懸念していたプログラムの運営にかかる費用に関して，バードは，およそ130％の増税が必要になると見積もっていた．しかし『リッチモンド・タイムズ・ディスパッチ』紙のダブネイは，この推計は全く根拠に欠ける数値であると反論した．同年1月26日の社説で彼は，ヴァージニア州民の約68％は農村部に住み，都市に居住しているのは32％だけであり，農村部の高齢者は都市部の高齢者と同じ水準の給付を必要としているわけではないと述べている．ダブネイはまた，すでに全米で28州が老齢扶助制度を導入しているが，これらの州も財政的にそれほど恵まれているわけではなく，ヴァージニア州が財政赤字を理由に立法を拒むのはおかしいとペリーを非難した．ダブネイはこの社説を次のような言葉で結んでいる．「アメリカは今やインドと中国を除いて，世界で社会保障法を制定していない唯一の主要国となっている．バード氏は，この国が，社会的に啓蒙されたヨーロッパ諸国とともに歩むのではなく，後進的なアジア諸国とともにある方が良いとでも言うのだろうか」[42]．

　州内の高齢者の多くが，ダブネイの意見に賛同した．例えば，この社説を読んだ，同州レバノンのある会社経営者は，ペリーに宛てて次のような手紙を出している．

　　ヴァージニア州が，この法案に盛り込まれたプログラムを実施するには，1,000万ドルの追加的な課税が必要となることが指摘されています．私はこの法案が通過することによって，私たちにもたらされる保

障と健全性に比べると，このような税負担は，たいしたことではないと思います．知事の考えは，あまりにも保守的で，選挙区の州民の意見とかけ離れています……私はニューディール「かぶれ」ではないことをご理解いただきたいと思います．［ローズヴェルト政権が制定してきた］多くの法律や現在提案されている法律の大半を，私は不健全なものであると考えています．しかし老齢扶助法案は，最も大切な法案のひとつであると思います．そしてこれは私だけの意見ではなく……私が今まで話をした他の何百人もの人々（民主党支持者も共和党支持者も含めて）の意見でもあります[43]．

だがこのような州民の反応にもかかわらず，バードとペリーは，他のマシーンのメンバーとともに，ヴァージニア州での老齢扶助制度の設立に反対し続けた．ウィリアム・M・タック（William M. Tuck）州上院議員は，こうした動きを先導した最も保守的なマシーンの政治家の1人であった．1月25日にタックは，『リッチモンド・タイムズ・ディスパッチ』紙の社説について，ワシントンのバードに宛てて次のような手紙を出している．

このような提案は，我々の頭を叩く棍棒をワシントンの官僚に与えることを意味しており，我々に何をどれだけしろと彼らが命令するようになるという点で，非民主的であるばかりでなく，政府における節約と健全性を否定し，無駄遣いと浪費を称えることになります……私はもし現在のような形で老齢扶助法案が可決されたならば，ヴァージニアに住む我々にとって最も不幸な出来事になると信じています．私はバード上院議員が，これまでとられてきた立場を賞賛し，他の州もこのように有能で勇気ある上院議員を持つことを願っています[44]．

それに対するバードの返事は，次のように人種的偏見に満ちたものであった．彼は，老齢扶助法が制定されると，「黒人は白人と同じ状況に置かれことになる．その結果，65歳以上のすべての黒人は，月30ドルから40ドルの扶助を受給し，彼らの子供や孫，いとこや叔母までもが，その金で生活するようになる……そ

うなれば，南部の黒人は働かなくなってしまうだろう」と述べ，同法にあくまでも反対の立場をとることを明らかにした[45]．

その後，1935年8月に社会保障法が成立すると，10月にバードはSSBのヴィンセント・ミロ（Vincent Miro）と老齢扶助法について会談した．バードは，すでに来年の施行に間に合うように州で老齢扶助法を成立させるのは時間的に無理であるため，この時点で老齢扶助法をまだ制定していない州は立法を延期することになるだろうと述べた．この会談の翌日，バードはペリーに次のように書き送った．「もしプランを開始するのが4州か5州だけであれば，ヴァージニアが1年か18か月あるいは2年ほど立法を延期しても，何ら非難されることはないだろう」[46]．このように老齢扶助法の制定に消極的な姿勢を取り続けたバードとペリーの思惑通り，ヴァージニア州議会では，翌年，老齢扶助法案が提出されたが，上院で否決され廃案となった．

しかし社会保障法が成立し，各州の老齢扶助プログラムに対し連邦の補助金が交付されるようになったにもかかわらず，全米で唯一ヴァージニア州だけが老齢扶助法を制定していないことについて，州政府への批判の声は日増しに強くなっていった．立法を推進する団体も次々と現れ，ヴァージニア州労働連盟や機関助手・機関士友愛会などの労働組合，イーグルズ友愛会のヴァージニア支部や老齢年金連盟などの高齢者団体が老齢扶助制度の導入を進める運動を展開した．さらにノーフォークの70歳クラブも活動の基盤が1都市に限定されていたが，多くの会員を擁していた．またホーム・デモンストレーション・クラブ連盟のヴァージニア支部であるヴァージニア主婦連合も，公的扶助制度全般にわたって活発なロビー活動を展開した[47]．

そうした中でペリーは無策であるわけにはいかず，とりあえず，老齢扶助制度が要する財政上の負担を詳しく調査するために老齢扶助委員会を設立し，1938年の通常会期までに最終的な報告書を出すよう命じた[48]．

その後，ペリーは1937年12月13日に，老齢扶助委員会から最終報告書を受け取った．その中で老齢扶助のコストは，次のような二つの方法で見積もられていた．まず，最新の国勢調査である1930年の統計をもとに，1938年1月1日の州内の65歳以上人口を14万1,432人とし，受給者の全国平均比率である18.5％と，SSBが算出した全米の平均月額給付18ドル54セントから，ヴァー

ジニア州の年間コストを582万1,189ドル20セントと見積もった[49]．

　また，二つの郡と二つの都市から12の地域を選び，サンプルとして実地調査を行い，老齢扶助の受給資格があると思われる人数を算出した．そして州全体にこの数値を当てはめ，総受給者数を1938年には38,932人，1947年には45,782人と推計した．受給者のニーズを考え，1か月当たりの平均給付額は郡部で9ドル48セント，都市部で12ドル96セントと算出された．その結果，ヴァージニア州の年間コストは489万6,282ドルとなり，運営費を10％と見積もると合計538万5,910ドルとなった[50]．

　こうしたコストの見積もりに対し，老齢扶助委員会の3人の委員は異議を唱えた．彼らは，1940年以降の老齢扶助の給付額はこの数字をはるかに上回るのではないかと主張し，将来的な歳出の増大について州議会に警鐘を鳴らすために，意見書を報告書に添付した．州政府と地方政府の財政上の分担に関しても，地方政府が多くの負担を負うべきであるとした．具体的には，州の資金1ドルに対して，地方政府が60セントを負担するものとされ，負担率は連邦政府が50％，州政府が31.25％，地方政府が18.75％という割合になった[51]．

　また，この報告書では老齢扶助は公的福祉局の管轄とされ，その局長には公的福祉委員長が就任し，地域の公的福祉局と公的福祉監督官が運営にあたるとされた．地域の公的福祉局は巡回判事によって任命される3人の委員から構成された．このような運営組織は，地域のニーズを見極め，それぞれのケースに適切に対処することを可能にしたが，その一方で，地元の政治家の裁量でスタッフを任命する余地を大きく残すことになった[52]．

　1938年1月12日の州議会でペリーは州知事として最後の演説を行い，老齢扶助委員会のそれまでの作業を総括した．ペリーは同委員会の報告書におおむね賛同するが，老齢扶助はあくまでも大恐慌期の一時的な救済措置であり，恒久的な社会福祉制度としては捉えないことを強調した．ペリーは，老齢扶助委員会の報告書の言葉を引用して，「救済はひとつの問題であり」，「老齢扶助はその問題の一部にすぎない」とした．州政府は，経済的に困窮している人々が直面している様々なニーズに対処する必要があり，高齢者という特定のグループだけが恩恵を受けるような制度は，決して望ましいものではないというのがペリーの主張であった[53]．

そしてその1週間後，ペリーの後継者であるジェイムズ・H・プライス（James H. Price）新知事は，こうしたペリーの老齢扶助に関する方針を基本的に継承することを明らかにした．プライスは「連邦の社会保障制度のいくつかのプログラムに，ヴァージニア州が協力することを歓迎する」一方で，歳出削減の観点から，老齢扶助の最高受給額を，老齢扶助委員会が提言した30ドルではなく，15ドルか20ドルにするよう求めた．プライスは「社会保障法は保守的に運営されるべきであり，老齢扶助はその名称が示しているように，個々のケースの実際のニーズに基づいて給付されるのが望ましく，年金と見なされるべきではない．究極的にこれは救済政策なのだ」と主張した[54]．

1938年の州議会では公的扶助に関する法案が上院で四つ，下院でひとつ提出された．その中で老齢扶助については，ウィーヴァーとM・ヒラード（M. Hillard）州上院議員によって提出されたものが最も多くの支持を集めた．最終的にこの法案はいくつかの修正を受けた後，2月25日に上院を通過した．その後，下院でも法案は可決され，1938年3月12日に老齢扶助とともに児童扶助と視覚障害者扶助を統合した公的扶助法として成立した[55]．

同法で規定された老齢扶助の内容は，老齢扶助委員会が作成した法案よりもさらに保守的なものになった．特に大きな問題としては，老齢扶助の月額の給付額の上限が，連邦の基準よりも10ドル低い20ドルとされ，地方政府が，老齢扶助，視覚障害者扶助，児童扶助へ部分的に資金を出すことが要求された点があった．これは，公的扶助があくまでも救済プログラムの一環と見なされたためであり，ペリー前知事とプライス知事は，これを「統合された救済プラン」と称し，直接救済をさらに前進させたものであると主張した．

連邦政府は，失業者や経済的困窮者への直接救済と社会保障法の下で制定された公的扶助は全く性格が異なるものとして明確に区別していたにもかかわらず，ヴァージニア州の政治家の多くは，公的扶助を直接救済の一種と見なした．そして，可能な限り「直接救済は行わない」という原則に従い，公的扶助を最低限のものにとどめるとともに，州経済が回復し次第，それを削減しようと考えていた．こうしてヴァージニア州では公的扶助の意義が歪曲され，社会保障法が目指した公的扶助から距離を置いた，後進的なプログラムが実施されるに至った[56]．

おわりに

　その後，ヴァージニア州では1938年9月1日に公的扶助法が施行され，同州は1935年社会保障法の下で公的扶助制度を導入した最後の州となった．老齢扶助については，約2万人の経済的に困窮した高齢者が受給するようになった．また州の失業補償法の下で，32万人以上の労働者が失業給付を受けるようになり，1937年から1938年の景気後退期には多くの加入者の生活を支えた[57]．

　本章で検討してきたように，こうした成果は，州レベルでニューディール政策を導入する必要性とヴァージニア州における伝統的な保守政治との相剋の中から生まれたものであった．1935年社会保障法の基本的な発想は，国民の経済的な保障は緊急の救済プログラムではなく，恒久的な社会保障制度に則って確保されるべきであるというものであった．それに対し，バードをはじめとするヴァージニア州の政治指導者の考え方は，拠出に基づいた失業保険は導入するが，公的扶助はあくまでも困窮者に対する一時的な救済として受容するというものであった．

　これまで見てきたように，保守的な州政治の下で，ヴァージニア州で最終的に実現された社会保障制度の内実は，連邦の基準から見ても低いレベルにとどまり，決して満足のいくものではなかった．同州で制定された1938年公的扶助法は，高齢者，母子家庭の子供，視覚障害者といった限られたグループの低所得者にわずかな給付を与えたにすぎなかった．

　また，州の失業保険プログラムは老齢年金保険とともに，雇用主の拠出に基づいて運営されたため，本来，自助的な性格が強く，またその制度から多くの人々が恩恵を受けるには，しばらくの時間を要した．しかも，最初から適用が除外された職種に従事している人々にとって，州での失業保険法の成立は何の意味も持たなかった．第1章で見たように，とりわけ多くの黒人が従事していた農業や家内労働，日雇い労働などは，失業保険の適用外とされたため，黒人人口の多いヴァージニア州では，就業人口に占める失業保険の加入者の割合が相対的に低かった．

　このように，ヴァージニア州においてニューディールの社会改革的な政策が，限定的にしか導入されなかったのは，ローズヴェルト政権のリベラルなイデオ

ロギーに対し，州の政治指導者たちが強固に抵抗し，きわめて選択的に社会保障法の下で各プログラムの導入を図ったためであった．

　他州では都市部の労働者や黒人，移民などを中心として，ニューディールに支持を寄せる強力な有権者層が形成されたが，農業の比重が高いヴァージニア州では，そうしたニューディール連合は存在しなかった．大恐慌の最中で経済的な保障に対する人々のニーズが高まっていたにもかかわらず，州民の声は，伝統的な保守政治によって封じ込められてしまった．さらにマシーンに対抗する政治勢力の不在も，州レベルでのニューディール政策の導入を限定的なものにとどめることになった．

　だが，ここで最後に指摘しておかなければならないのは，ヴァージニア州へ社会保障制度が導入される際に露呈した多くの問題は，ニューディールの性格そのものにも由来するという点である．ニューディールは元来，大恐慌からアメリカ経済を回復させることを第一の目的としており，社会における富の不均衡な配分を是正することを目的とした政策ではなかった．いわゆる第二次ニューディールの象徴的な立法である1935年社会保障法も，その例外ではなく，自助主義などの伝統的な規範が色濃く反映され，労働立法としてニューディールの雇用・失業対策の中に位置付けられた．これまで本書で見てきたように，社会改革的な理想を実現しようとしたリベラルな勢力は，その立法過程において巧みに排除された．アメリカ社会における「忘れ去られた人々」に対する政府の責任は曖昧にされ，社会保障法において社会権が明文化されることもなかった．バードをはじめとするヴァージニア州の政治家は，このような社会保障法が持つ限界を十二分に理解しており，それを州レベルで最大限に利用し，きわめて限定的な社会保障制度を確立したのである．

註
1) 各州レベルでの社会保障法の導入については，次を参照のこと．John Braeman, Robert H. Bremner, & David Brody (eds.), *The New Deal, vol.2, The State and Local Levels* (Columbus: Ohio State University Press, 1975).
2) ヴァージニア州における社会保障法の受容については，次が簡単に取り上げている．Ronald L. Heinemann, *Depression and New Deal in Virginia: The Enduring Dominion* (Charlottesville: University Press of Virginia, 1983): 159-163. バードマシーンとヴァージ

ニア州政治については，以下を参照のこと．Cash A. Koeniger, "The New Deal and the States: Roosevelt versus the Byrd Organization in Virginia", *Journal of American History*, vol.68 no.4 (March 1982): 876-896; J. Harvie Wilkinson, III, *Harry Byrd and the Changing Face of Virginia Politics, 1945-1966* (Charlottesville: University Press of Virginia, 1968).
3) V.O. Key, Jr., *Southern Politics in State and Nation* (Knoxville: University of Tennessee Press, 1984): 18.
4) Ibid., 27.
5) James T. Patterson, *Congressional Conservatism and the New Deal* (Lexington: University of Kentucky Press, 1967): 30.
6) Alden Hatch, *The Byrds of Virginia* (New York: Holt, Rinehart, & Winston, 1969): 449.
7) Ibid., 448.
8) Charles Michelson, *The Ghost Talks* (New York: G.P. Putnam's, 1941): 140.
9) Harry F. Byrd, "The Threat to the American System", in Sheldon Glueck (ed.), *The Welfare State and the National Welfare* (Cambridge: Addison-Wesley, 1952): 76.
10) New York Bureau of Municipal Research, *Organization and Management of the State Government of Virginia* (Richmond: D. Bottom, 1927): 131.
11) Joseph Cepuran, *Public Assistance and Child Welfare: The Virginia Pattern, 1646-1964* (Charlottesville: University Press of Virginia, 1968): 18.
12) Arthur James, *The State Becomes a Social Worker* (Richmond: Garrett & Massie, Inc., 1942): 26-27.
13) Ibid., 252-259.
14) Heinemann, 156.
15) Arthur James, "Local Welfare Development", *The Commonwealth*, vol.III no.12 (December 1936): 25-26; W. M. Stauffer, "Public Welfare in Virginia", *The Commonwealth*, vol.VI no.1 (January 1939): 15-18.
16) Samuel I. Rosenman (comp.), *The Public Papers and Addresses of Franklin D. Roosevelt, vol. 2* (New York: Random House, 1938): 183-185; Harvard Sitkoff, (ed.), *Fifty Years Later: The New Deal Evaluated* (Philadelphia: Temple University Press, 1985): 71-76. 1933年5月12日に，コロラド，イリノイ，アイオワ，ミシガン，ミシシッピーの各州へ連邦補助金が交付された．
17) Mary Coleman Hankins, *The Growth of Public Outdoor Relief in Richmond, Virginia* (unpublished M.A. thesis, College of William and Mary, 1935): 68.
18) Inaugural Address of George Campell Peery, January 17, 1934 (House Document No.6, 1934), 4.
19) Joseph A. Fry, "George C. Peery: Byrd Regular and Depression Governor", in Edward Younger, et.al., *The Governors of Virginia, 1860-1978* (Charlottesvilles: University Press of Virginia, 1982): 261-275.
20) William R. Brock, *Welfare, Democracy, and the New Deal* (Cambridge: Cambridge University Press, 1988): 227.
21) Ibid., 228.

22) Robert F. Hunter, "Virginia and the New Deal", in John Braemen, Robert H. Bremner, & David Brody (eds.), *The New Deal, vol.2, The State and Local Levels*, 107.
23) Ibid., 108-109.
24) Peery to Hopkins, April 17, 1934, George C. Peery Executive Papers, Archives Section, Virginia State Library, Richmond, Virginia.
25) Peery to Hopkins, October 17, 25, 1934, George C. Peery Executive Papers; James, *The State Becomes a Social Workers*, 259-260; *Final Statistical Report of the Federal Emergency Relief Administration* (Washington D.C.: GPO, 1942): 103-104.
26) *Final Statistical Report of the FERA*, 104.
27) Fry, 321.
28) Heinemann, 202-206.
29) Congressional Record, Proceedings and Debates of the 1st Session of the 74th Congress, vol.79, part 12 (Washington, D.C.: GPO, 1935): 12759-12760, 12793-12794.
30) Address of George C. Peery, January 8, 1936, 21-23. ヴァージニア州の法律は，Unemployment Compensation Act であるため，法の名称としては「失業補償法」という訳語を用いる．
31) Joseph A. Fry, "The Organization in Control: George Campbell Peery, Governor of Virginia, 1934 - 1938 ", in Edward Younger, et.al., *The Governors of Virginia, 1860 - 1978* (Charlottesville: University Press of Virginia, 1982): 261-275.
32) *Journal of the Senate of Commonwealth of Virginia, 1936* (Richmond, 1936), 43, 127.
33) Ibid., 359,410.
34) *Journal of the House of Delegates of Virginia, 1936* (Richmond, 1936), 533,593,717,813.
35) *Richmond Times-Dispatch*, March 9, 1936.
36) Heinemann, 159; Hunter, 123.
37) Heinemann, 160; Hunter, 123-124.
38) Heinemann, 160; Hunter, 124; Address of George C. Peery, December 14, 1936 (Senate Document No.1, 1936), 3-5; R. Gordon Wagenet to William R. Shands, December 2, 1936, Wagenet to Peery, December 10, 1936, Social Security Administration Record, Box 6, Virginia 500, General, RG 47, The National Archives, Washington D.C.
39) Address of George C. Peery, December 14, 1936 (Senate Document No.1, 1936), 5-7.
40) *Journal of the Senate of Commonwealth of Virginia, 1937-1938* (Richmond, 1938), 18, 48-52; *Journal of the House of Delegates of Virginia, 1937-1938* (Richmond, 1938), 15, 51-52, 58, 68; William R. Shands to Merill G. Murray, December 31, 1935, Social Security Administration Record, Box 6, Virginia 500, General, RG 47.
41) Old Age Pensions, Folders 1-7, Box 69, George C. Peery Executive Papers, 1934-1938.
42) "Mr. Byrd on Pensions", *Richmond Times-Dispatch*, January 25, 1935, 8.
43) Garland Easterly to George C. Peery, January 23, 1935, Box 69, Old Age Pensions, Folder 3, George C. Peery Executive Papers.
44) William M. Tuck to Harry F. Byrd, January 24, 1935, Folder 2780 (Political and Legal Correspondence, 1935), William M. Tuck Papers, Manuscripts Division, Earl Gregg Swem Library, College of William and Mary, Williamsburg, Virginia.

45) Harry F. Byrd to William M. Tuck, January 26, 1935, Folder 2780, William M. Tuck Papers.
46) Harry F. Byrd to Peery, October 22, 1935, Box 146, Harry F. Byrd Papers, Special Collections, University of Virginia Library, Charlottesville, Virginia.
47) Benjamin Muse to Charles H. Morrisett, n.d., Box 2, Old Age Pension and Social Security, Benjamin Muse Papers, Manuscripts Division, Alderman Library, University of Virginia, Charlottesvilles, Virginia; E. Griffithe Dodson (ed.), *The General Assembly of the Commonwealth of Virginia, 1919-1939, Register* (Richmond, 1939).
48) この委員会は，2人の州上院議員，3人の州下院議員，知事が任命した2人の委員で構成された．メンバーの中では，ベンジャミン・ミューズ(Benjamin Muse) 州上院議員が最も活発に老齢扶助を支持しており，それに賛同するグループとも密接な関係を保っていた．W.H. Stauffer, "Old Age Assistance", *The Commonwealth*, vol. V no.1 (January, 1938): 13-14.
49) *Report of the Commission on Old Age Assistance in Virginia* (Senate Document No.3, 1937), 15-19.
50) *Report of the Commission on Old Age Assistance in Virginia*, 19-34.
51) Ibid., 36；Stauffer, "Public Welfare in Virginia", 14.
52) *Report of the Commission on Old Age Assistance in Virginia*, 36-50.
53) Address of George C. Peery, January 12, 1938 (Senate Document No.1 1938), 22-23.
54) Address of James H. Price, January 19, 1938, (Senate Document, No.2 1938), 4-6.
55) *Journal of the Senate of Commonwealth of Virginia, 1938* (Richmond, 1938): 82, 322.
56) Address of James H. Price, January 19, 1938, 5; James, *The State Becomes a Social Worker*, 295-296.
57) Arthur J. Altmeyer, *The Formative Years of Social Security* (Madison: University of Wisconsin Press, 1960): 56, 278.

CONCLUSION
結　語

　1935年社会保障法は，自助主義が伝統的に強いアメリカにおいて，包括的な社会保障制度を一挙に成立させた画期的な法律であった．同法が制定される以前のアメリカでは，公的な社会福祉といえば，州政府や地方政府が経済的に困窮している高齢者や母子家庭に一定の条件の下で，わずかな額の現金を給付する制度が散在しているにすぎなかった．また，退職後の備えとしては，恩給を受け取ることができた退役軍人や一部の公務員を除き，民間の保険会社から年金保険を購入するか，勤務先の企業が自主的な年金プランを導入していれば，それに加入するぐらいの選択肢しかなかった．このように社会保障制度に関して，ヨーロッパ諸国など他の先進資本主義国から大きく後れをとっていたアメリカで，大恐慌の最中にわずか半年足らずの準備期間の後，連邦議会で圧倒的な支持を得て1935年社会保障法が成立したことの意義は高く評価されるべきであろう．

　事実，1936年の大統領選挙でローズヴェルトは歴史的な勝利を収めており，その背後には，社会保障法をはじめとする改革的なニューディール立法の受益者となった人々がいわゆるニューディール連合を形成し，ローズヴェルトを熱烈に支持したことがあった[1]．

　1935年社会保障法は当初，その合憲性が懸念され，アメリカ自由連盟[2]などの反ニューディール勢力や保守派からの批判の矛先も「憲法上の問題」にしばしば向けられた．しかし，1937年5月24日に合憲判決が出され，同法に対し司法の承認が与えられた．

　最高裁の判決は，二つの社会保険に対し別々に下された．失業保険に関しては，ステュワード・マシーン社対ディビス判決（Steward Machine Co. v. Davis）において5対4で合憲とされた．ベンジャミン・N・カルドーゾ（Benjamin

N. Cardozo）判事は，失業保険の財源となる給与税の課税は，連邦議会に与えられた権限の妥当な行使であると判断し，「州が失業者に対し十分な救済ができない状態で，失業問題は全国的な様相を帯びており，国民が餓死しないようにするには連邦が援助の手を差し伸べる必要がある」と判決文で述べた．また州権の問題については，1935年社会保障法では，失業保険制度を設立するかどうか，州政府が独自に判断する余地が与えられているため，原告が申し立てているような州権の侵害にはあたらないとした．さらに，州に失業保険法の制定を促すために相殺課税方式がとられている点については，この方式は，すでに1926年のフロリダ対メロン判決（Florida v. Mellon）において相続税の徴収に関して合憲とされているため，憲法上，問題がないとした[3]．

一方，老齢年金保険はヘルヴェリング対ディビス判決（Helveling v. Davis）において7対2で合憲とされた．老齢年金保険に関しては，社会保障法の第2編に給付に関する条項がまとめられ，第8編において財源となる給与税の課税について定められており，両者があたかも相互に関連がないかのように書かれている．しかし，現実には給与税は明らかに老齢年金保険の給付を目的として設けられており，そうした規定の仕方が憲法に適っているかどうかが裁判の焦点となった．判決でカルドーゾ判事は，給付に関する第2編と課税に関する第8編は相互に関連しないものと形式通りに解釈し，連邦議会は，課税権と「一般の福祉」のために歳出する権限を持つと述べた．さらに，「一般の福祉」に何が相当するのかは，裁判所ではなく連邦議会が判断すべき問題であるとした．カルドーゾ判事は，不況で職を失った高齢者は若者よりも再就職が難しく，その多くが経済的な困窮に陥っている．こうした状況は全国的に見られるため，州レベルでの解決は困難であり，連邦に与えられた権限のみがこの問題を解決できるとして，老齢年金保険に合憲判決を下した[4]．

このように最高裁によって合憲とされた1935年社会保障法は，1930年代末までに次のような制度を作り上げた．まず，失業保険に関しては，1935年社会保障法の成立後，各州での立法が必要であった．州レベルでの立法を促進するために相殺課税方式が採用されていたこともあり，早くも1937年6月までに48州で失業保険法が成立し，アメリカ全土で失業保険制度が導入されること

になった．当初，これほど迅速に立法が進むとは，だれも予測しておらず，ローズヴェルトとパーキンズをはじめとするCESのメンバーにとって，これはまさに快挙であった．失業保険の加入者数も，1938年には全米で2,750万人に上った．しかし，その一方で，農業や家事労働，非正規雇用などが，失業保険の適用から除外されていたため，全就業者に占める加入者の比率は60％程度にとどまった．

　失業保険の形態については，各州に選択が委ねられたが，全体として次のような特徴が見られた．まず，基金のタイプに関しては，企業別勘定はウィスコンシン州をはじめ3州で採用されたにすぎず，その他の州ではすべて，州の基金に拠出金がプールされた．本書の第1章と第2章で見たように，ウィスコンシン派が企業別勘定を許容するような形での立法に固執したことを思い返すと，ウィスコンシン州ですでに制定されていた失業補償法を社会保障法の成立後もそのまま継続させるという第一の目的は達せられたが，ウィスコンシン型の失業保険を他州にも波及させるという目論見はほとんど外れたと言ってよい．

　しかしその一方で，雇用を安定化させる装置としてウィスコンシン派が強く主張した経験料率制は40州で導入された．また，労使がともに拠出したのは6州のみであり，その他の州ではすべて雇用主の単独拠出が採用された．雇用主が支払う給与税の税率（拠出率）についても，3州を除く全州が2.7％と非常に低い税率を選んだ．その他にも給付額や給付期間，受給資格などに関して，多くの州でウィスコンシン州失業補償法が「基準」とされ，それに類似した規定が盛り込まれた[5]．こうした点から，第2章で検討したように，ウィスコンシン州失業補償法に具現された，資本家の利潤動機に基づき，失業を防止する機能を重視した失業保険制度が全米で広く普及したと見ることができる．

　アメリカの失業保険の特徴として，給付額はかなり低い水準に設定され，給付期間も短いことがあげられる．これは上述のように，大半の州で，雇用主の単独拠出が採用された上に税率が低く抑えられたためであり，失業保険の給付は平均収入の30％から40％程度にとどまり，失業者に十分な経済的保障が与えられているとは言い難い状況にあった．こうした制約については，社会保障法や州の失業保険法を改正して給付を充実させていくよりも，企業が退職手当

を導入し，追加的な給付を労働者に与えることに国民の関心は向けられた．企業レベルでの失業給付プランは，1920年代までに福祉資本主義の一環として大企業を中心に広まったが，社会保障法の制定後もそれらは消滅することはなく，むしろ失業保険の低い給付額を補うために拡充していくことになった[6]．

一方，連邦政府が所管した老齢年金保険については，州レベルでの立法は必要なく，全国的な制度として運営され，1938年には加入者数が3,250万人に上った．また，早くも1939年8月に，次のような改正が行われた．まず，1935年社会保障法では，当初，1942年1月と定められていた老齢年金保険の給付開始を前倒しして，1940年1月から給付を開始することになった．さらに，給付対象が65歳以上の加入者本人に加えて，その配偶者（加入者が死亡した場合は寡婦・寡夫）や16歳未満（就学している場合は18歳未満）の子供へと広げられ，それに伴い名称も老齢遺族年金保険（Old-Age and Survivors Insurance：OASI）へと変えられた．

こうした世帯単位での給付を支えるために労使の拠出率が引き上げられることになり，1937-1939年に1％，1940-1942年に1.5％であったものが，1939-1942年に1％，1943-1945年に2％へと変更された．さらに，巨額な積立基金がデフレを深刻化させているのではないかという懸念が根強く，現に1937年に景気が再び後退したことから，完全積立方式から修正賦課方式へと移行した．それによって，現役世代の拠出が高齢者の年金の財源となり，世代間で所得の移転がなされるようになった．この改正の頃には，現役世代の加入者が圧倒的に多く，まだ受給者が少なかったため，こうした移行は問題なく進められた[7]．

すでに第4章で述べたように，1939年の改正は，所得の再分配効果を高め，労働者の購買力を増大させることによって，デフレを克服することを主張したエプスタインらの考え方に近づくものであった．財政保守主義の立場から社会保障法を立案したローズヴェルトやモーゲンソーの構想に一定の修正を加えたという点において，こうした改正には大きな意義があった．しかし，エプスタインらの社会保障に対する基本的な考え方は，労使の拠出だけではなく，政府が一般財源から拠出することによって初めて「真の意味での社会保険」が実現するというものであった．政府の拠出によって所得の再分配効果を高め，より平等な社会を実現するとともに，景気の回復を図ることをエプスタインらは目

指していたが，その点については，1939年の改正によっても何ら歩み寄りは見られなかった．

また，本書の第1章で見たように，老齢年金保険制度の設立に際して，高齢者を労働市場から撤退させて若年層に雇用を提供し，失業率を下げるという機能が重視された．そのため，年金の給付を充実させ，退職者の購買力を高めることによって，景気の回復を図るといった効果は，1939年改正以降も限定的なものにとどめられた．老齢年金保険の基本給付額は，在職時の平均収入の3割程度であり，改正により，配偶者が65歳になると本人の給付額の半額が上乗せされるようになったが，それでも退職後の生活を支えるには十分とは言えない額であった．

さらに失業保険と同様に，老齢年金保険に関しても農業や家事労働，非正規雇用など，制度の適用外となる職種が設けられたため，加入率は全就業者の56％程度にとどまった[8]．こうした状況を改善するために，1943年にロバート・ワグナー（Robert Wagner）上院議員（ニューヨーク，民主党），ジェームス・マレー（James Murray）上院議員（モンタナ，民主党）とジョン・ディンゲル（John Dingell）下院議員（ミシガン，民主党）が社会保障法の修正を連邦議会へ提出し，老齢年金保険の給付の引き上げと適用職種の拡大を求めた．この法案にはアメリカ労働連盟（American Federation of Labor: AFL）も賛成したが，すでに戦時下で国内の改革的な機運は薄れており，成立は見送られた[9]．

失業保険の場合と同じように，公的な老齢年金保険だけでは，老後の備えが不十分であることから，それを補完する手段として，1930年代後半以降，企業レベルでの年金プランの導入が進んだ．AFLをはじめとする労働組合も団体交渉を通じて，経営者側に企業年金やフリンジ・ベネフィットなどの充実を求めたため，特に大企業の基幹労働者の間では，退職後，勤務していた企業から追加的な年金を受け取ることが一般的になった．こうした企業年金の普及は結果として，社会保障法の下で公的な老齢年金保険を拡充させていこうとする動きを押しとどめることになった．

同様の動きは，1935年社会保障法に盛り込まれなかった健康保険についても見られた．第5章で述べたように，健康保険制度の導入は1939年の改正でも見送られ，その後，上述のワグナー＝マレー＝ディンゲル法案によって，再び，

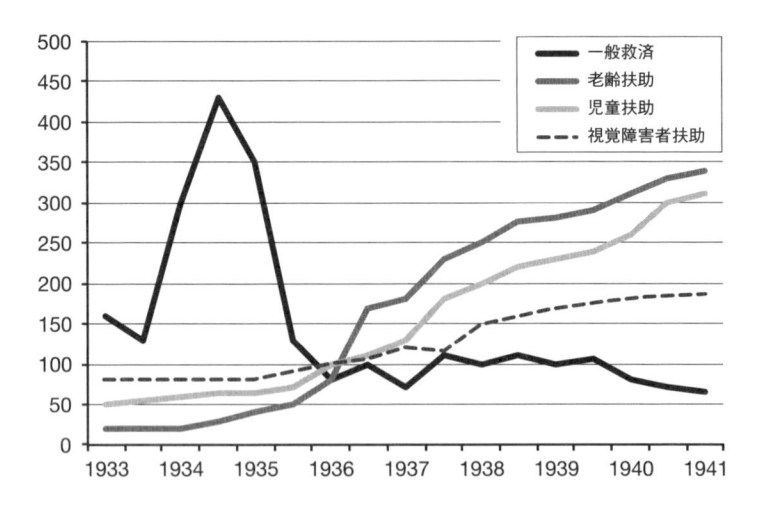

図2　一般救済と公的扶助の給付額，1933年1月～1941年4月
（1936年の給付額を100とした指数）
出典：*Social Security Bulletin* (June 1941): 26.

全国的な健康保険制度の導入が提案された．しかし，依然としてアメリカ医師会（American Medical Association：AMA）の反対が根強く，法案の成立には至らなかった[10]．そのような状況下で，民間企業や非営利団体が運営する健康保険や労働組合による団体保険が普及し，社会保障法を改正して健康保険制度を導入しようとする機運は，その後，長い間盛り上がることはなかった．

　公的扶助については，1938年9月までに老齢扶助が全州で，児童扶助が40州で導入され，連邦補助金が交付されるようになった[11]．図2のように，社会保障法の制定後すぐに三つの公的扶助の受給者数は急増し，ニューディールの一般救済に取って代わっていった[12]．こうした転換は，1935年社会保障法の下で公的扶助が連邦政府の補助金を受けて，拡充されたことによるものであった．特に児童扶助に関しては，第3章で見たように，同法の下で，子供のいる貧しい家庭へ現金を給付することが児童扶助の第一義的な目的とされ，親のジェンダーが問われなくなるとともに，児童局ではなく，所得維持政策として他の公的扶助とともに社会保障局（Social Security Board：SSB）が運営にあたることになり，母親年金からの転換が図られた．また，1939年の改正では，

児童扶助に対する連邦の補助率を，それまでの1/3から1/2へと引き上げ，他の二つの公的扶助の補助率と同率にしたことで，財政的な強化も図られた[13]．こうした社会保障法の下での変化が，ニューディールの救済政策から公的扶助への移行を促したと考えることができる．

しかし，それでも全体的に見ると，公的扶助の給付水準はかなり低く抑えられていた．1938年には4人家族の生活費として月100ドル程度が必要であったのに対し，平均月額給付は，老齢扶助が19ドル，児童扶助が32ドル，視覚障害者扶助が24ドルにすぎなかった．また公的扶助の給付額は州法で定められたため州間格差が大きく，1938年の老齢扶助の平均月額給付を見ると，カリフォルニア州の32ドル39セントに対し，アーカンソー州では4ドル22セントと大きな開きがあった[14]．第1章と第3章で見たように，「健康で品位ある生活を営むに足る額の扶助を保障する」という条項が連邦議会の審議において削除され，最低給付額の決定が各州に委ねられたことが，そうした州間格差を生みだす要因となった．また，第6章で考察したように，南部諸州では「地域の実情に配慮」するという名目で，財政支出の増大を嫌う保守的な政治家によって公的扶助の意義が大きく歪められたため，彼らが「施し」と蔑んでいたニューディールの直接救済プログラムと同列に扱われた．

このように公的扶助がニューディールの救済政策に取って代わり，恒久的な福祉プログラムとして定着していく一方で，州間格差やプログラムの不備が放置されたのはなぜなのだろうか．これまで本書で見てきたように，1935年社会保障法によって設立された社会保障制度が二層構造を持ったこと，つまり，拠出によって獲得した「権利」としての社会保険とスティグマを伴う「福祉」としての公的扶助という構図が生み出され，後者は政策上の優先順位が低かったことがその根底にあった．

だが，それ以前に見落としてはならないのは，政権側の次のような考え方が，そうした構造の背後にあったという点であろう．すなわち，ローズヴェルトやCESのメンバーは，社会保障制度の設立後，ある程度の時間が経ち，社会保険の加入者が増えれば，公的扶助の受給者は大幅に縮小し，社会的な重要性が低下すると見込んでいたのである．

とりわけ，1935年社会保障法の制定直後は，大恐慌の下で経済的に困窮し

ている高齢者が増加していたため，老齢年金保険よりも老齢扶助の受給者の方が多く，ローズヴェルトはそうした状況を早く変えなければならないと考えていた．そして，多くの国民が老齢扶助ではなく，拠出に基づいた老齢年金保険によって，老後の生計を維持できるようにするために1939年の改正が行われた．この改正では，上述のように老齢年金保険の給付開始を前倒しするとともに，給付額を賃金の総額ではなく，平均賃金をもとに算定する方式に変更した．これは，すでに高齢に達している人や低所得者に有利な形で給付額が決められるようにするためであった．また同時に，老齢年金保険の最低給付額も設定された．こうした変更によって政権側は，それほど遠くない将来，国民の大半が老齢年金保険から少なくとも最低限の保障を受けるようになり，老齢扶助の受給者は劇的に減少するだろうと見込んでいた．

また上述のように1939年の改正では，老齢年金保険の加入者本人に加えて，配偶者や子供への給付を設けることによって，男性を主たる稼ぎ手とした世帯単位で経済的な保障が得られる形へと移行した．児童扶助の受給者の43％が夫と死別し，ひとりで子供を育てている女性であり，この改正によって，夫に先立たれた女性で扶養しなければならない子供がいる者は，夫が加入者であれば寡婦として遺族年金を受給できるようになり，児童扶助の受給者は大幅に減少すると考えられた[15]．改正後も児童扶助の受給者として残るのは，夫と離別して子供を育てている女性や未婚の母親であり，こうした女性はこの頃にはまだ数が少なく，また州によっては受給資格を与えられていなかったため，児童扶助は確実に縮小していくと見られた．

ところが，現実はこうしたローズヴェルト政権が描いたシナリオ通りには運ばなかった．上述のようにニューディールの救済政策から公的扶助への移行は，かなりの程度まで成功したが，公的扶助から社会保険への移行は，政権側が期待した程には進まなかった．その最大の理由は，ニューディール政策による景気回復が遅れたことにあった．特に1937年には「ローズヴェルト不況」と揶揄された景気後退が再び到来し，失業率が当初見込まれたほど低下しなかったため，国民の社会保険への加入は予想されたほど増えなかった．社会保険を主軸とした社会保障制度が，国民の多くを包摂するようになるには，第二次世界大戦の勃発によりアメリカ経済が大恐慌以前の水準まで回復し，完全雇用に到達

するのを待たなければならなかった．しかしそのような状況に至っても，これまで見てきたような社会保障制度の問題が克服されることはなかった．

　確かに，老齢年金保険の加入対象は，1950年代の改正によって徐々に広げられ，農業や家事労働などに従事する者も制度に加入できるようになった．また，1956年には障害年金も導入され，それにより名称も老齢遺族障害年金保険（Old-Age, Survivors, and Disability Insurance : OASDI）となり，より広範なリスクに対処する社会保険へと発展した．しかしその一方で，拠出額は給付額に厳密にリンクされ，財政的自律性を重視する観点から，政府の拠出は行われず，老齢年金保険による所得代替率は低い水準にとどまっている[16]．

　上述のように，アメリカでは，企業年金をはじめとする私的年金や保険会社の健康保険など，民間部門が提供する経済的保障の比重が高く，かなり早い時期から公的な社会保障制度の不備を補完する役割を果たしている．しかし，当然のことながら，そうしたプログラムの恩恵を受けられるような仕事に就くことができない者や，自己負担で民間の保険を購入することが困難な人も少なくないため，国民が享受できる経済的な保障には大きな格差が見られる．

　失業保険においても，徐々に適用職種が拡大され，1970年代には全就業者の70％以上が加入するに至り，失業者に占める受給者の比率も60％程度まで上昇した．しかしその後は，非正規雇用の増加など雇用形態の多様化により，解雇された後，失業保険を受給する人の比率は40％ほどへと低下した．その一方で，1935年社会保障法の下で導入された雇用主の単独拠出や経験料率制などは，大半の州の失業保険制度において定着しており，1935年社会保障法が作り出した仕組みは今日に至るまで維持されている[17]．

　三つの公的扶助に関しては，1960年代の初めに児童扶助が要扶養家庭児童扶助（Aid to Families with Dependent Children : AFDC）へと改称され，1970年代には，老齢扶助と視覚障害者扶助が補足的所得保障（Supplemental Security Income: SSI）へと統合された．特にAFDCは1960年代以降，受給条件の緩和や受給対象の拡大によって，受給者が急速に増え，その結果，「福祉に依存する怠惰な受給者」というイメージが喧伝されるようになった．とりわけ，社会的な規範を逸脱した有色人種の女性が，「福祉爆発」を招いているという言説が作り出され，保守派を中心とした福祉削減を求める勢力に利用され

た．また，アメリカではわが国の生活保護に相当するような包括的な公的扶助は存在しないため，いずれの受給資格も持たない貧困者は，フードスタンプや州・地方政府の福祉プログラムに依存することを余儀なくされている．さらに近年は，「就労可能」な受給者の就職を進め，経済的に自立するための支援へと重点を移す動きが見られるとともに，州・地方への福祉の分権化による連邦の財政負担の軽減が図られている．

今日，「社会保障」(social security) は，アメリカでは通常，老齢年金保険だけを意味する言葉として用いられている．こうした用語法は，社会保険と公的扶助の概念上の分断が社会に定着していることを象徴している．確かに，社会保障制度が完全雇用を前提とし，社会保険と公的扶助が優劣を伴う二層構造を形成しているのは，アメリカに限られたことではない．しかし，そうした特徴がきわめて鮮明に表れているのがアメリカの社会保障制度である．また，国際的に見ても，近年の社会保障費全体のGDP比率は，ヨーロッパ先進諸国で20％代後半であるのに対し，アメリカでは16％程度ときわめて低くなっている[18]．

ローズヴェルトとCESのメンバーは，まず同法を成立させ社会保障制度を設立することを至上命題とし，制度の充実や拡大には後から取り組めばよいと考えていたため，立案や立法の過程で譲歩や妥協をいとわなかった．しかし同法の成立後も，社会保障制度の基本的な枠組みや理念は継承されたため，同法によって設立された社会保障制度は，その後の福祉国家としてのアメリカの歩みに大きな足枷をはめることになったのである．

アメリカの社会保障制度は，自立した個人が主体的に生を営むことができるように，経済的な保障を与えるシステムとして設計されている．それは，賃金を獲得するための労働を軸とした制度であり，リスクを社会に広く分散させ，すべての国民を社会保障制度へ包摂していこうという社会権的な発想に乏しい．その背景には，この国が歴史的に自助や個人主義を尊んできたことや，人種・民族的な多様性に富んだ社会であるため，相互扶助や連帯といった考え方が合意を得にくいことがある．また，社会保障法はその制定に際して，憲法上の制約や連邦主義の壁に阻まれたため，その目的は，アメリカ資本主義を支え

る自由な市場経済を維持しながら,社会的緊張を緩和するという限定的なものにならざるを得なかった.

しかし,そうしたアメリカの政治文化的な特殊性といった観点からのみ,アメリカの社会保障制度の限界や保守性を説明することはできない.なぜこの時期に社会保障法が成立したのか,また立法のタイミングが同法の内容にいかなる影響を及ぼしたのかを,歴史的な文脈の中で考察することによって初めて,同法に内在する問題を理解することができるのである.

これまで本書で明らかにしてきたように,大恐慌に対処するためにローズヴェルト政権によって実施されたニューディール政策において,1935年社会保障法は,雇用・失業対策の一環として構想され,ニューディール以前の労働法の影響を強く受けながら立案された.失業者への直接救済から雇用促進局(Works Progress Administration:WPA)を中心とした雇用の創出へと重点を移し,民間企業の投資を促進させ,景気回復につなげていこうという,ニューディール政策の転換の最中に1935年社会保障法は制定され,労働市場の欠陥を補うシステムとして社会保険を軸とした社会保障制度が設立された.

こうした社会保障制度の主たる受益者になったのは,基幹産業に従事する労働者であった.彼らの多くは,労働組合に加入し,社会保障法とほぼ時を同じくして成立した全国労働関係法(ワグナー法)の下で,資本側との労使交渉を通じて賃金や労働条件,福利厚生などを決めることができる白人男性労働者であり,ローズヴェルト政権を支えた,いわゆるニューディール連合の中心となった人々であった.ニューディールは,労働組合への加入と公正な賃金の確保に加えて,1935年社会保障法の下で彼らを社会保険へ組み込むことによって,経済的な保障を与えるシステムを完結させた.同法によって作られた社会保障制度の基本的な枠組みは,その後も継承され「アメリカ型」の福祉国家を形成することになった.

註
1) Arthur M. Schlesinger, Jr., *History of American Presidential Election, 1789-1968, vol III* (New York: Chelsea House Publishers, 1971): 2830, 2838, 2849.
2) アメリカ自由連盟については,次を参照のこと.George Wolfskill, *The Revolt of the Conservatives: A History of the American Liberty League, 1934-1940* (Boston: Houghton

Mifflin, Co., 1962); Schlesinger, 2826.
3) アラバマ州の失業保険法が違憲であると訴えた Carmichael v. Southern Coal & Cole Co. and Gulf States Paper も合憲判決を受けた．
4) これらの判決には，ローズヴェルトによる最高裁の「封じ込め」とそれに伴う最高裁の路線転換が大きな影響を及ぼしていた．ローズヴェルトは，1936年に最高裁が農業調整法と全国産業復興法に違憲判決を下したことに大きな衝撃を受け，このままでは社会保障法も違憲とされかねないと懸念するようになった．社会保障法への違憲判決を阻止するために，ローズヴェルトは最高裁の改革案を出し，年齢が70歳を超えており，少なくとも10年間，最高裁にいる裁判官の数に応じて，最高15人まで追加的に大統領が裁判官を任命することができるようにしようとした（この条件に合致する最高裁判事は1937年の時点で6人いた）．しかし，こうしたローズヴェルトの強引な改革に対し，行政の司法へのあからさまな介入であるとの批判が高まり，結局，この改革は頓挫した．最高裁はその後，ローズヴェルトの意向を受け入れる形で自ら「リベラル化」し，4月の全国労働関係法（ワグナー法）への合憲判決に続いて，5月に社会保障法に合憲判決を下した．Eduard A. Lopez, "Constitutional Background to the Social Security Act of 1935", *Social Security Bulletin*, vol.50 no.1 (January 1987): 5-11; Robert Jackson, *The Struggle for Judicial Supremacy: A Study of Crisis in American Power Politics* (New York: Alfred A. Knopf, 1941): 176-196; William E. Leuchtenburg, "Franklin D. Roosevelt's Supreme Court 'Packing' Plan", in Wilmon H. Droze, George Wolfskill, & William E. Leuchtenburg (eds.), *Essays on the New Deal* (Austin: The University of Texas Press, 1969): 69-115; William E. Leuchtenburg, *The Supreme Court Reborn: The Constitutional Revolution in the Age of Roosevelt* (Oxford: Oxford University Press, 1995): 218-219; Kenneth M. Holland, "FDR and Charles Evans Hughes", in Stephen K. Shaw, William D. Pederson, & Frank J. Williams (eds.), *Franklin D. Roosevelt and the Transformation of the Supreme Court* (New York: M.E. Sharpe, 2004): 86; 藤田伍一「アメリカ社会保障法の成立と構造」『一橋大学研究年報社会学研究』43（2005年）：52-56.
5) W. Harber & J.J.Joseph, "Unemployment Compensation", *The Annals of the American Academy*, vol.202 (1939): 22-23; W.R. Williamson, "The Federal-State Unemployment Compensation Provisions of the Social Security Act", *American Economic Review*, vol.27 (1937): 99-111; H. Malisoff, "The Emergence of Unemployment Compensation I", *Political Science Quarterly*, vol.54 no.2 (June 1939): 252-254, 257; H. Malisoff, "The Emergence of Unemployment Compensation II", *Political Science Quarterly*, vol. 54 no. 3 (September 1939): 399-401403-404, 412-417; H. Malisoff, "The Emergence of Unemployment Compensation III", *Political Science Quarterly*, vol.54 no.4 (December 1939): 583-584; 新井光吉『ニューディールの福祉国家』（白桃書房，1993年）：302-303；河内信幸『ニューディール体制論──大恐慌下のアメリカ社会──』（学術出版会，2005年）：292.
6) 新井，323, 327-329.
7) Arthur J. Altmeyer, *The Formative Years of Social Security* (Madison: University of Wisconsin Press, 1966):99-117; 藤田伍一「アメリカ老齢・遺族年金保険の成立──1939年社会保障連邦法の改正意図──」『一橋論叢』第72巻5号（1974年11月）：503-518.
8) 社会保障研究所（編）『アメリカの社会保障』（東京大学出版会，1991年）：74-75.

9) Altmeyer, 146.
10) Ibid., 146.
11) 新井, 307.
12) 一般救済には,現金による直接救済と雇用を提供する労働救済の双方が含まれている. *Social Security Bulletin*, June 1941, 26; 新井, 308.
13) Altmeyer, 104.
14) 河内, 292-293.
15) Josephine Brown, *Public Relief, 1929-1939* (New York: Holt & Co., 1940): 91, note 58.
16) 菊池馨実『年金保険の基本構造―アメリカ社会保障制度の展開と自由の理念―』(北海道大学図書刊行会, 1998年):141.
17) 中窪裕也「アメリカの失業保険」『労働法律旬報』第1684号 (2008年11月):37-46.
18) OECD, "Public and Private Social Expenditure in Percentage of GDP in 2007", *Social Expenditure Database* (http://www.oecd.org/els/social/expenditure (accessed April 15, 2012))

あとがき

　何年にもわたる紆余曲折を経て，本書は完成した．今から20年以上前，筆者が大学院に入って，最初の研究課題として選んだのが，本書のテーマであるニューディールと1935年社会保障法であった．当時はまだ修士論文の作成段階で，アメリカへ一次史料の収集に行く大学院生はほとんどおらず，筆者も国内で入手可能な研究書とアメリカ連邦議会の議事録などの史料を用いて，何とか1935年社会保障法の制定過程を追い，このテーマで修士論文を書いた．今から考えると非常に稚拙な論文ではあったが，とりあえず，このテーマで研究者としての第一歩らしきものを踏み出した．

　その後，博士課程に進学してから渡米する機会に恵まれ，アメリカの大学院では，第二次世界大戦期の女性労働という全く異なるテーマに研究対象を変えて，博士論文を執筆することになった．そのため，ニューディールに関する研究からは遠ざかってしまった．けれどもその間，いつか必ずこのテーマに戻ろうと心に決めていた．というのも一度始めたことを途中で放り出すことができない性格であることと，大学院時代に熱心にご指導いただいた先生方，特に指導教授であった故平井規之先生，サブゼミでいつも貴重な助言をしてくださった故本田創造先生，油井大三郎先生に申し訳ないという気持ちがたいへん強かったからだ．

　2003年に前著『軍需産業と女性労働—第二次世界大戦下の日米比較—』を刊行した後，再びニューディールと1935年社会保障法について，もう一度，最初から勉強し直すことにした．今度は，連邦レベルでの立法過程のみならず，このテーマに多角的にアプローチすることを心がけ，ひとつひとつ論文を仕上げては，学会誌等に投稿するというプロセスを繰り返した．

　本書のベースとなった論文の初出は，以下の通りである．

序論　書き下ろし

第1章　書き下ろし

第2章　「1932年ウィスコンシン州失業補償法とニューディール―『ウィスコンシン派』の思想とラフォレット知事による州政治を中心に―」『社会経済史学』第73巻6号, 635-656頁. 2008年5月.

第3章　「母親年金から児童扶助へ―1935年アメリカ社会保障法とジェンダーに関する一考察―」『ジェンダー史学』第3号, 45-56頁. 2007年10月.

第4章　「エイブラハム・エプスタインと1935年社会保障法の制定」『歴史人類』第37号, 130-154頁. 2009年3月.

第5章　「1935年社会保障法と健康保険をめぐる議論―エドガー・サイデンストリッカーとI・S・フォークの構想を中心に―」『アメリカ研究』第45号, 19-38頁. 2011年9月.

第6章　「直接救済・社会保険・公的扶助をめぐる相剋―1935年社会保障法のヴァージニア州への導入を中心に―」『アメリカ経済史研究』第2号, 1-21頁. 2003年3月.

結語　書き下ろし

　それぞれの論文は，本書の出版に際して大幅に加筆・修正した．当初，論文に記載していた細かい統計などは，必要最低限なもの以外は削除するとともに，アメリカ史を専門としない人にも読んでもらえるよう，各所に説明を加えた．また，序論で提示した本書の大きなテーマに各章がどのように関連しているのかが明確になるよう，特に各章の最初と最後を大きく変えた．

　これらの初出論文は，学会報告をした後，それをもとに活字にしたものが多く，筆者の拙い報告に貴重なコメントや質問をしてくださった皆様に感謝したい．また，時間をかけて丁寧に査読していただいた社会経済史学会，ジェンダー史学会，アメリカ学会，アメリカ経済史学会の学会誌編集委員会の方々にも御礼申し上げたい．

　それぞれの論文を作成するにあたり，アメリカ各地の図書館や文書館を訪れ，たくさんのアーキビストにお世話になった．なかでも，ワシントンDCの国立

公文書館，シカゴ大学図書館，ウィスコンシン州歴史協会図書館，ウィスコンシン大学マディソン校図書館，コーネル大学キールセンター，イェール大学図書館，ヴァージニア州立図書館，ウィリアム・アンド・メアリー大学図書館，ヴァージニア大学図書館では，限られた日数で効率的にリサーチができるようご配慮いただいた．

　アメリカで一次史料を収集するに際して，2003年度にはフルブライト奨学金を得ることができた．また，科学研究費「アメリカにおける社会保障思想のトランスナショナルな伝播に関する歴史研究」（2009-2012年度，基盤研究（c）研究課題番号：21520734）も海外での史料収集を可能にしてくれた．

　本書の出版にあたり，筑波大学出版会の編集委員会から何度も貴重なコメントをいただいた．出版事情の厳しい折，こうした書籍の出版を引き受け，編集にご尽力いただいた筑波大学出版会の安田百合さんと久保田一弘さん，丸善プラネットの担当諸氏に深く謝意を表したい．

　最後に，単身赴任者としてつくばと福岡を忙しく行き来している筆者を，いつも励まし，暖かく見守ってくれる夫，クリストファー・W・A・スピルマンに感謝したい．

2013年3月26日

佐藤千登勢

資料1

経済保障委員会の最終報告書（抜粋）

(1) 雇用保障

　経済保障の第一の目的は雇用を最大化させることにある．そのためには，民間企業による雇用と公共事業を中心とした公的な雇用を政府が調整し，すべての働くことができる人々に仕事が行き渡るようにしなければならない．公的な雇用の提供と失業保険の給付は，双方とも国民の購買力を維持するために重要であり，相互に補完し合う形で活用されなければならない．失業保険の給付期間が終わったら，それを延長するのではなく，失業者に対し雇用が提供されなければならない．

(2) 失業保障

　失業保険は，国民に対する経済保障の「防衛の最前線」であり，消費者の購買力を維持するためにも導入は不可欠である．その形態は，連邦の監督の下に州が主体となり運営するような制度が望ましい．10人以上の労働者を雇用する企業に対し，年間の給与支払総額の3％に相当する連邦失業保険税を課し，連邦が定めた基準に見合った失業保険法を持つ州の企業にはその90％を控除する，いわゆる相殺課税方式を採用する．連邦失業保険税の10％は，運営費として連邦政府が徴収する．失業保険制度の形態（州基金型，企業別勘定型，あるいは両者の混合型）や労使がともに拠出するのか，あるいは雇用主だけが拠出するのか等については州の判断に任せ，州法で規定する．

(3) 老齢保障

　65歳以上の高齢者を対象としたプログラムとして，次の三つを提案する．

　①拠出制老齢年金保険　　労使双方が給与支払総額の0.5％ずつを拠出し，それを財源とする．拠出率は5年ごとに労使の合計で1％ずつ引き上げ，20年後に5％に到達したら，そこで固定する．この制度に加入するのは公務員，鉄道関係者を除くあらゆる職種の労働者で，月収250ドル未満の者とする．連邦政府が運営にあたり，65歳以上で退職した者に対し，拠出開始から終了まで

に支払った額に応じた給付を与える．当初は拠出額が給付額を上回る状態が続くため，政府による拠出は必要ないが，制度開始から30年後には政府による拠出が必要になる可能性が高い．現時点ですでに高齢で，拠出による積立期間が十分ではない者には特別な措置を検討する．

②老齢扶助　　経済的に困窮している高齢者への救済として，すでに35州で導入されている老齢扶助制度に対し連邦補助金を交付し，制度を充実させるとともに，まだ制度がない州に設立を促す．具体的には，連邦の基準に適った老齢扶助制度を導入している州には，そのコストの1/2を連邦補助金として交付する．ただし交付額は1人当たり月額で最高15ドルとする．①により十分な経済的保障が得られない高齢者が主な給付対象となる．

③任意加入の老齢年金保険　　上述の①の制度に加入できない自営業者や低所得であるために年金給付額が著しく低い者などを対象とした老齢年金保険を任意加入方式で設ける．

(4) 児童保障

上述の老齢扶助制度と同じく，サウスカロライナとジョージア以外の全州ですでに施行されているいわゆる母親年金制度に対して，連邦政府が財政的な支援を与える．具体的には，連邦の基準に適った制度を導入している州には，そのコストの1/3を連邦補助金として交付し，経済的に困窮している母子家庭への給付を充実させる．

(5) 疾病保障

各州で行われている母子保健，障害児扶助，職業訓練，公衆衛生サービスを拡充するために，連邦政府が補助金を交付する．健康保険については，連邦法によって一定の基準を定め，各州での健康保険法の制定を促す形を取り，医療サービスに対する保険と疾病による所得の損失に対する補償の双方を含めた制度にする．詳細については，専門家から成る医療諮問委員会が検討しているがまだ結論には達しておらず，1935年3月に報告書が出されることになっている．

資料2

1935年社会保障法（Public Law 74-271）の概要

＊社会保険
【老齢年金保険】
給付（第2編）

　財務長官は，老齢準備基金に積み立てられた資金を管理，運用する．

　65歳の誕生日（すでに65歳に達している者は1942年1月1日）から死亡日まで，加入者には次のような方法で算出した給付が毎月，支払われる．

　　1937年1月1日以降，65歳になるまでの総所得が3,000ドル以下の者には，その0.5％に相当する額．

　　総所得が3,000ドルを超える者には，
　　　最初の3,000ドルの0.5％
　　　3,000ドルから45,000ドルまでの1/12％
　　　4万5,000ドルを超える額の1/24％

　これらの合計額が支払われるが，給付額の上限は月85ドルとする．

　65歳に達した後，常勤で就労し収入を得ている者は給付が減額される．

　65歳になる前に死亡した場合，所得総額の3.5％に相当する死亡一時金が遺族に支給される．死亡により，それまで得た給付が拠出総額に満たない場合，所得総額の3.5％ないしはそれとすでに支払われた給付の差額に相当する死亡一時金が遺族に支給される．65歳に達したが受給資格を満たしていない者には，所得総額の3.5％が一時金として支払われる．

　自営業者，農業労働者，家内労働者，臨時労働者，船員，公務員，宗教・慈善・科学・文芸・教育関連の非営利団体の職員などは適用の対象外とする．

拠出（第8編）

　労使に課される税率は次の通りである．
　　1937-1939年　労使ともそれぞれ賃金総額の1％
　　1940-1942年　　　　　　　　　　　　1.5％

1943-1945年	2 %
1946-1948年	2.5%
1949年以降	3 %

税の徴収は財務省の内国歳入庁が行う．

自営業者，農業労働者，家内労働者，臨時労働者，船員，公務員，宗教・慈善・科学・文芸・教育関連の非営利団体の職員などは適用の対象外とする．

【失業保険】
給付（第3編）

各州における失業保険法の施行を支援するために，1936年度に400万ドル，その後は毎年4,900万ドルを連邦政府が州へ交付する．各州の補助金の額は，州の人口，州の失業保険法の適用を受ける人数，運営にかかる費用などを考慮して社会保障局が決める．

連邦補助金の交付を受けるには，州の失業保険法が一定の要件を満たし，社会保障局の承認を得なければならない．その要件とは，州の職業安定所ないしは社会保障局が承認した機関を通じて給付が支払われていること，申請が却下された者に公正な聴聞の機会を与えること，州の失業保険基金に入れられた拠出金が全額，連邦の失業信託基金へ預託されていること，公共事業を管轄する連邦機関の要請に応じて，受給者の氏名，住所，職歴などに関する情報を提供することなどである．

拠出（第9編）

8人以上の被用者を雇っている雇用主は，次に定める税を支払わなければならない．

1936年　被用者に支払われる総賃金額の1%	
1937年	2%
1938年以降	3%

社会保障局の承認を受けた州失業保険基金に拠出を行っている場合，この税は90%まで控除される．

社会保障局の承認を受けるための要件としては，州の職業安定所ないしは社会保障局が承認した機関を通じて給付が支払われていること，拠出金が全額，

連邦の失業信託基金へ預託されていること．また，次のような場合に加入者へ給付を拒否していないこと．

　新たに紹介された職がストライキなどの労働争議の結果，空いた職である場合．

　賃金，労働時間，その他の条件がその地域の同種の仕事より，著しく劣っている職である場合．

　就職の条件として，企業組合に加入することや，労働組合からの脱退を求められた場合．

財務長官の監督下にある失業信託基金に州ごとの勘定が設けられ，そこに各州からの拠出金が預託され，財務長官はそれを運用する．

税の徴収は財務省の内国歳入庁が行う．

農業労働者，家内労働者，船員，自営業者，公務員，慈善・宗教・科学・文芸・教育関連などの非営利団体の職員は適用の対象外とする．

経験料率制の導入を認める．

州の失業保険基金の中に雇用主（企業ないしは経営者団体）が個別の勘定を持つかは，州の判断による．

雇用保障勘定も認める．ただし，40週間にわたり，週30時間の労働に対し支払われる賃金を保障しなければならない．

＊公的扶助
【老齢扶助】（第1編）

　老齢扶助は，困窮している高齢者に対する扶助を州が実現可能な範囲で拡充するために，連邦政府が経済的な支援を与えることを目的とする．1936年度には総額4,975万ドルの連邦補助金が老齢扶助法を制定している州へ交付され，その後も，本編の目的を実現するために十分な額を毎年，州へ交付する．老齢扶助の総費用の1/2に相当する額が連邦補助金として各州へ交付される．連邦補助金が充てられる給付額の上限は1人当たり月額30ドルとする．運営費の5％に相当する額も連邦補助金として交付される．

　老齢扶助を受給できるのは65歳に達し，公的施設に入居していない者とする．申請の直前1年間に加えて過去9年間のうち少なくとも5年，その州に居

住している人を除外するような居住条件を定めてはならない．またアメリカ国籍を持つこと以外の市民権に関する条件を入れてはならない．

　連邦補助金を得るには，州の老齢扶助法は社会保障局の承認を得なければならない．その要件とは，州内全域で施行されているプログラムであること，州政府が支出していること，単一の州の機関が施行ないしは監督していること，扶助の申請が却下された場合，州の機関で公正な聴聞の機会が与えられること，効率的な方法でプログラムが運営されていること，社会保障局の要請に応じて報告書を提出することなどである．

【児童扶助】（第4編）

　児童扶助は，困窮している要扶養児童に対する扶助を州が実現可能な範囲で拡充するために，連邦政府が経済的な支援を与えることを目的とする．1936年度には総額2,475万ドルの連邦補助金が児童扶助法を制定している州へ交付され，その後も，本編の目的を実現するために十分な額を毎年，州へ交付する．児童扶助の総費用の1/3に相当する額が連邦補助金として各州へ交付される．連邦補助金が充てられる給付額の上限は，1世帯につき1人目の児童に月額18ドル，2人目以降は月額12ドルとする．

　受給する児童について，その州での1年以上の居住条件や，1年以内に生まれた子供の母親に対し1年以上の居住条件を課してはならない．

　連邦補助金を得るには，州の児童扶助法は社会保障局の承認を得なければならない．その要件とは，州内全域で施行されるプログラムであること，州政府が支出していること，単一の州の機関が施行ないしは監督していること，扶助の申請が却下された場合，州の機関で公正な聴聞の機会が与えられること，効率的な方法でプログラムが運営されていること，社会保障局の要請に応じて報告書を提出することなどである．

　要扶養児童とは，どちらかの親が死亡，長期にわたる不在，身体的・精神的な疾患などの理由で扶養ないしは養育することができない16歳未満の子供で，父，母，祖父母，兄弟姉妹，義理の父母，義理の兄弟姉妹，おじ，おばのいずれかの住居で共に暮らしている者とする．

【視覚障害者扶助】（第10編）

　視覚障害者扶助は，困窮している視覚障害者に対する扶助を州が実現可能な範囲で拡充するために，連邦政府が経済的な支援を与えることを目的とする．1936年度には総額300万ドルの連邦補助金が視覚障害者扶助法を制定している州へ交付され，その後も，本編の目的を実現するために十分な額を毎年，交付する．

　視覚障害者扶助の総費用の1/2に相当する額が連邦補助金として各州へ交付される．連邦補助金が充てられる給付額の上限は1人当たり月額30ドルとする．運営費の5%に相当する額も補助金として交付される．

　視覚障害者扶助を受給できるのは，公的施設に入居していない視覚障害者である．ただし老齢扶助を受給している者は対象外とする．申請の直前1年間に加えて過去9年間のうち少なくとも5年，その州に居住している人を除外するような居住条件を定めてはならない．またアメリカ国籍を持つこと以外の市民権に関する条件を入れてはならない．

　連邦補助金を得るには，各州の視覚障害者扶助法は社会保障局の承認を得なければならない．その要件とは，州内全域で施行されるプログラムであること，州政府が支出していること，単一の州の機関が施行ないしは監督していること，扶助の申請が却下された場合，州の機関で公正な聴聞の機会が与えられること，効率的な方法でプログラムが運営されていること，社会保障局の要請に応じて報告書を提出することなどである．

＊その他

【母子福祉】（第5編）

1. 母子保健サービス

　母子保健サービスは，各州，特に農村部や深刻な経済不況に見舞われている地域で実施されている母子の健康を増進するためのサービスを，州が実現可能な範囲で拡充し改善するために，連邦政府が経済的な支援を与えることを目的とする．1936年度に交付される連邦補助金は380万ドルとする．そのうち98万ドルについては，州の財政状況に応じて交付する．補助金の交付を受けるには，州のプログラムが児童局長の承認を得なければならず，承認されれば，総

費用の1/2に相当する額の補助金が交付される．

州のプログラムが承認されるには，州による支出，州の保健機関によるプログラムの運営と監督，効率的な運営方法，連邦政府に対する報告義務，医療・看護・福祉団体との協力などの要件を満たしていなければならない．

2. 身体障害児童サービス

身体障害児童サービスは，各州，特に農村部や深刻な経済不況に見舞われている地域で，障害を持つ児童や障害を持つに至るような状況の下で苦しんでいる児童に対し，州が実現可能な範囲で，内科，外科，矯正などの医療サービスを提供したり，診断，入院，退院後のケアなどのための施設を拡充し改善するために，連邦政府が経済的な支援を与えることを目的とする．1936年度に交付される連邦補助金は285万ドルとする．そのうち，2万ドルを各州へ分配し，残りを州の財政状況に応じて交付する．補助金の交付を受けるには，州のプログラムが児童局長の承認を得なければならず，承認されれば，総費用の1/2に相当する額の補助金が交付される．

州のプログラムが承認されるには，州による支出，州の保健機関によるプログラムの運営と監督，効率的な運営方法，連邦政府に対する報告義務，医療・看護・福祉団体との協力などの要件を満たしていなければならない．

3. 児童福祉サービス

児童福祉サービスは，各州，特に過疎地において，孤児，要扶養児童，遺棄児童，非行に走る危険のある児童を保護することを目的とする．

1936年度には，連邦補助金として150万ドルを交付する．そのうち，1万ドルを各州へ分配し，残りを各州のプログラムに交付する．

4. 職業リハビリテーション

連邦政府が州と協力して，身体障害者の職業リハビリテーションプログラムを拡充し，連邦職業リハビリテーション法に規定されたプログラムを継続することを目的とする．

1936年度，1937年度に，交付される連邦補助金はそれぞれ84万1,000ドル，その後は，193万8,000ドルを毎年，交付する．

【公衆衛生事業】（第6編）
　公衆衛生事業は，州，郡，保健区域などを連邦政府が財政的に支援し，州および地方の保健事業に従事する職員の訓練を含めて，十分なサービスを確立し維持することを目的とする．1936年度には800万ドルの連邦補助金を州へ交付する．各州への交付額は，人口，州の保健問題，財政上の必要性を考慮して決められる．州のプログラムが補助金の交付を受けるには，公衆衛生サービス長官の承認を得なければならない．

参 考 文 献

【一次史料】

Social Security Administration Record, Record Group 47, National Archives, Washington D.C.
Edith and Grace Abbott Papers, 1870-1967, Special Collections Research Center, University of Chicago Library, Chicago, Illinois
Oral History Collection of Columbia University, New York, New York
　Katherine Lenroot
　Arthur J. Altmeyer
Paul A. & Elizabeth Brandeis Raushenbush Papers, State Historical Society of Wisconsin, Madison, Wisconsin
Records of Wisconsin State Federation of Labor, State Historical Society of Wisconsin, Madison, Wisconsin
Philip F. LaFollette Papers, State Historical Society of Wisconsin, Madison, Wisconsin
Wisconsin Manufacturers' Association Records, State Historical Society of Wisconsin, Madison, Wisconsin
American Association for Social Security Records, Kheel Center Archives, Cornell University, Ithaca, New York
Issac Rubinow Papers, Kheel Center Archives, Cornell University, Ithaca, New York
American Association for Labor Legislation Pamphlets Bibliography, Cornell University, Ithaca, New York
American Association for Labor Legislation Records [microfilms]
I.S. Falk Papers, Yale University Archives, New Haven, Connecticut
Harvey Cushing Papers, Yale University [microfilms]
George C. Peery Executive Papers, Virginia State Library, Richmond, Virginia
William M. Tuck Papers, Manuscripts Division, Earl Gregg Swem Library, College of William and Mary, Williamsburg, Virginia
Harry F. Byrd Papers, Manuscripts Division, Alderman Library, University of Virginia, Charlottesville, Virginia
Benjamin Muse Papers, Manuscripts Division, Alderman Library, University of Virginia, Charlottesvilles, Virginia

Congressional Record, 74th Congress, 1st Session House (Washington D.C.: GPO, 1935)
Congressional Record, 74th Congress, 1st Session Senate (Washington D.C.: GPO, 1935)
Economic Security Act: Hearings before the Committee on Finance, United States Senate,

74th Congress, 1st Session on S. 1130 (Washington D.C.: GPO, 1936)

Economic Security Act: Hearings before the Committee on Ways and Means, United States House, 74th Congress, 1st Session on H.R.4120 (Washington D.C.: GPO, 1936)

Report of Committee on Ways and Means on the Social Security Bill, House of Representatives, 74th Congress, 1st session, Report No. 615, (April 5, 1935) (http://www/ssa/gov/history/reports/35housereport.html)

Report of the Committee on Economic Security of 1935 (Washington D.C.: National Conference on Social Welfare, 1985)

Medical Advisory Board-Minutes of Meetings, Part 4 Wednesday Morning Session, January, 1935 (http://www.ssa.gov/history/reports/ces/ces7minutes4.html)

Unpublished 1935 Report on Health Insurance & Disability: Final Report on Risks to Economic Security Arising out of Ill Health (March 7, 1935) (http://www.ssa.gov/history/reports/health.html)

Documentary History of the Franklin D. Roosevelt Presidency, vol.5, George McJimsey (ed.) (Bethesda: University Publications of America, 2001)

Final Statistical Report of the FERA (Washington D.C.: GPO, 1942)

Wisconsin State Journal, January 8, 1932

Journal of the Assembly, Special Session of the Wisconsin Legislature, November 24,1931-February 5, 1932 (Madison: Democrat Printing Company, 1932)

Milwaukee Association of Commerce, Official Bulletin, vol.10 no.1 (March 26, 1931)

Report of the Wisconsin Legislative Interim Committee on Unemployment (Madison: The Industrial Commission, 1931)

Journal of the Senate, Special Session of the Wisconsin Legislature, November 24, 1931-February 5, 1932 (Madison: Democrat Printing Company, 1932)

Governor's Message, Senate Journal of Proceedings of the Sixtieth Session of the Wisconsin Legislature 1931, Journal of the Senate (Madison: Democrat Printing Co., 1931)

Report of the Wisconsin Legislative Interim Committee on Unemployment (Madison: The Industrial Commission, 1931)

Journal of the Senate of Commonwealth of Virginia, 1936 (Richmond, 1936)

Journal of the House of Delegates of Virginia, 1936 (Richmond, 1936)

Journal of the Senate of Commonwealth of Virginia, 1937-1938 (Richmond, 1938)

Journal of the House of Delegates of Virginia, 1937-1938 (Richmond, 1938)

Report of the Commission on Old Age Assistance in Virginia (Senate Document, No.3, Richmond, 1937)

Inaugural Address of George Campell Peery, January 17, 1934 (House Document, No.6, Richmond, 1934)

Address of George C. Peery, January 8, 1936, Senate Document, No.1 (Richmond, 1936)

Address of George C. Peery, December 14, 1936, Senate Document, No.1 (Richmond, 1936)

Address of George C. Peery, January 12, 1938, Senate Document, No.1 (Richmond, 1938)

Address of James H. Price, January 19, 1938, Senate Document, No.2 (Richmond, 1938)

Dodson, E. Griffithe, (ed.), The General Assembly of the Commonwealth of Virginia, 1919-

1939, Register (Richmond, 1939)

【新聞・定期刊行物】
Capital Times
Herald
Milwaukee Journal
New York Times
Richmond Times-Dispatch
Journal of American Medical Association
Social Security Bulletin

【書籍・論文】
Abbott, Grace, "Recent Trends in Mothers' Aid", *Social Service Review*, vol.8 no.2 (1934)
Abbott, Grace, *The Child and the State, vol. II* (Chicago: University of Chicago Press, 1938)
Abbott, Grace, *From Relief to Social Security: The Development of the New Public Welfare Services and their Administration* (New York: Russell & Russell, 1966)
Alston, Lee J. & Joseph P. Ferrie, "Labor Costs, Paternalism, and Loyalty in Southern Agriculture: A Constraint on the Growth of the Welfare State", *Journal of Economic History*, vol.XLV no.1 (March, 1985)
Alston, Lee J. & Joseph P. Ferrie, *Southern Paternalism and the American Welfare State: Economics, Politics, and Institutions in the South, 1865–1965* (Cambridge: Cambridge University Press, 1999)
Altmeyer, Arthur J., "The Wisconsin Administration in the Making", *American Labor Legislation Review*, vol.XXIII no.1 (March 1933)
Altmeyer, Arthur J, *The Formative Years of Social Security* (Madison: University of Wisconsin Press, 1968)
Amenta, Edwin, *When Movements Matter: The Townsend Plan and the Rise of Social Security* (Princeton: Princeton University Press, 2006)
Amenta, Edwin, et.al., "The Political Origins of Unemployment Insurance in Five States", *Studies in American Political Development*, vol.2 (1987)
"An American Plan for Unemployment Reserve Funds, Tentative Draft for an Act", *American Labor Legislation Review*, vol.XX no.4 (December 1930)
"An American Plan for Unemployment Reserve Funds: Revised Draft of an Act", *American Labor Legislation Review*, vol.XXIII no.2 (June 1933)
Andrews, John, "Enemies of Unemployment Insurance", *American Labor Legislation Review*, vol, XXIII no.3 (September 1933)
Andrews, John, "Prospects for Unemployment Compensation Laws", *The Annals of the American Academy of Political and Social Science*, vol.170 (November 1933)
Armstrong, Barbara Nachtrieb, *Insuring the Essentials: Minimum Wage plus Social Insurance, a Living Wage Program* (New York: Macmillan, 1932)
Armstrong, Barbara Nachtrieb, "The Nature and Purpose of Social Insurance", *The Annals*

of the American Academy of Political and Social Science, vol.170 (November 1933)

Armstrong, Barbara Nachtrieb, "The Federal Social Security Act and Its Constitutional Aspects", *California Law Review*, vol.24 no.3 (March 1936)

Armstrong, Barbara Nachtrieb, "Old-Age Security Abroad: The Background of Titles II and VIII of the Social Security Act", *Law and Contemporary Problems*, vol.3 no.2 (April 1936)

Badger, Anthony J., *The New Deal: The Depression Years, 1933-1940* (London: Macmillan, 1989)

Baicker, Katherine, Claudia Goldin, & Lawrence Katz, "A Distinctive System: Origins and Impact of U.S. Unemployment Compensation", in Michael D. Bordo, Claudia Goldin, and Eugene N. White (eds), *The Defining Moment: The Great Depression and the American Economy in the Twentieth Century* (Chicago: Chicago University Press, 1998)

Beard, Charles A. (ed.), *America Faces the Future* (Boston: Houghton Mifflin Company, 1932)

Beland, Daniel, *Social Security: History and Politics from the New Deal to the Privatization Debate* (Lawrence: University Press of Kansas, 2005)

Bell, Winifred, *Aid to Dependent Children* (New York: Columbia University Press, 1965)

Bellush, Bernard, *Franklin D. Roosevelt as Governor of New York* (New York: Columbia University Press, 1955)

Berkowitz, Edward & Kim McQuaid, *Creating the Welfare State: The Political Economy of Twentieth-Century Reform* (New York: Praeger, 1980)

Bernstein, Barton J., "The New Deal: The Conservative Achievements of Liberal Reform", in Barton J. Bernstein (ed.), *Towards a New Past* (New York: Vintage Books, 1967)（琉球大学アメリカ研究所訳『ニュー・レフトのアメリカ史像―伝統史学への批判―』(東京大学出版会, 1972年))

Bernstein, Irving, *A History of the American Workers, 1920-1933* (New York: Da Capo, 1960)

Bernstein, Irving, *A Caring Society: The New Deal, the Workers, and the Great Depression* (Boston: Houghton Mifflin Company, 1985)

Bliss, Michael, *Harvey Cushing: A Life in Surgery* (Oxford: Oxford University Press, 2007)

Bordo, Michael D., Claudia Goldin, & Eugene N. White (eds.), *The Defining Moment: The Great Depression and the American Economy in the Twentieth Century* (Chicago: University of Chicago Press, 1998)

Braeman, John, Robert H. Bremner, & David Brody (eds.), *Change and Continuity in Twentieth-Century America: The 1920s* (Columbus: Ohio State University Press, 1968)

Braeman, John, Robert H. Bremner, & David Brody (eds.), *The New Deal, vol.1: The National Level* (Columbus: Ohio State University Press, 1975)

Braeman, John, Robert H. Bremner, & David Brody (eds.), *The New Deal, vol.2 The State and Local Levels* (Columbus: Ohio State University Press, 1975)

Brandeis, Elizabeth, "Employment Reserves vs. Insurance", *New Republic*, no.76 (September 17, 1933)

Brandeis, Elizabeth & Paul Raushenbush, "Wisconsin Unemployment Reserves and Compensation Act", *Wisconsin Law Review*, vol.7 no.3 (April 1932)

Brandes, Stuart D., *American Welfare Capitalism* (Chicago: University of Chicago Press, 1976)（伊藤健市訳『アメリカン・ウェルフェア・キャピタリズム』（関西大学出版部, 2004））

Bremer, William W., "Along the 'American Way': The New Deal's Work Relief Programs for the Unemployed", *Journal of American History*, vol. 62 no. 3 (December, 1975)

Bremner, Robert H., "The New Deal and Social Welfare", in Harvard Sitkoff (ed.), *Fifty Years Later: The New Deal Evaluated* (New York: Alfred A. Knopf, 1985)

Brinkley, Alan, *Voices of Protest: Huey Long, Father Coughlin, and the Great Depression* (New York: Vintage Books, 1982)

Brinkley, Alan, *The End of Reform: New Deal Liberalism in Recession and War* (New York: Vintage Books, 1995)

Brinkley, Alan, *Liberalism and Its Discontents* (Cambridge: Harvard University Press, 1998)

Brock, William R., *Welfare, Democracy, and the New Deal* (Cambridge: Harvard University Press, 1988)

Brown, Douglas J., *An American Philosophy of Social Security: Evolution and Issues* (Princeton: Princeton University Press, 1972)

Brown, Josephine, *Public Relief, 1929-1939* (New York: Holt & Co., 1940)

Brown, Michael K., *Race, Money, and the American Welfare State* (Ithaca: Cornell University Press, 1999)

Brye, David L., *Wisconsin Voting Patterns in the Twentieth Century, 1900 to 1950* (New York: Garland Publishing, Inc., 1979)

Bryce, M, Stewart, *Unemployment Benefits in the United States: The Plans and their Setting* (New York: Industrial Relations Counselors Inc., 1930)

Bullock, Edna D. (ed.), *Selected Articles on Mothers' Pensions* (White Plains, NY: H.W. Wilson Co., 1915)

Burns, James M., *Roosevelt: The Lion and the Fox* (New York: Harcourt, 1956)

Byrd, Harry F., "*The Threat to the American System*", in Sheldon Glueck, (ed.), *The Welfare State and Our National Welfare* (Cambridge: Harvard University Press, 1952)

Cates, Jerry K., *Insuring Insecurity: Administrative Leadership in Social Security, 1935-1954.* (Ann Arbor: University of Michigan Press, 1983)

Cepuran, Joseph, *Public Assistance and Child Welfare: The Virginia Pattern, 1646-1964* (Charlottesville: University of Virginia Press, 1968)

Chambers, Clark A., *Seedtime of Reform: American Social Service and Social Action, 1918-1933* (Minneapolis: University of Minnesota Press, 1963)

Chambers, Clark A, *Paul U. Kellogg and the Survey: Voices for Social Welfare and Social Justice* (Minneapolis: University of Minnesota Press, 1971)

Chasse, John. Dennis, "The American Association for Labor Legislation: An Episode in Institutionalist Policy Analysis", *Journal of Economic Issues*, vol.25 no.3 (September 1991)

Chasse, John. Dennis, "The American Association for Labor Legislation and the Institutionalist Tradition in National Health Insurance", *Journal of Economic Issues*, vol.28 no.4 (De-

cember 1994)
Children's Bureau, *Mothers' Aid, 1931* [Children's Bureau Publication no.220] (Washington D.C.: GPO, 1933).
Children's Bureau, *Monthly Bulletin on Social Statistics*, vol.II no.2 (February 1934)
Children's Bureau, *Monthly Bulletin on Social Statistics*, vol.II no.6 (June 1934)
Committee on the Cost of Medical Care, *Medical Care for the American People: The Final Report of the Committee on the Cost of Medical Care* (Chicago: University of Chicago Press, 1932)
Commons, John R., "Unemployment Prevention", *American Labor Legislation Review*, vol. XII no.1 (March 1922)
Commons, John R, "The True Scope of Unemployment Insurance", *American Labor Legislation Review*, vol.XV no.1 (March 1925)
Conkin, Paul K., *The New Deal* (New York: T.Y. Crowell, 1967)
Conkin, Paul K., *FDR and the Origins of Welfare State* (New York: T.Y. Crowell, 1967)
Corning, Peter A., *The Evolution of Medicare: From Idea to Law* (Washington D.C.: U.S. Social Security Administration, Office of Research and Statistics, 1969)
Costin, Lela B., *Two Sisters for Social Justice: A Biography of Grace and Edith Abbott* (Urbana: University of Illinois Press, 2003)
Davis, Ada J., "The Evolution of the Institution of Mothers' Pensions in the United States", *American Journal of Sociology*, vol.XXXV no.4 (1930)
Davis, Kenneth S., *FDR: The New York Years, 1928-1933* (New York: Random House, 1994)
Davis, Michael M., "The American Approach to Health Insurance", *The Milbank Quarterly*, vol. 83 no.4 (2005)
Degler, Carl N., *Out of Our Past* (New York: Harper & Row, 1959)
Demountable Typewriter Co., Sanitary Refrigerator Co., & Northern Casket Co., *Steady Employment Plan and Rules and Regulations* (private, September 1, 1931)
Derickson, Alan, *Health Security for All: Dreames of Universal Health Care in America* (Baltimore: Johns Hopkins University Press, 2005)
DeWitt, Larry, "The Townsend Plan's pension Scheme", Research Note no. 17, Social Security Online (December 2001) (http://www.ssa.gov/history/townsendproblems.html)
Domhoff, G. William, *The Higher Circles* (New York: Random House, 1970)
Domhoff, G. William, "On 'Welfare Capitalism and the Social Security Act of 1935'", *American Sociological Review*, vol.51 no.3 (June 1986):
Domhoff, G. William & Michael J. Webber, *Class and Power in the New Deal: Corporate Moderates, Southern Democrats, and the Liberal-Labor Coalition* (Stanford: Stanford University Press, 2011)
Dorman, Morgan J., *Age Before Booty: An Explanation of the Townsend Plan* (New York: G.P. Putnam's Sons, 1936)
Douglas, Paul H., *Social Security in the United States: An Analysis and Appraisal of the Federal Social Security Act* (New York: McGrow-Hill Book Co. Inc., 1936)

Downey, Kirstin, *The Woman Behind the New Deal: The Life of Frances Perkins* (New York: Anchor Books, 2010)
Downey, Sheridan, *Why I Believe in the Townsend Plan* (Sacramento, CA: Sheridan Downey Publishing Company, 1936)
"Editorials", *Journal of American Medical Association*, vol.99 no.23 (December 3, 1932)
Eliot, Thomas H., *Recollections of the New Deal: When the People Mattered* (Boston: Northeastern University Press, 1992)
Engel, Jonathan, *Doctors and Reformers: Discussion and Debate over Health Policy, 1925–1950* (Columbia, S.C.: University of South Carolina Press, 2002)
Epstein, Abraham, *The Negro Migrant in Pittsburgh* (Pittsburg, PA: School of Economics, University of Pittsburgh, 1918)
Epstein, Abraham, *Facing Old Age* (New York: Alfred A. Knopf, 1922)
Epstein, Abraham, "Do We Need Compulsory Public Unemployment Insurance? Yes", *The Annals of the American Academy of Political and Social Science*, vol.170 (November 1933)
Epstein, Abraham, "Enemies of Unemployment Insurance", *New Republic* (September 6, 1933)
Epstein, Abraham, "Facing Old Age", *The American Scholar*, vol. III no.2 (March 1934)
Epstein, Abraham, Social Security-Fiction or Fact?" *The American Mercury* (October 1934)
Epstein, Abraham, "'Social Security' under the New Deal", *The Nation* (September 4, 1935)
Epstein, Abraham, "Our Social Insecurity Act", *Harper's Magazine* (December 1935)
Epstein, Abraham, *Insecurity: A Challenge to America* (New York: Random House, 1936)
Epstein, Abraham, "Social Security Act: Reality", *The Nation* (October 10, 1936)
Epstein, Abraham, "The Future of Social Security", *The Nation* (October 17, 1936)
Epstein, Abraham, "Social Security-Where Are We Now?", *Harper's Magazine* (June 1940)
Epstein, Pierre, *Abraham Epstein: The Forgotten Father of Social Security* (Columbia, MO: University of Missouri Press, 2006)
Ewing, John B., *Job Insurance* (Norman: University of Oklahoma Press, 1933)
Federal Social Security Act (New York: McGrow-Hill Book co. Inc., 1936)
Falk, I.S., *Security against Sickness: A Study of Health Insurance* (Garden City, NY: Doubleday, Doran & Co., Inc., 1936)
Falk, I.S., "Lessons from the Fifty Years Since the CCMC Final Report, 1932", *Journal of Public Health Policy*, vol. 4 no. 2 (June 1983)
Falk, I.S., "The Present and Future Organization of Medicine", *The Milbank Quarterly*, vol.83 no.4 (2005)
Falk, I.S., Margaret C. Klem, & Nathan Sinai, *The Incidence of Illness and the Receipt and Costs of Medical Care among Representative Families* (Chicago: University of Chicago Press, 1933, reprinted by Arno Press, 1976)
Final Statistical Report of the Federal Emergency Relief Administration (Washington D.C.: GPO, 1942)
Folsom, Marion B., "The Rochester Unemployment Benefit Plan", *Proceedings of the Academy of Political Science*, vol.14 no. 4 (January 1932)

Fox, Daniel M., *Health Policies, Health Politics: The British and American Experience, 1911-1965* (Princeton: Princeton University Press, 1986)
Fox, Daniel M., "The Significance of the Milbank Memorial Fund for Policy: An Assessment at Its Centennial", *The Milbank Quarterly*, vol.84 no.1 (2006)
Fraser, Steve & Gary Gerstle (ed.), *The Rise and Fall of the New Deal Order, 1930-1980* (Princeton: Princeton University Press, 1989)
Frederick, J. George (ed.), *The Swope Plan: Details, Criticisms, Analysis* (New York: The Business Bourse, 1931)
Fry, Joseph A., "The Organization in Control: George Campbell Peery, Governor of Virginia, 1934-1938", in Edward Younger, et.al., *The Governors of Virginia, 1860-1978* (Charlottesvilles, VA, 1982)
Fry, Joseph A., "George C. Peery: Byrd Regular and Depression Governor", in Edward Younger, et.al., *The Governors of Virginia, 1860-1978* (Charlottesvilles, VA, 1982)
Fulton, John F., *Harvey Cushing, A Biography* (Springfield, Ill.: C.C. Thomas, 1946)
Fusfeld, Daniel R., *The Economic Thought of Franklin D. Roosevelt and the Origins of the New Deal* (New York: Columbia University Press, 1956)
Gill, Corrington, "A Study of the Three Million Families on Relief in October 1933 ", The *Annals of the American Academy of Political and Social Science*, vol.176 (November 1934)
Glad, Paul W., *The History of Wisconsin, vol. V, War, a New Era, and Depression, 1914-1940* (Madison: State Historical Society of Wisconsin, 1990)
Goodwin, Joanne L., *Gender and the Politics of Welfare Reform: Mothers' Pensions in Chicago, 1911-1929* (Chicago: University of Chicago Press, 1997)
Gordon, Linda, "Social Insurance and Public Assistance: The Influence of Gender in Welfare Thought in the United States, 1890-1935", *American Historical Review*, vol.97 no.1 (February 1992)
Gordon, Linda, *Pitted But Not Entitled: Single Mothers and the History of Welfare* (New York: The Free Press, 1994)
Gordon, Linda (ed.), *Women, the State, and Welfare* (Madison: University of Wisconsin Press, 1990)
Graebner, William, *A History of Retirement: The Meaning and Function of an American Institution, 1885-1978* (New Haven: Yale University Press, 1980)
Groves, Harold M., "Unemployment Compensation in Wisconsin", *American Labor Legislation Review*, vol.XXIII no.3 (September 1933)
"Growth of the Job Insurance Program: An Evolutionary Development", *American Labor Legislation Review*, vol. XXIII no.3 (September 1933)
Haber, William & Merrill G. Murray, *Unemployment Insurance in the American Economy: A Historical Review and Analysis* (Homewood, Ill.: R.D. Irwin, 1966)
Haferbecker, Gordon M., *Wisconsin Labor Laws* (Madison: University of Wisconsin Press, 1958)
Hankins, Mary Coleman, "The Growth of Public Outdoor Relief in Richmond, Virginia", M.A. thesis, College of William and Mary, 1935

Harber, W. & J.J.Joseph, "Unemployment Compensation", *The Annals of the American Academy*, vol.202 (1939)
Hatch, Alden, *The Byrds of Virginia* (New York: Holt, Rinehart, & Winston, 1969)
Haynes, George Edmund, "Lily-White Social Security", *Crisis*, no.42 (1935)
"Health Insurance Standards", *American Labor Legislation Review*, vol.VI no.2 (June 1916)
"Health Insurance: Tentative Draft of an Act", *American Labor Legislation Review*, vol. VI no. 2 (June 1916)
Heinemann, Ronald L., *Depression and New Deal in Virginia: The Enduring Dominion* (Charlottesville: University of Virginia Press, 1983)
Higgins, George Gilmary, *Voluntarism in Organized Labor in the United States, 1930-1940* (New York: Arno & New York Times, 1969)
Hirshfield, Daniel S., *The Lost Reform: The Campaign for Compulsory Health Insurance in the United States from 1932 to 1943* (Cambridge: Harvard University Press, 1970)
Hoar, Roger Sherman, *Unemployment Insurance in Wisconsin* (South Milwaukee: Stuart Press, 1932)
Holland, Kenneth M., "FDR and Charles Evans Hughes", in Stephen K. Shaw, William D. Pederson, & Frank J. Williams (eds.), *Franklin D. Roosevelt and the Transformation of the Supreme Court* (New York: M.E. Sharpe, 2004)
Holtzman, Abraham, *The Townsend Movement: A Political Study* (New York: Bookman Associates, Inc., 1963)
Hopkins, Harry, *Spending to Save: The Complete History of Relief* (New York, 1936)
Howard, Christopher, "Sowing the Seeds of 'Welfare': The Transformation of Mothers' Pensions, 1900-1940", *Journal of Policy History*, vol.4 no.2 (1992)
Huthmacher, Joseph, *Senator Robert T. Wagner and the Rise of Urban Liberalism* (New York: Atheneum, 1968)
Jackson, Robert, *The Struggle for Judicial Supremacy: A Study of Crisis in American Power Politics* (New York: Alfred A. Knopf, 1941)
Jacoby, Sanford M., "Employers and the Welfare State: The Role of Marion B. Folsom", *Journal of American History*, vol.80 no.2 (September 1993)
Jacoby, Sanford M., *Modern Manors: Welfare Capitalism since the New Deal* (Princeton: Princeton University Press, 1997)(内田一秀ほか訳『会社荘園制―アメリカ型ウェルフェア・キャピタリズムの軌跡―』(北海道大学図書刊行会, 1999年))
James, Arthur, "Local Welfare Development", *The Commonwealth*, vol.III no.12 (December 1936),
James, Arthur, *The State Becomes a Social Worker* (Richmond: Garretto Massie, Inc., 1942)
Johnson, Herbert, "Unemployment Prevention Insurance: An Aid to Stabilizing Business", *American Labor Legislation Review*, vol.XIII no.4 (December 1923)
Johnson, Herbert, "Unemployment Compensation Legislation to Check over Expansion", *American Labor Legislation Review*, vol.XV no.3 (September 1925)
Kasisu, R. V. (ed.), *The Challenge of Facts: Selected Public Health Papers of Edgar Sydenstricker* (New York: Milbank, Memorial Fund, 1974)

Katz, Michael B., *In the Shadow of the Poorhouse: A Social History of Welfare in America* (New York: Basic Books Inc., 1986)
Katz, Michael B., *The Prince of Citizenship: Redefining the American Welfare State* (New York: Metropolitan Books, 2001)
Kennedy, David M., *Freedom from Fear: The American People in Depression and War, 1929-1945* (Oxford: Oxford University Press, 1999)
Kessler-Harris, Alice, *In Pursuit of Equity: Women, Men, and the Quest for Economic Citizenship in 20th Century America* (Oxford: Oxford University Press, 2003)
Key, Jr., V. O., *Southern Politics in State and Nation* (Knoxville: University of Tennessee Press, 1984)
Klein, Jennifer, *For All These Rights: Business, Labor, and the Shaping of America's Public-Private Welfare State* (Princeton: Princeton University Press, 2003)
Koeniger, Cash A., "The New Deal and the States: Roosevelt versus the Byrd Organization in Virginia", *Journal of American History*, vol.68 no.4 (March 1982)
Kolko, Gabriel, *The Triumph of Conservatism* (New York: Free Press, 1963)
Kolko, Gabriel, *Main Currents in Modern American History* (New York: Harper & Row, 1976)
Kooijman, Jaap, "Sooner or Later On: Franklin D. Roosevelt and National Health Insurance", *Presidential Studies Quarterly*, vol.29 (July 1999)
Kooijman, Jaap, *And the Pursuit of National Health: The Incremental Strategy toward National Health Insurance in the United States of America* (Amsterdam: Rodopi, 1999)
Koven, Seth & Sonya Michel (eds.), *Mothers of a New World: Maternalist Politics and the Origins of Welfare States* (New York: Routledge, 1993)
Ladd-Taylor, Molly, *Mother-Work: Women, Child Welfare, and the State, 1890-1930* (Urbana: University of Illinois Press, 1994)
La Follette, Philip & Donald Young (eds.), *Adventure in Politics: The Memoirs of Philip La Follette* (New York: Holt, Rinehart & Winston, 1970)
Lampman, Robert J., *Social Security Perspectives: Essays by Edwin E. Witte* (Madison: University of Wisconsin Press, 1962)
Latimer, Murray W., *Indusrial Pension Systems in the United States and Canada, vol. 1* (New York: Industrial Relations Counselors, 1932)
Leff, Mark H., "Consensus for Reform: The Mothers'-Pension Movement in the Progressive Era", *Social Service Review*, vol.47 no.3 (1973)
Leff, Mark H., "Taxing the 'Forgotten Man' : The Politics of Social Security Finance in the New Deal", *Journal of American History*, vol.70 no.2 (September 1983)
Leff, Mark H., *The Limits of Symbolic Reform: The New Deal and Taxation* (Cambridge: Cambridge University Press, 1984)
Leiby, James, *A History of Social Welfare and Social Work in the United States* (New York: Columbia University Press, 1978)
Leotta, Jr., Louis, *Abraham Epstein and the Movement for Social Security, 1920-1939* (unpublished Ph. D. dissertation, Columbia University, 1965)

Leotta, Jr., Louis, "Abraham Epstein and the Movement for Old Age Security", *Labor History*, vol.16 no.3 (Summer 1975)
Leuchtenburg, William E., *Franklin D. Roosevelt and the New Deal* (New York: Harper & Row, 1963) (陸井三郎訳『ローズヴェルト』(紀伊國屋書店, 1968 年))
Leuchtenburg, William E. (ed.), *The New Deal : A Documentary History* (Columbia: University of South Carolina Press, 1968)
Leuchtenburg, William E., "Franklin D. Roosevelt's Supreme Court 'Packing' Plan", in Wilmon H. Droze, George Wolfskill, & William E. Leuchtenburg (eds.), *Essays on the New Deal* (Austin: The University of Texas Press, 1969)
Leuchtenburg, William E., *The Supreme Court Reborn: The Constitutional Revolution in the Age of Roosevelt* (Oxford: Oxford University Press, 1995)
Lindenmeyer, Kriste, *"A Right to Childhood": The U.S. Children's Bureau and Child Welfare, 1912-1946* (Urbana: University of Illinois Press, 1997)
Lopez, Eduard A., "Constitutional Background to the Social Security Act of 1935", *Social Security Bulletin*, vol.50 no.1 (January 1987)
Lorwin, Lewis L., *The American Federation of Labor: History, Policies, and Prospects* (New York: AMS Press, 1933, reprint 1970)
Loth, David, *Swope of G.E.* (New York: Arno Press, 1976)
Lowe, Robert C., *State Public Welfare Legislation* (Washington D.C.: GPO, 1939)
Lubove, Roy, *The Struggle for Social Security, 1900-1935* (Pittsburgh: University of Pittsburgh Press, 1986) (古川孝順訳『アメリカ社会保障前史』(川島書店, 1982 年))
Malisoff, H., "The Emergence of Unemployment Compensation, II", *Political Science Quarterly*, vol.54 no.3 (September 1939)
Malisoff, H., "The Emergence of Unemployment Compensation III", *Political Science Quarterly*, vol.54 no.4 (December 1939)
Martin, George, *Madam Secretary: Frances Perkins, A Biography of America's First Woman Cabinet Member* (Boston: Houghton Mifflin Co., 1976)
Matscheck, Walter, "Administrating Unemployment Compensation", *The Annals of the American Academy*, vol.202 (March 1939)
Mayes, Rich, *Universal Coverage: The Elusive Quest for National Health Insurance* (Ann Arbor: University of Michigan Press, 2004)
McCloskey, Robert G., *The American Supreme Court* (Chicago: University of Chicago Press, 1960)
McKinley, Charles & Robert W. Frase, *Launching Social Security: A Capture-and-Record Account, 1935-1937* (Madison: University of Wisconsin Press, 1970)
McQuid, Kim, "The Business Advisory Council of the Department of Commerce, 1933-1961: A Study of Corporate/Government Relations", in Paul Uselding, *Research in Economic History*, vol.1 (Greenwich, Conn.: JAI Press, 1976)
McQuid, Kim, "Young, Swope and General Electric's 'New Capitalism': A Study in Corporate Liberalism, 1920-1933", *American Journal of Economic and Sociology*, vol.35 no.3 (July 1977)

Mettler, Suzanne, *Dividing Citizens: Gender and Federalism in New Deal Public Policy* (Ithaca: Cornell University Press, 1998)
Michelson, Charles, *The Ghost Talks* (New York: G. P. Putnam's, 1941)
Miller, John E., *Governor Philip F. La Follette, The Wisconsin Progressives, and the New Deal* (Columbia: University of Missouri Press, 1982)
Mink, Gwendolyn, *The Wages of Motherhood: Inequality in the Welfare State, 1917-1942* (Ithaca: Cornell University Press, 1996)
Mohr, Lillian Holmen, *Frances Perkins: "That Woman in FDR's Cabinet!"* (New York: North River Press, 1979)
Moss, David A., *Socializing Security: Progressive-era Economists and the Origins of American Social Policy* (Cambridge: Harvard University Press, 1996)
Moss, David A., *When All Else Fails* (Cambridge: Harvard University Press, 2002)
Muncy, Robyn, *Creating a Female Dominion in American Reform, 1890-1935* (Oxford: Oxford University Press, 1991)
Myers, Charles A., "Employment Stabilization and the Wisconsin Act", *The American Economic Review*, vol.29 no.4 (December 1939)
Nash, Gerald D., Noel H. Pugach, & Richard F. Tomasson (eds.), *Social Security: The First Half-Century* (Albuquerque: University of New Mexico Press, 1988)
Nelson, Barbara, "The Origins of the Two-Channel Welfare State: Workmen's Compensation and Mothers' Aid", in Linda Gordon (ed.), *Women, the State, and Welfare* (Madison: University of Wisconsin Press, 1990)
Nelson, Daniel, *Unemployment Insurance: The American Experience, 1915-1935* (Madison: University of Wisconsin Press, 1969)
New York Bureau of Municipal Research, *Organization and Management of the State Government of Virginia* (Richmond: D. Bottom, 1927)
Ozanne, Robert W., *The Labor Movement in Wisconsin: A History* (Madison: State Historical Society of Wisconsin, 1984)
Patterson, James T., *Congressional Conservatism and the New Deal* (Lexington: University of Kentucky Press, 1967)
Patterson, James T., *America's Struggle Against Poverty, 1900-1985* (Cambridge: Harvard University Press, 1986)
Paul, Barbara & Justus (eds.), *The Badger State: A Documentary History of Wisconsin* (Grand Rapids, MI: Eerdmans, 1979)
Perkins, Frances, "Unemployment and Relief", *American Journal of Sociology*, vol.39 no.6 (May 1934)
Perkins, Frances, *The Roosevelt I Knew* (New York: The Viking Press, 1946)
Phillips-Fein, Kim, *Invisible Hands: The Businessmen's Crusade against the New Deal* (New York: W & W Norton, 2009)
Piven, Frances Fox & Richard Cloward, *Regulating the Poor: The Functions of Public Welfare* (New York: Vintage Books, 1972)
Quadagno, Jill, *The Transformation of Old Age Security: Class and Politics in the American*

Welfare State (Chicago: Chicago University Press, 1988)
Quadagno, Jill, "Welfare Capitalism and the Social Security Act of 1935", *American Sociological Review*, vol.49 no.5 (October 1984)
Radosh, Ronald, "The Myth of the New Deal", in Ronald Radosh & Murray N. Rothbard (eds.), *A New History of Leviathan: Essays on the Rise of the American Corporate State* (New York: E. P. Dutton & Co., Inc.: 1972)
Raushenbush, Paul A., "Wisconsin's Unemployment Compensation Act", *American Labor Legislation Review*, vol.XXII no.1 (March 1932)
Raushenbush, Paul A., "The Wisconsin Idea: Unemployment Reserves", *The Annals of the American Academy of Political and Social Science*, vol.170 (November, 1933)
Raushenbush, Paul A. & Elizabeth Brandeis Raushenbush, *Our "U.C." Story, 1930-1967* (private, 1979)
Report of the Committee on Economic Security of 1935 (Washington D.C.: National Conference on Social Welfare, 1985)
Roosevelt, Nicholas, *The Townsend Plan: Taxing for Sixty* (New York: Doubleday, Doran & Company, Inc., 1936)
Rogin, Michael Paul, *The Intellectuals and McCarthy: The Radical Specter* (Cambridge: MIT Press, 1967)
Rose, Nancy Ellen, *Put to Work: The WPA and Public Employment in the Great Depression* (New York: Monthly Review, 2009)
Rosenman, Samuel I. (comp.), *Public Papers and Addresses of Franklin D. Roosevelt, vols.1,2,3,4* (New York: Random House, 1938)
Rosenof, Theodore, *Dogma, Depression, and the New Deal: The Debate of Political Leaders over Economic Recovery* (Port Washington, NY: Kennikat Press, 1975)
Rothbard, Murray N., *America's Great Depression* (Princeton: Van Nostrand, 1963)
Rubinow, Isaac M., "Stabilization versus Insurance?" *Social Service Review*, vol.5 no.2 (June 1931)
Rubinow, Isaac M., "The Movement toward Unemployment Insurance in Ohio", *Social Service Review*, vol.7 no. 7 (June 1933)
Rubinow, Isaac M., "Job Insurance: The Ohio Plan", *American Labor Legislation Review*, vol.XXIII no.3 (September 1933)
Rubinow, Isaac M., "The Ohio Idea: Unemployment Insurance", *The Annals of the American Academy of Political and Social Science*, vol.170 (November 1933)
Rubinow, Isaac M., "State Pool Plans and Merit Rating", *Law and Contemporary Problems*, vol.3 no.1 (January 1936)
Rubinow, Isaac M., *The Quest for Security* (New York: Arno Press, 1976)
Sarvasy, Wendy, "Beyond the Difference versus Equality Policy Debate: Post Suffrage Feminism, Citizenship, and the Quest for a Feminist Welfare State", *Signs*, vol. 17 no. 2 (1992)
Schlabach, Theron F., *Edwin E. Witte: Cautious Reformer* (Madison: State Historical Society of Wisconsin, 1969)（佐々木専三郎訳『ニューディール登場』（ローズヴェルトの時代 2）

(論争社,1963年))
Schlesinger, Arthur M., Jr., *The Age of Roosevelt, The Coming of the New Deal* (Boston: Houghton Mifflin Co., 1960)
Schlesinger, Arthur M., Jr. (ed.), *History of American Presidential Elections, 1789-1968, vol.III* (New York: McGraw-Hill, 1971)
Schwartz, Bonnie Fox, *The Civil Works Administration, 1933-1934: The Business of Emergency Employment in the New Deal* (Princeton: Princeton University Press, 1984)
Sitkoff, Harvard (ed.), *Fifty Years Later: The New Deal Evaluated* (New York: Alfred A. Knopf, 1985)
Skocpol, Theda, "Political Responses to Capitalist Crisis: Neo-Marxist Theories of the State and the Case of the New Deal", *Politics and Society*, vol.10 no.2 (1980)
Skocpol, Theda, *Protecting Soldiers and Mothers: The Political Origins of Social Policy in the United States* (Cambridge: Harvard University Press, 1992)
Skocpol, Theda & Kenneth Finegold, "State Capacity and Economic Intervention in the Early New Deal", *Political Science Quarterly*, vol.97 no.2 (1982)
Skocpol, Theda & Kenneth Finegold, *State and Party in America's New Deal* (Madison: University of Wisconsin Press, 1995)
Skocpol, Theda & John Ikenberry, "The Political Formation of the American Welfare State in Historical and Comparative Perspective", in R.F. Tomasson (ed.), *Comparative Social Research* (Greenwich, Conn.: JAL, 1983)
Skocpol, Theda, Edwin Amenta, Elisabeth S. Clemens, Jefren Olsen, & Sunita Parikh, The Political Origins of Unemployment Insurance in Five American States", *Studies in American Political Development*, vol.2 (1987).
Social Security Board, *Final Report of the Advisory Council on Social Security, 1937-1938* (Washington D.C.: GPO, 1938)
Stauffer, W. H., "Old Age Assistance", *The Commonwealth*, vol.V no.1 (January, 1938)
Stauffer, W. H., "Public Welfare in Virginia", *The Commonwealth*, vol.VI no.1 (January 1939)
Stewart, Bryce M., *Unemployment Benefits in the United States: The Plans and Their Setting* (New York: Industrial Relations Counselors, Inc., 1930)
Swope, Gerald, "Stabilization of Industry", in Charles A. Beard (ed.), *America Faces the Future* (Boston: Houghton Mifflin Company, 1932)
Sydenstricker, Edgar, "Health and the New Deal", *The Annals of the American Academy of Political and Social Sciences*, vol.176 (November 1934)
Taft, Philip, *The A. F. of L.: From the Death of Gompers to the Merger* (New York: Octagon Books, 1970)
Taylor, Nick, *American-Made: The Enduring Legacy of the WPA, When FDR Put the Nation to Work* (New York: Bantam Dell, 2009)
Thomson, Elizabeth H., *Harvey Cushing: Surgeon, Author, Artist* (New York: Henry Schuman, 1950) (塩月正雄訳『ハーヴェイ クッシング—脳外科の父—』(新生新社, 1966年))
Tiffin, Susan, *In Whose Best Interest?* (Westport, Conn.: Greenwood Press, 1982)
Townsend, Francis E., edited by Iesse George Murray, *New Horizons* (Chicago: J.L. Stewart

Publishing Company, 1943)

Trattner, Walter I., *From Poor Law to Welfare State: A History of Social Welfare in America* (New York: The Free Press, 1974)（古川孝順訳『アメリカ社会福祉の歴史―救貧法から福祉国家へ―』（川島書店，1978 年））

Tynes, Sheryl R., *Turing Points in Social Security: From "Cruel Hoax" to "Sacred Entitlement"* (Stanford: Stanford University Press, 1996)

"Unemployment-Benefit Plans-Part I", *Monthly Labor Review*, vol.35 no.6 (December 1932)

"Unemployment-Benefit Plans in United States", *Monthly Labor Review*, vol.38 no.6 (June 1934)

"Unemployment Insurance and Savings Plan of J.I. Case Co.", *Monthly Labor Review*, vol.34 no.3 (March 1932)

Walker, Forrest A., *The Civil Works Administration: An Experiment in Federal Work Relief, 1933-1934* (New York: Garland, 1979)

Weaver, Carolyn L., *The Crisis in Social Security: Economic and Political Origins* (Durham: Duke University Press, 1982)

Weaver, Carolyn L., "The Economics and Politics of the Emergence of Social Security: Some Implications for Reform", *Cato Journal*, vol.3 no.2 (Fall 1983)

Weinstein, James, *The Corporate Ideal in the Liberal States, 1900-1918* (Boston: Beacon Press, 1968)

Weir, Margaret, Ann Shola Orloff, & Theda Skocpol (eds.), *The Politics of Social Policy in the United States* (Princeton: Princeton University Press, 1988)

Wilkinson, III, J. Harvie, *Harry Byrd and the Changing Face of Virginia Politics, 1945-1966* (Charlottesville: University of Virginia Press, 1968)

Williams, William Appleman, *The Contours of American History* (New York: World Publishing Co., 1961)

Williamson, W.R., "The Federal-State Unemployment Compensation Provisions of the Social Security Act", *American Economic Review*, vol.27 (1937)

Witte, Edwin E., *The Development of the Social Security Act* (Madison: University of Wisconsin Press, 1962)

Witte, Edwin E., "Social Security: A Wild Dream or a Practical Plan?", in Robert J. Lampman (ed.), *Social Security Perspectives: Essays by Edwin E. Witte* (Madison, University of Wisconsin Press, 1962),

Wolfskill, George, *The Revolt of the Conservatives: A History of the American Liberty League, 1934-1940* (Boston: Houghton Mifflin, Co., 1962)

秋元英一『ニューディールとアメリカ資本主義―民衆運動史の観点から―』（東京大学出版会，1989 年）

秋元英一『世界大恐慌― 1929 年に何が起こったか―』（講談社，1999 年）

アメリカ経済研究会（編）『ニューディールの経済政策』（慶應通信，1965 年）

新井光吉『ニューディールの福祉国家』（白桃書房，1993 年）

一番ヶ瀬康子『アメリカ社会福祉発達史』（光生館，1963 年）

井本正人「アメリカにおける失業保険制度の成立―社会保障財政の成立過程の分析―」『経済論叢』(京都大学経済学会) 第129巻1・2号 (1982年2月)
大塚秀之「いわゆるニューディール (型) 労資関係制度をめぐる一考察―労資関係論的接近と労働史的接近―」『研究年報』(神戸市外国語大学) 第32号 (1995年3月)
大塚秀之「大恐慌・ニューディール期の労働運動と労資関係」『研究年報』(神戸市外国語大学) 第38号 (2001年3月)
加藤健「アメリカ1910年代における失業保険の構想―コモンズ,アンドリューズ,ルービノウ―」『経済学史研究』第50巻2号 (2009年)
河内信幸『ニューディール体制論―大恐慌下のアメリカ社会―』(学術出版会, 2005年)
菊池馨実『年金保険の基本構造―アメリカ社会保障制度の展開と自由の理念―』(北海道大学図書刊行会, 1998年)
紀平英作『ニューディール政治秩序の形成過程の研究』(京都大学学術出版会, 1993年)
楠井敏朗『アメリカ資本主義とニューディール』(日本経済評論社, 2005年)
久保文明『ニューディールとアメリカ民主政―農業政策をめぐる政治過程―』(東京大学出版会, 1988年)
高哲男「コモンズの経済思想とニューディール」,田中敏弘 (編)『アメリカ人の経済思想―その歴史的展開―』(日本経済評論社, 1999年)
小林清一『アメリカ福祉国家体制の形成』(ミネルヴァ書房, 1999年)
小松聡『ニューディールの経済体制』(雄松堂出版, 1986年)
社会保障研究所 (編)『アメリカの社会保障』(東京大学出版会, 1989年)
新川健三郎『ニューディール』(近藤出版社, 1973年)
須藤功『アメリカ巨大企業体制の成立と銀行』(名古屋大学出版会, 1997年)
侘美光彦『世界大恐慌―1929年大恐慌の過程と原因―』(御茶ノ水書房, 1994年)
東京大学社会科学研究所 (編)『福祉国家3 福祉国家の展開 [2]』(東京大学出版会, 1985年)
中窪裕也「アメリカの失業保険制度」『労働法律旬報』第1684号 (2008年11月)
中島醸「R・ワグナーの国民統合構想の再解釈―福祉国家論の視点からのニューディール国家構想の一検討―」『人民の歴史学』第150号 (2001年12月)
中島醸「ニューディールにおける1937年合衆国住宅法の歴史的位置―立法過程における議論を素材に―」『歴史学研究』第773号 (2003年3月)
中島醸「ニューディール・リベラル派の産業復興構想―社会改革との関連に焦点を当てて―」『アメリカ経済史研究』第4号 (2005年9月)
中島醸「1935年社会保障法をめぐる政策構想の対抗」『アメリカ研究』第40号 (2006年)
中島醸「アメリカ全国労働関係法とニューディール・リベラル派―立法過程における対抗関係―」『一橋社会科学』第3号 (2007年7月)
中島醸「ロバート・F・ワグナーとリベラリズム―リベラル派と労働運動との同盟―」『アメリカ経済史研究』第9号 (2011年3月)
西川賢『ニューディール期民主党の変容―政党組織・集票構造・利益誘導―』(慶應義塾大学出版会, 2008年)
林健久『ニューディールと州・地方財政』(御茶ノ水書房, 1969年)
林敏彦『大恐慌のアメリカ』(岩波書店, 1988年)
土生芳人『大恐慌とニューディール財政』(東京大学出版会, 1989年)

平井規之『大恐慌とアメリカ財政政策の展開』(岩波書店, 1988 年)
藤田伍一「アメリカ失業保険成立の一側面―失業防止理論の生成と限界―」『一橋論叢』第 68 巻 6 号 (1972 年 12 月)
藤田伍一「アメリカ失業保険成立の一側面―意図と機能の試論的検討―」『一橋論叢』第 69 巻 1 号 (1973 年 1 月)
藤田伍一「アメリカ老齢・遺族年金保険の成立― 1939 年社会保障連邦法の改正意図―」『一橋論叢』第 72 巻 5 号 (1974 年 11 月)
藤田伍一「アメリカ老齢年金保険の構造分析」『季刊社会保障研究』第 10 巻 2 号 (1974 年 11 月)
藤田伍一「アメリカ公的扶助制度の再編制」『一橋論叢』第 75 巻 4 号 (1976 年 4 月)
藤田伍一「アメリカ社会福祉サーヴィスの政策分析」『一橋論叢』第 76 巻 4 号 (1976 年 10 月)
藤田伍一「アメリカ失業保険の政策分析」『日本労働協会雑誌』第 19 巻 10 号 (1977 年 10 月)
藤田伍一「アメリカにおける強制健康保険運動の挫折」『国際社会保障研究』第 34 号 (1984 年)
藤田伍一「アメリカにおける無拠出制老齢年金の生成」『季刊社会保障研究』第 20 巻 4 号 (1985 年 3 月)
藤田伍一「アメリカにおける公衆衛生の展開過程」『一橋論叢』第 94 巻 3 号 (1985 年 9 月)
藤田伍一「アメリカ社会保障法の成立と構造」『一橋大学研究年報社会学研究』第 43 号 (2005 年)
藤田伍一・塩野谷祐一 (編)『先進諸国の社会保障 7 アメリカ』(東京大学出版会, 2000 年)
松本悠子「『他者』としての貧困―革新主義時代における母性主義的福祉政策とアメリカ化運動―」『中央大学文学部史学科紀要』第 42 号 (1997 年 3 月)
丸山博 (編)『日本における社会保障制度の歴史 (講座社会保障Ⅲ)』(至誠堂, 1959 年)

事項索引

欧文

AALL（アメリカ労働立法協会）　65, 66, 72, 73, 111, 117, 118, 119, 120, 121, 122, 128, 139, 140, 152

AAOAS（アメリカ老齢保障協会）　12, 109, 111, 113, 114, 115, 117, 118

AASS（アメリカ社会保障協会）　12, 110, 111, 117, 119, 120, 121, 122, 126, 127, 128

AFL（アメリカ労働連盟）　33, 41, 66, 187

AMA（アメリカ医師会）　13, 93, 136, 137, 141, 142, 144, 147, 148, 149, 150, 152, 153, 188

CCMC（医療費委員会）　142

CES（経済保障委員会）　9, 11, 12, 13, 20, 21, 22, 26, 27, 29, 30, 32, 33, 34, 35, 36, 37, 38, 40, 41, 42, 43, 44, 47, 48, 49, 57, 58, 82, 94, 95, 96, 97, 99, 100, 101, 109, 110, 111, 118, 120, 121, 122, 123, 124, 126, 128, 129, 135, 136, 137, 138, 139, 140, 141, 142, 143, 144, 145, 148, 149, 150, 151, 152, 153, 185, 189, 192, 201

CWA（民間事業局）　26, 36

FERA（連邦緊急救済局）　22, 26, 27, 34, 94, 96, 97, 100, 102, 140, 146, 149, 164, 165, 166, 167, 168

MAB（医療諮問委員会）　136, 143, 144, 145, 146, 147, 148, 149, 150, 151, 152, 153, 202

NWP（全国女性党）　90

PHS（合衆国公衆衛生サービス）　144, 150, 209

PWA（公共事業局）　26, 36

RFC（復興金融公社）　164

SSB（社会保障局）　97, 100, 101, 102, 103, 127, 151, 159, 171, 174, 188, 204, 206, 207

VCL（ヴァージニア消費者連盟）　170

VERA（ヴァージニア緊急救済局）　164, 165, 166, 167, 168

VMA（ヴァージニア製造業者協会）　170

WMA（ウィスコンシン州製造業者協会）　60, 70, 81

WPA（雇用促進局）　26, 193

WSFL（ウィスコンシン州労働連盟）　60, 66, 73, 75, 76, 81

和文

あ行

アメリカ医師会（AMA）　13, 93, 136, 137, 141, 142, 144, 147, 148, 149, 150, 152, 153, 188

アメリカ社会保障協会（AASS）　12, 110, 111, 117, 119, 120, 121, 122, 126, 127, 128

アメリカ製造業者協会　32

アメリカ労働立法協会（AALL）　65, 66, 72, 73, 111, 117, 118, 119, 120, 121, 122, 128, 139, 140, 152

アメリカ労働連盟（AFL）　33, 41, 66, 187

アメリカ老齢保障協会（AAOAS）　12, 109, 111, 113, 114, 115, 117, 118

アメリカン・プラン　65, 66, 73

イーグルズ友愛会　112, 113, 172, 174

イーストマン・コダック　6, 32

医療費委員会（CCMC）　142

230　索　引

ヴァージニア緊急救済局（VERA）　164,
　　165, 166, 167, 168
ヴァージニア消費者連盟（VCL）　170
ヴァージニア製造業者協会（VMA）　170
ウィスコンシン州製造業者協会（WMA）
　　60, 70, 81
ウィスコンシン州労働連盟（WSFL）　60,
　　66, 73, 75, 76, 81
ウィスコンシン・プラン　24, 35, 37, 38, 40,
　　64, 65, 82, 119
オハイオ・プラン　24, 37, 64, 65, 66

か　行

革新党　40, 82, 98
合衆国公衆衛生サービス（PHS）　144, 150,
　　209
企業別勘定　24, 26, 29, 35, 37, 38, 39, 40, 47,
　　57, 63, 64, 65, 66, 68, 69, 73, 80, 83, 185,
　　201, 205
共和党
　　──共和党革新派　57, 58, 59, 60, 62, 63,
　　67, 72, 74, 75, 76, 77, 79, 80, 81, 82
　　──共和党正統派　58, 59, 60, 63, 72, 76,
　　77, 81
グローブス法案　64, 66, 67, 68, 69, 72, 73,
　　74, 75, 76, 77, 79
経験料率制　24, 26, 32, 35, 39, 47, 57, 59, 64,
　　83, 185, 205
経済保障委員会（CES）　9, 11, 12, 13, 20,
　　21, 22, 26, 27, 29, 30, 32, 33, 34, 35, 36, 37,
　　38, 40, 41, 42, 43, 44, 47, 48, 49, 57, 58, 82,
　　94, 95, 96, 97, 99, 100, 101, 109, 110, 111,
　　118, 120, 121, 122, 123, 124, 126, 128, 129,
　　135, 136, 137, 138, 139, 140, 141, 142, 143,
　　144, 145, 148, 149, 150, 151, 152, 153, 185,
　　189, 192, 201
　　──医療諮問委員会（MAB）　136, 143,
　　144, 145, 146, 147, 148, 149, 150, 151,
　　152, 153, 202

　　──諮問会議　20, 22, 29, 30, 31, 33, 34,
　　35, 37, 47
　　──全国協議会　29, 30, 31
　　──専門委員会　20, 22, 27, 28, 29, 47
公共事業局（PWA）　26, 36
コーポリット・リベラリズム論　6, 7, 48
黒人　13, 14, 42, 45, 99, 112, 150, 173, 174,
　　177, 178
雇用促進局（WPA）　26, 193

さ　行

シェパード＝タウナー法　93, 150
社会党　67, 76, 77, 79
社会保障局（SSB）　97, 100, 101, 102, 103,
　　127, 151, 159, 171, 174, 188, 204, 206, 207
女性クラブ連合　90, 92
スタンダード石油　6
ステュワード・マシーン社対デイビス判決　183
ゼネラル・エレクトリック　6, 32
1939年社会保障法改正　126, 127, 186, 187,
　　188, 190
全国産業復興法　19, 21
全国女性党（NWP）　90
全国母親会議　90, 92
全国PTA会議　92
全国労働関係法（ワグナー法）　48, 193
相殺課税方式　25, 29, 37, 48, 184, 201

た　行

男女平等修正条項　90
ディル＝コナリー法案　26, 123

な　行

ニクソン法案　66, 67, 72, 73
ニューレフト史学　5, 6
農業調整法　19

は　行

ハンペル法案　67
ヒューバー法案　60, 62, 64, 68, 69, 71
福祉資本主義　6, 47, 186
復興金融公社（RFC）　164
フロリダ対メロン判決　25, 184
ヘルヴェリング対ディビス判決　184

ま　行

ミルバンク記念基金　137, 138, 142
民間事業局（CWA）　26, 36

ら　行

連邦緊急救済局（FERA）　22, 26, 27, 34, 94, 96, 97, 100, 102, 140, 146, 149, 164, 165, 166, 167, 168

わ　行

ワグナー＝ルイス法案　25, 123
ワグナー＝ルイス方式　29, 30, 34

人名索引

あ行

アダムス, ジェーン　113
アボット, グレース　91, 94
アレソン, C・W　101
アンドリュース, ジョン・B　65, 66, 72,
　　117, 118, 119, 120
井本　正人　59
ウィーヴァー, オブレイ　169, 176
ウィッテ, エドウィン・E　22, 26, 30, 33,
　　36, 47, 58, 75, 76, 82, 94, 95, 101, 120,
　　140, 141, 144, 148, 149
ウィリアムズ, ウィリアム・アップルマン　5
ヴィンソン, フレデリック・M　42, 97, 98
ウェインストック, ルイス　41
ウォーレス, ヘンリー　21
エクウォール, ウィリアム・A　45
エプスタイン, エイブラハム　12, 109,
　　110, 111, 112, 113, 114, 115, 116, 117,
　　118, 119, 120, 121, 122, 123, 124, 125,
　　126, 127, 128, 129, 186
エプスタイン, ピエール　111
エリオット, トマス　37, 149
エリオット, マーサ　94
オール・ジュニア, ヘンリー　34, 66
オルトマイヤー, アーサー・J　22, 26, 33,
　　47, 58, 81, 82, 100, 140

か行

カミングス, ホーマー　21
カルドーゾ, ベンジャミン・N　183, 184
キー, V・O　161
キングスベリー, ジョン・A　137, 142
クァダグノ, ジル　7, 8
クーパー, ジェレ　42
クッシング, ハーヴェイ　136, 143, 145,
　　148, 151
グッドランド, ウォルター・S　76, 77
クラウセン, F・H　70, 71
グラス, カーター　162, 168
グラッド, ポール　58
グラハム, フランク　30, 31, 34
クリーク, メアリー・ヴァン　40
グリーン, ウィリアム　33, 34, 35, 41
グリーンウェイ, イザベラ　45
グローブス, ハロルド・M　63, 64
ケスラー＝ハリス, アリス　49
ケロッグ, ポール　34, 35
高　哲夫　59
コーラー, ウォルター　62, 81
コモンズ, ジョン・R　22, 57, 58, 59, 60,
　　61, 62, 64, 65, 66, 68, 113, 118, 119
コルコ, ガブリエル　5

さ行

サーヴァシー, ウェンディ　90
サイデンストリッカー, エドガー　13, 136,
　　137, 138, 139, 140, 141, 142, 143, 144,
　　145, 146, 147, 148, 149, 150, 151, 152, 153
サイモンズ, M・A　144
サウソフ, ハリー　98
ジェイムズ, アーサー・W　164
ジャーマン, バーニー　72
シュメデマン, アルバート　81
シュレジンガー・ジュニア, アーサー・M　2

ジョエル・クラーク　42
ジョンストン, アラン　165, 166
ジョンソン, ハーバート　68
スォープ, ジェラルド・J　6, 32
スコチポル, セーダ　7, 8, 10, 58
スタッファー, ウィリアム　163
スチュワート, ブライス　70, 81
スティンゲート, アーウィン　24
ストーリー, ハロルド・W　69, 74, 81
スミス, ハワード・ワース　162

た 行

ダーデン, コルゲート　162, 168
タウンゼント, フランシス　21, 43, 44, 110
タグウェル, レクスフォード　149
ダグラス, ポール　117
タック, ウィリアム・M　173
ダブネイ, ヴァージニアス　170, 172
タルボット, エセルバート　113
ダンカン, トマス　76
ティーグル, ウォルター・C　6, 32, 33
ディンゲル, ジョン　187
テューズ, ジェオ　76
ドートン, ロバート　37, 100
ドムホフ, G・ウィリアム　6, 7

な 行

ニクソン, ロバート・A　66
ネルソン, ダニエル　58

は 行

パーキンズ, フランシス　20, 21, 25, 26, 30, 36, 42, 44, 47, 82, 100, 101, 109, 120, 121, 122, 123, 137, 140, 141, 144, 149, 151, 185
バーチ, トマス　168

バーティス, イラ・E　71
バード, ハリー　14, 45, 160, 161, 162, 165, 166, 168, 172, 173, 174, 177, 178
バーナード, フランク　23, 114, 115
パーラン, トマス　147, 151
バーンスタイン, アーヴィング　58
バーンスタイン, バートン・J　5
パターソン, ジェームズ・T　161
ハドソン, グレン　43
バトル, ジョン・S　169, 169
ハマースレイ, チャールズ　62
ハリソン, バイロン・パットン　43
ハリソン, パット　98, 99
ハンドレー, ジャック　66, 73, 75
ハンペル, ジョージ　67
ビアリング, ウォルター　144, 147, 148
ヒューバー, ヘンリー　60
ヒラード, M　176
ヒル, サミュエル　99
フーヴァー, ハーバート　62, 117
フェレンズ, ルイス　77
フォーク, イジドール・S　13, 136, 137, 138, 139, 140, 141, 142, 143, 144, 145, 146, 147, 148, 149, 150, 151, 152, 153
フォークス, ホーマー　101
フォルソム, マリオン・B　6, 32
藤田 伍一　59
ブライス, ジェイムズ・H　176
ブランダイス, ルイス　25
ブランチャード, ジョージ　76, 77, 80
ブランド, シュイラー　168
フリーマン, ダグラス・サウスオール　170
ペリー, ジョージ・C　160, 165, 166, 168, 169, 171, 172, 173, 174, 175, 176
ヘリング, フランク　112
ホア, ロジャー・シャーマン　69, 81
ホール, ヘレン　34, 35
ホプキンズ, ハリー　22, 30, 34, 36, 42, 96, 97, 100, 137, 141, 149, 164, 166, 167

ま 行

マーフィー, J・プレンティス 101
マウラー, ジェームズ 112
マスティック, シーバリー・C 23, 24, 114, 115
マックグローティ, ジョン・S 44
マッコーネル, フランシス・J 113, 114
マレー, ジェームズ 187
ミチェルソン, チャールズ 161
ミラー, ジョン 58
ミルズ, モーガン・R 169
ミロ, ヴィンセント 174
モーゲンソー, ヘンリー 21, 41, 42, 126, 186
モーゼ, ウィリアム 68

ら 行

ラウシェンブッシュ, エリザベス 25, 63
ラウシェンブッシュ, ポール 25, 63, 64, 66, 81, 118, 119
ラウシェンブッシュ, ポール&エリザベス 60, 63, 65, 68, 72, 74, 75
ラド＝テイラー, モリー 89, 90
ラフォレット・ジュニア, ロバート・M 40, 43, 62
ラフォレット, フィリップ 57, 58, 59, 60, 62, 63, 67, 70, 73, 76, 77, 79, 80, 81, 82, 83
ラフォレット, ロバート・M 62
ランディーン, アーネスト 40
リーズ, モリス・E 32
リーランド, R・G 144
ルイス, ディビット 25, 37
ルクテンバーグ, ウィリアム・E 2
ルビノー, アイザック・M 111, 113, 122, 124
レオッタ・ジュニア, ルイース 111
レオポルド, マックス 72
レンルート, キャサリン・F 91, 94, 95, 96, 97, 100, 101, 102
ローズヴェルト, フランクリン・D 1, 4, 9, 10, 12, 19, 20, 21, 22, 23, 24, 25, 26, 27, 29, 30, 31, 32, 33, 34, 36, 37, 41, 43, 44, 45, 46, 47, 48, 49, 81, 82, 91, 97, 99, 101, 102, 103, 109, 114, 115, 116, 117, 120, 121, 122, 123, 126, 128, 129, 135, 136, 137, 142, 144, 145, 149, 150, 151, 153, 161, 162, 164, 166, 171, 172, 177, 183, 185, 186, 189, 190, 192, 193
ロッシェ, ジョセイフィン 149
ロバートソン, A・ウィルス 162, 168
ロビンソン, ジョセフ 43

わ 行

ワグナー, ロバート 25, 37, 43, 152, 187

著者紹介

佐藤 千登勢（さとう ちとせ）

1963 年生まれ
1986 年　一橋大学経済学部卒業
1988 年　一橋大学大学院経済学研究科修士課程修了
1991 年　一橋大学大学院経済学研究科博士課程中退
1993 年　デューク大学大学院歴史学部博士課程修了　Ph.D.（歴史学）
現　在　筑波大学人文社会系准教授
専門分野　アメリカ現代史
主要著作　『軍需産業と女性労働—第二次世界大戦下の日米比較—』（彩流社, 2003 年）　アメリカ学会清水博賞受賞
　　　　　『豊かさと環境』（共著, ミネルヴァ書房, 2006 年）
　　　　　『日米の社会保障とその背景』（共著, 大学教育出版, 2010 年））

アメリカ型福祉国家の形成
— 1935 年社会保障法とニューディール

2013 年 6 月 15 日初版発行

著作者　佐　藤　千　登　勢

発行所　筑波大学出版会
　　　　〒 305-8577
　　　　茨城県つくば市天王台 1-1-1
　　　　電話 (029) 853-2050
　　　　http://www.press.tsukuba.ac.jp/

発売所　丸善出版株式会社
　　　　〒 101-0051
　　　　東京都千代田区神田神保町 2-17
　　　　電話 (03) 3512-3256
　　　　http://pub.maruzen.co.jp/

編集・制作協力　丸善プラネット株式会社

©Chitose SATO, 2013　　　　　Printed in Japan
組版／月明組版
印刷・製本／富士美術印刷株式会社
ISBN978-4-904074-27-5 C3036